占星学

新装版

ルル・ラブア

実業之日本社

沈む太陽は　昇るあしたの朝日
星辰は移りゆき　万物は変転すれど
永遠にその存在を　失うことなし

占星学　新装版

目次

序論

占星術の意義 11

基礎知識編

理論と技法 27

実技編

ホロスコープ解読 85

出生天宮図の作成と計算法 233

未来予知編

惑星による人生展開 273

序論

占星術の意義

今上天皇のホロスコープ

the Emperor Akihito of Japan

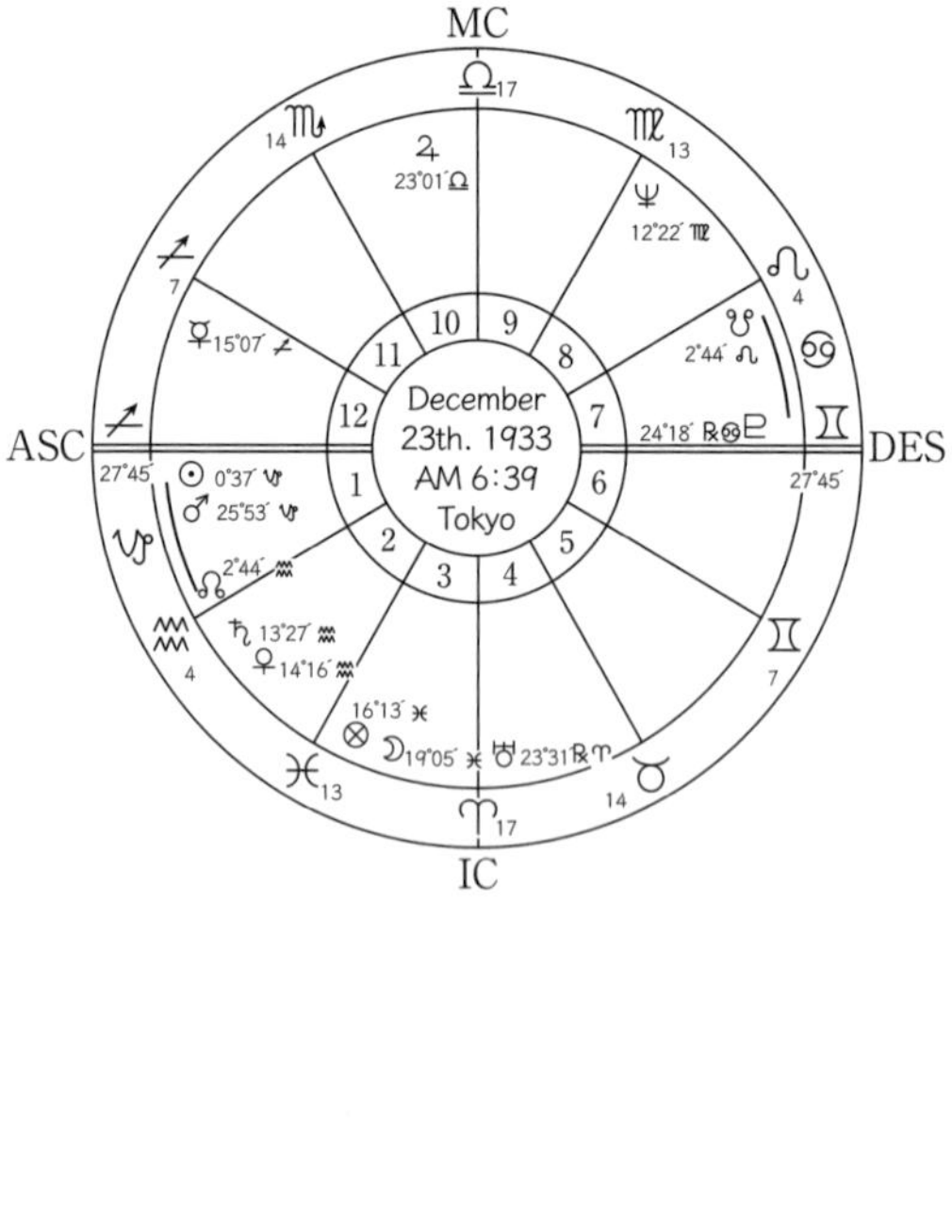

占星術「アストロロジー」とは何か

占星術「アストロロジー」とは、天文学上の理論と観測技術によって導き出された天体の運行状態を図表化し、出生天宮図「ホロスコープ」として再現して、そこから個人の運命を推理考察していく独特の学問体系です。アストロロジーは、ふつう〝占星術〟と訳され、一般的には〝星占い〟の名で親しまれています。しかし、本来、アストロロジーとは文字通り「天体（アストロ）の「学問（ロジー）」という意味で、天体の運行と、地上の人間生活のさまざまな現象との関連を追究していく学問なのです。ですから、〝占星術〟と言うよりは「占星学」という言いかたのほうがより正確ですし、あるいは「人文天文学」とでも訳せば、より原意に近かったでしょう。

占星術で言う「天体」すなわち「星」とは何をさすのかと言いますと、太陽と太陽系の諸惑星、すなわち水星・金星・火星・木星・土星・天王星・海王星・冥王星と、地球の衛星である月を言うのです。さらに、これに天球上の太陽の通り道である黄道の上に広がる12星座――牡羊座・牡牛座・双子座・蟹座・獅子座・乙女座・天秤座・蠍座・射手座・山羊座・水瓶座・魚座が加わります。

ところで、この太陽系の星々は、銀河系宇宙と呼ばれる星の大集団のほんの一部にすぎません。そしてまた、銀河系宇宙にしても、現在観測できるだけでも半径5億光年の広がりを持つ宇宙全体から見れば、島宇宙と呼ばれるごく小さな星の集団にすぎないのです。私達が住んでいる地球が、宏大無辺の大宇宙から見ればチリのような存在にすぎないと認識した時、この宇宙空間には、人間には知ることのできない偉大な力があって、その未知の力から人間は影響を受けているのではないか、と考えたことが占星術の始まりです。

古代から現代まで、占星術師はこの未知の力をある種の法則で整理し、計算や理論を使って説明しようと試みてきました。その力の媒体となるのが太陽系の諸惑星であり、その影響の現れは太陽系の諸惑星の運行から読みとることができると考え、そこから占星術のさまざまな法則が作り出されてきたのです。漆黒の宇宙空間に浮かぶ生命の楽園のような青い星、地球——。たとえば地球上に住む生物にしても、地球を取り巻く電磁場、電磁力、星間の重力バランス、どの条件がひとつ欠けても生命誕生にまで至らなかったでしょう。それをたんなる偶然の重なりの結果と言うよりは、宇宙にはこの微妙な条件を満たすことのできる英知ある力があり、意図をもって生命誕生に力を貸したのではないか、と考えたほうが妥当なのではないでしょうか。私達が「創造主」とか「神」と呼ぶのは、その力のことにほかなりません。

はるか遠い昔、大爆発（ビッグ・バン）により宇宙を構成する素材である原子が宇宙空間に飛び散り、やがて凝縮した物質から銀河や太陽系のような惑星系が作られていきました。最新の宇宙物理学の知識によると、その宇宙創成の大爆発の残照は「宇宙背景放射」と呼ばれ、いまもなお宇宙に充満していて、電波の形で観測できると言います。

アストロロジーは人間を宇宙的存在としてとらえます。大宇宙の中の小さな地球という星に住むすべての生物と無生物とは、宇宙を構成している元素と同じもので作られています。それは、人間も同じです。無窮の星の光を投げかける宇宙空間を「大宇宙（マクロコスモス）」と呼ぶならば、人間は内部に大宇宙を宿した「小宇宙（ミクロコスモス）」と呼ぶことができます。深く人間の魂の奥底を探ってみるならば、人間の個人の意識も宇宙意識とどこかでつながっていると言えるでしょう。

古代から現代に至る占星術師は、10惑星と12星座を、すべて人間の意識や肉体と結びつけて考えてきました。たとえば、人間の真の自我は太陽と、知性は水星と、愛の衝動は金星と、闘争の本能は火星と関連づけることができます。人間が持っているさまざまな性質の現れは、宇宙の彼方から訪れてくる未知の力に、人間の内部の惑星が呼応している結果と考えることができるでしょう。

出生天宮図「ホロスコープ」とは何か

「ホロスコープ」という用語は、「時の見張り人」、すなわち天文学的には「時の観測」を意味する古代ギリシア語のホロスコポスを語源としています。出生天宮図「ホロスコープ」とは、ある個人が誕生した時の天の状態――すなわち、本人の出生地を観測地点として、地球を取り巻く星座や惑星がどのような状態で天に配置されていたかを、そのまま図に表したものです。

占星術とは、もともと地球から見た天球上の惑星を地上に引き降ろし、地球上に建てた家である12室の中に入れて判断するものです。ですから、天宮図とは実際には地上図で、天球をそのまま地球に置き替えたものと考えることができます。

天をめぐる惑星は、大きな宇宙的時間の流れの中で、ただの一瞬も、すべての惑星が同時に過去にあったものと同じ配置を作ることはありません。これは、惑星の運行速度が、それぞれの惑星で異なっているためです。地球上に五十億を越える人間が住んでいながら、ただの一人として同じような容貌・個性・才能を持った人が存在しないことも、この理由によります。

言いかたを変えれば、人間は、その人の資質に最もふさわしい惑星の配列が完成した時に、この世に生を受ける、と言うこともできるでしょう。

占星術は、ある個人の性格や未来の運命は、その人が誕生した時の惑星の位置と、その後の惑星の運動を調べることによって知ることができる、という考えを前提としています。

人類が生れる以前から存在し、人類が滅亡した後も休みなく運行を続けていくであろう星々は、相互に重力やその他の影響力を微妙に及ぼし合いながら、少しずつ位置を変えて、特定の周期を作り出しています。ある日時、ある地点で誕生した人間にとって、その瞬間の星の位置は、その人の人生の時間的周期の出発点を表しています。極端に言えば、人の一生は星の運行によって初めから決められていると言えるでしょう。

では、運命とは変えられないものなのでしょうか？　ホロスコープは、人生上で起こる事件を正確に告知します。星の告知は無視するわけにはいかないものですが、しかし、運命は絶対的なものではありません。なぜなら、人間には理性と自由意志が与えられているからです。占星術の本当の使命は、私達の人生に指針を与えることです。人生で避けられない不幸な出来事が待っているとしても、それを事前に予知して、それに対処するための知恵と準備がある場合と、そうでない場合とでは、その後の人生の展開も大きく違ってくるでしょう。占星術によって私達の人生のスタートラインを知り、その後の進路を予測することは、すなわち運命を良い方向へ変えるための水先案内人を得ることなのです。

人生を旅路に譬えるならば、人間はある目的を持って地球に生を受けた霊魂が、肉体という衣服をまとって地上を旅する旅人にも譬えられます。人生上でなぜさまざまな出来事が起こるのかと言いますと、それは本人の行動の修正のため、深く言えば魂の成長に必要な試練を与えるために起こるのです。魂は、経験によってしか教訓を学び得ないものであるからです。

太陽系の諸惑星は、絶えず進化する霊魂のために必要な経験を提供するのみにすぎず、本当に私達の運命を決定し動かしているのは、私達の真の自我である〝霊〟なのです。人間の生命は、誕生から死までの一つの生涯で尽きてしまうものではなく、地球上で幾度も生れ変わり、時には他の天体にも転生して、おそらくは宇宙の根源に帰還する時まで永遠に進化していくものなのでしょう。

占星術の起源

占星術の発祥地は、チグリス・ユーフラテス二大河流域に広がるメソポタミア地方と言われています。しかし、占星術の起源は非常に古く、いつごろから存在したのか正確なことはわかっていません。ただ紀元前２０００年頃のバビロニアではすでに「黄道12宮」が考え出されていて、牡羊座を全12星座の首として第1位に定めていましたし、エジプトでも、古都テーベに近いデンデラー神殿の遺跡から、紀元前１７００年頃の占星神話に基づいて制作したものと思われる「円形天文図」が発見されています。

現在知られている占星術についての最古の記録は、19世紀中頃、アッシリアの首都ニネヴェの遺跡を発掘した時に見つかったアガデ王朝サルゴン一世（前２６００年頃）治世下の楔形文字による粘土版の写本で、アッシュルバニパル王（前６６８〜６２６年）の命により広く大領土から集められたものです（「クユンジク蒐集」と命名される）。現存する最古のホロスコープは、紀元前２７６７年７月16日、ヘリオポリス（太陽神殿）で作成されたものと言われています。

占星術の発達は、暦の成立と切り離して考えることができません。当時の暦は「農事暦」で、大河流域に住みついて農耕文明を興した古代人にとって、種蒔きや収穫の季節を知ることが何よりも重要だったからです。

古代エジプトでは、初め1年を12か月、１か月を30日とし、それに5日間の祭日を加えた３６５日の「太陽暦」を使っていました。しかし、正確な恒星年の1年は３６５日と4分の１日であるため、長い間にはどうしても暦と季節にずれが生じてしまいます。そこで、これを補うために「ソティス暦」を併用しました。すなわち、ナイル河の増水を告げるシリウス星が太陽とともに東天に出現するのを見て夏至を知り、１年の長さを決めたのです。

これに対して、バビロニアでは朔望月《さくぼうげつ》をもとにした「**太陰暦**《たいいんれき》」が使われていました。１か月の始まりを細い新月が日没の空にかかる時として、そこから日を数えて１か月の長さを決めていたのです。ところが、太陰暦の１か月は29日または30日で、１年では３５４日となり、本当の1年の３６５日とは11日も差があります。どうしても1年を正確に計る必要が出てきます。そこで、ある特殊な星が日の出時に出現するのを見て年初とし、１年の長さを決めることにしました。この星は、現代の研究によると、馭者座《ぎょしゃざ》の1等星カペラ、後には牡羊座のアルファ星ハマルで、春分の頃の東空に太陽に先立って姿を現し、バビロニアの年始「**春分正月**」を定めたと言われます。

現代の占星術が、夏至でも冬至でもなく、ましてカレンダーの〝1月1日〟でもなく、太陽が春分点に到達する時、すなわち太陽が白羊宮（牡羊座）に入る時を1年の始まりと考えているのは、遠くバビロニアの暦法の流れを汲んでいるためです。

メソポタミアの南部、シアヌルの地に興隆した古代バビロニア帝国は、初めシュメールとアッカドとに分かれていましたが、アッシリアとの抗争を経た後、前2000年紀にハンムラビ王によって統一されました。バビロニア帝国は前7世紀、ネブカドネザル王朝の時に栄華の最高潮に達し、前539年にペルシアのクセルクセス王によって征服されるまで、およそ2000年の興亡の歴史をたどりました。

バビロニア帝国で天文観測に従事していたのは、「カルデア人」と呼ばれる土着の哲学者の集団でした。カルデア人は明らかにバビロニア人とは別種の民族で、その系統はバビロニア人よりも古く、その知的水準はバビロニア人よりも高かったようです。彼らは「神聖科学の管理人」と呼ばれ、占星術や天文観測技術のみならず、医学・薬学・数学・言語学・建築学などの知識の所有者で、バビロニアの知識階級、あるいは聖職者階級を形成していたのです。

カルデア人が擁していた諸科学のうち、特に価値を認め得るのは、天文学と数学です。ギリシアの哲学者シンプリキオスによると、カルデア人はアレクサンドロスの時代に、1903年にわたる天体の観測記録を残していたと言います。カルデア人は月の1日の平均運動速度を13度10分35秒と定め、また朔望月が29日12時間44分ごとに起こることをすでに算出していました。また、恒星の年周運動を観測して春分点を知り、1年の長さが365日6時間11分であることを確かめました。太陽や月や惑星が、常に天の一定の軌道を通ることに注目して「**黄道**《こうどう》」を考え出し、「**黄**

道12宮」を設定したことも、カルデア人の遺業です。

しかし、カルデア人の知性の真の秀逸さは、彼らが正確な天文学知識や膨大な観測記録を所持していたことよりも、天で起こる現象を地上の諸現象に関連づけて考え、そこに体系づけられた学理を樹立したことです。そして、それらの学理には彼らが堅持していた宗教的原理が背景をなしていました。古代バビロニアの思想は、人間の営みと星々の運行との間に厳として存在する因果律を認めていました。惑星は神の属性を持ち、天的な力と人との仲介者となるものと考えられました。古代人にとって、一定不変の秩序のもとに星を動かす神の意志を知ることが、より良く生きることでした。占星術は、運命の神秘と生命の変転の謎に探求の範囲を広げることによって、単なる気象天文学の域を超えたのです。

けれども、古代占星術は常に国家を中心命題としていたため、当時の占星術は、もっぱら国家の運命や農耕の時期を知るために利用されただけでした。個人のための占星術が登場するのは、さらに後世、エジプトのアレキサンドリア期においてです。

占星術の歴史

カルデア人の諸科学の揺籃《ようらん》であった大バビロニア帝国は前539年にペルシアのクセルクセス王によって滅ぼされましたが、占星術はそれによって命脈を絶たれはしませんでした。ペルシア人は好戦的な民族でしたが、クセルクセス王は平和を宣言し、バビロニアの文明を保護したからです。

ペルシア帝国は、前4世紀には当時の世界最大国家となっていました。このペルシア帝国に対抗したのが、エーゲ文明を母体とする都市国家群を率いたマケドニアのアレクサンドロス大王です。アレクサンドロス大王は前330年にペルシア帝国の支配者ダリウス王と戦い、勝利を得ました。彼の生涯を賭けた夢は、東方の文化とギリシア文明を融合させて、新しい世界文化を作ることでした。彼の夢は実現しませんでしたが、彼の東方大遠征はオリエントの文化をギリシアにもたらし、さらに彼の没後、プトレマイオス王朝の擁護のもと、エジプトの都アレキサンドリアに、占星術・暦法・哲学・幾何学・自然科学などの古代科学の楽園を築いたのです。この時代には、春分点と歳差《さいさ》（春分点は地軸の歳差運動によって黄道を東から西へ移動していく）を発見したギリシアの天文学者ヒッパルコスがいます。カルデアの占星術をギリシア語に翻訳したのはバビロニアの神官ベロッソスで、多数の占星術師を育成し占星術の振興に貢献しました。

1世紀にアレキサンドリアに住んでいた天文学者プトレマイオスは、ギリシア天文学の集大成「アルマゲスト」の著者として知られていますが、同時に「テトラビブロス」と呼ばれる古代占星術の軌範書を残しています。「テトラビブロス」はラテン語やアラビア語に訳され、ラテン世界やイスラム圏で占星術の原書として長い生命を保ちました。

その後、占星術の知識はローマ帝国の興隆とともに地中海沿域からローマに持ち込まれ、アウグスチヌス帝の治世下でローマの全社会階層に浸透し、非常に流行しました。バビロニアの占星術師はローマ帝政下でも活躍し、皇帝の諮問にあずかり次第に重んじられるようになりました。しかし、おそらくは統治者の権力保持のため、しばしば禁止令が出されたり〝焚書〟の憂き目も見ています。この時代は、占星術が過去の栄光を失って迷信じみた俗化への道をたどったと同時に、古代の知識を伝える貴重な文献が多く失われた時でもありました。

ローマ帝国の没落後、占星術は西洋でおよそ500年ほど衰退しました。反異教主義の立場から、キリスト教会が古代ギリシアの文献を禁令したためで、わずかにアラビアを通してギリシア世界の知識が流入するのみでした。それが再び姿を現すのは、1096年から2世紀にわたって行われた十字軍の遠征によってです。十字軍の遠征は、アラビアの学問を西洋に導入するとともに、東洋への関心を呼び起こし、イタリアのフィレンツェを中心に西ヨーロッパに広がったルネッサンス（文芸復興運動）の要因となりました。やがて15世紀から16世紀にかけて、ギリシア・ローマの古代文化の学問を研究しようとする試みが盛んに行われ、それは錬金術のような実験科学の発展を促し、自然科学の端緒を開くに至ったのです。

13世紀中頃には、アリストテレス哲学をキリスト教神学に統合したスコラ哲学の権威、聖トマス・アクィナスがいます。アクィナスのスコラ哲学はキリスト教教会に容認されたため、プトレマイオスの宇宙観はキリスト教の教義に融合されました。中世後期は占星術が再び興隆を見た時代で、この時代は、プラトン哲学やユダヤ教の秘典カバラを研究したトリテミウス、アグッパ、パラケルススなどの隠秘哲学者を輩出しています。彼らは「秘術師」と呼ばれていましたが、医学者であり自然科学者であるとともに占星術師でもあり、同時に精神の躍動を失い、教条主義に凝り固まったカトリック教的権威への挑戦者でもありました。占星術は、彼らの信念と熱意によって教会の弾圧を凌ぎ切り、命脈を保ったのです。

当時の占星術師のなかでも最大の予言者と言われる人に、ミシェル・ド・ノートルダム、通称ノストラダムスがいます。ノストラダムスは1503年にフランスのサン・レミで生まれ、中年期まで巡回医師としてフランスやイタリアの各地を旅し、流行していたペストの撲滅を援助していました。やがて彼の名声を聞きつけたアンリ2世の妃、カトリーヌ・ド・メディシスによって宮廷に招かれ、王妃のために彼女の息子達の王位継承問題についての予言を行いました。

彼の名声を今日に至るまで不動のものとしているのは、「諸世紀」と名付けられた予言集です。彼はその中で、1999年夏、スーパー・グランド・クロス（ほとんどの惑星が黄道12宮のうちの不動宮に集まり、十字形を作ること）が生じる年に、世界的規模の大戦争が起こり、社会秩序の大変動が起こることを予言しています。

17世紀は、天文学と占星術の分離が始まった時代でした。しかし、占星術は依然として人々の心をつかんでいましたので、天文学者でさえしばしば占星術によって生計を立てざるを得なかったようです。「ケプラーの法則」の完成者として名高いケプラーは、次のような言葉を残しています。

「気むずかしすぎる哲学者よ、愚かな娘（占星術）が、賢いけれども貧しい母親（天文学）の生活を支えてやるのを、どうして嘆くことがあろうか。（略）もし人々が空の中（天）に未来を読みとろうという軽々しい期待を持たなかったなら、あなたは天文学をただそれ自体のために研究するほど賢明であろうか」（白水社文庫クセジュ、ポール・クーデール著『占星術』より。（　）内は引用者補筆）

18世紀後半から19世紀初頭にかけての近代科学思想の台頭とそれに伴う産業革命は、天文学と占星術の完全な分離を促しました。そして、皇帝や権力者に保護された一部を除いては、占星術は非科学的な迷信の産物として姿を消してしまうかに見えました。

しかし、第一次・第二次世界大戦にはさまれた暗い不安の時代、一条のほのかな光に希望をつなぐかのように、再び占星術に対する関心が高まり始めました。この時代には、10巻に及ぶ占星術テキストを著述して現代占星術の基礎を築いたアラン・レオ、「**ラファエルの天文暦**」として名高い占星術用の暦を1860年から今日まで発行し続けているラファエル、ドイツ皇帝ウィリアム2世の命運を予言したセファリアル等がいます。

さらに、ノストラダムスの研究家であり、ヒットラー総統の顧問占星術師でもあったカール・エルンスト・クラフトが、数理統計学の技法を占星術に導入した先駆者として光芒を放っています。このクラフトに対して、連合軍側がユダヤ系ハンガリー人の占星術師ルイ・ディ・ウォールを雇い、ナチスの戦略に対抗させていたことはよく知られている史実です。

言われるように、果たしてヒットラーが戦局を左右するような軍事的決断までを占星術に委ねていたかについては断言を避けねばなりませんが、ヒットラーが政策上の理由からにせよ、知識分子や占星術師を始めとする神秘主義者を弾圧する態度に出たことは、歴史の皮肉と言わねばなりません。

20世紀現代の占星術は、科学移行の時代を迎えたと言えるでしょう。すなわち、伝統的な占星術理論を踏まえたうえでの、計量科学や統計学の技法を用いた、科学的な「**占星学**」へのアプローチです。クラフトの流れを汲む人々としては、統計学の立場から惑星効果を報告したミシェル・ゴクラン、「ハーフサム（半分値）法」を体系づけたラインホルト・エバティン、「ハーモニック（調波理論）法」を完成させた英国のジョン・アディ等の研究者がいます。

現代では、占星術の心理学的側面に注目して、特に欧米において精神分析学へ応用する試みが盛んに行われています。この分野の先駆者としてスイスの心理学者カール・グスタフ・ユングがいますが、彼の説く人間の無意識の衝動の元型（アーキ・タイプ）が惑星の特質に酷似していることは特筆できます。

占星術は、底流においては神秘主義思想や隠秘哲学と結びつくものであり、同時に科学的客観性を有し、数学的なデータを天文学上の観測技術に頼るという点で、特異な運命学と言えます。現在、人類は再び宇宙の肯定的価値に目を向け、遠い昔に失われた宇宙と人間とを結ぶ絆をとり戻そうとする試みを始めたかのように思えます。時代はまさに「宝瓶宮（水瓶座）時代」に突入しつつあり、自然科学と精神科学との融合による新しい文明史の黎明とともに、「占星学」も新たな価値と使命を見出していくことでしょう。

基礎知識編

理論と技法

基礎知識編　理論と技法

第一章　黄道12宮

黄道12宮と12星座

占星術では、地球を不動の存在として宇宙の中心に置きます。この地球から宇宙を見ると、遠くにある星も近くにある星もみな等しい距離にあるように見えます。これらの星は、地球を中心に置いた巨大な球体の内側に貼り着いているように見えます。この巨大な天の球体を「**天球**」と言います。天球上の太陽の通り道を、「**黄道**」と言います。

地球は1年かけて太陽の周囲を一周しますが、この運動を地球上から見ると、太陽が1年かけて地球の周囲を一周するように見えるところから、この太陽の軌跡に当たる道を黄道と呼ぶのです。黄道は太陽の軌道を0度として、南北に8度30分ずつ17度の幅を持っています。これを黄道帯、あるいは獣帯と言います。太陽と月をはじめ、占星術で使う太陽系の惑星は、すべてこの黄

天球の構造

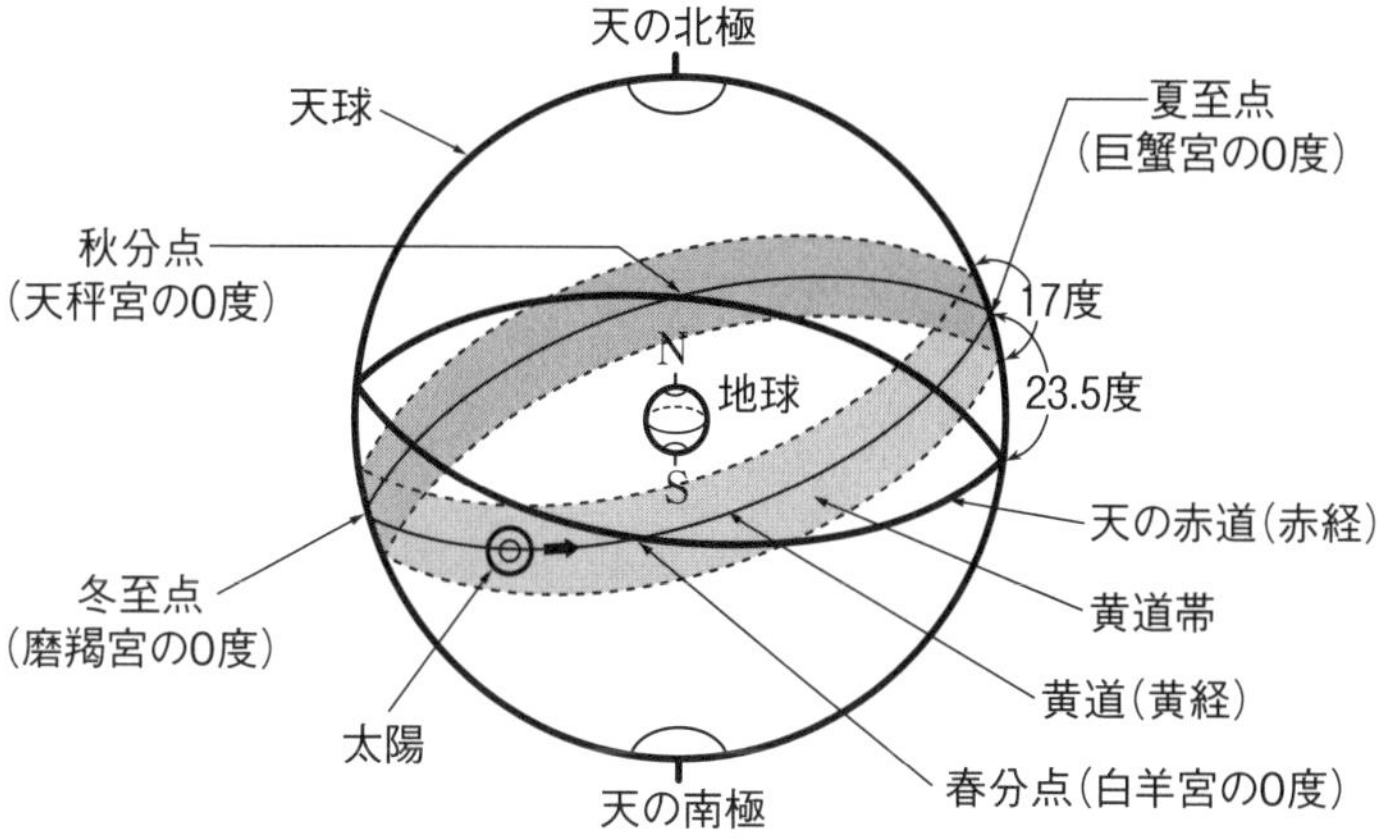

太陽が春分点を通るのは毎年３月21日頃
太陽が夏至点を通るのは毎年６月22日頃
太陽が秋分点を通るのは毎年９月24日頃
太陽が冬至点を通るのは毎年12月23日頃

春分点で黄経０度と赤経０度は一致する
秋分点で黄経180度と赤経180度は一致する

道帯の上を運行しています。

黄道は、天の赤道（地球の赤道をそのまま天球に投影したもの）に対して、23度30分の角度をもって傾いており、赤道と2点で交わっています。この2点のうち、太陽が赤道を南から北へ通り抜ける点を「**春分点**」と言い、北から南へ通り抜ける点を「**秋分点**」と言います。この春分点を0度として、黄道を東回りに360度まで計った角距離を黄経と言います。この黄道の全円360度を30度ずつ12のブロックに分割したものを、「**黄道12宮**　Signs of Tropical Zodiac」と言います。

黄道12宮のそれぞれの宮《きゅう》「**サイン**　Sign」は、黄道上に広がる12星座——牡羊座・牡牛座・双子座・蟹座・獅子座・乙女座・天秤座・蠍座・射手座・山羊座・水瓶座・魚座にちなんで、第1宮から第12宮まで白羊宮《はくようきゅう》・金牛宮《きんぎゅうきゅう》・双児宮《そうじきゅう》・巨蟹宮《きょかいきゅう》・

太陽系の惑星と黄道12宮

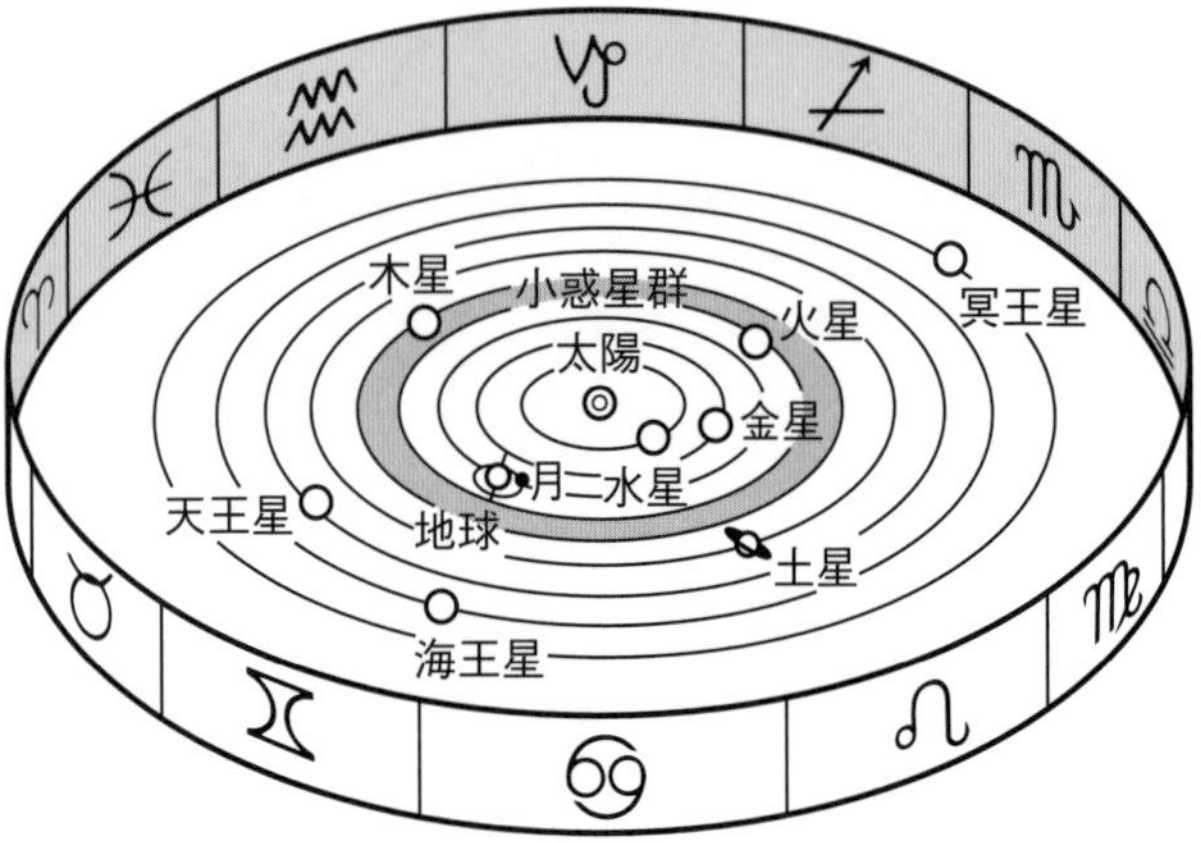

獅子宮《ししきゅう》・処女宮《しょじょきゅう》・天秤宮《てんびんきゅう》・天蠍宮《てんかつきゅう》・人馬宮《じんばきゅう》・磨羯宮《まかつきゅう》・宝瓶宮《ほうへいきゅう》・双魚宮《そうぎょきゅう》と呼ばれています。

　ところが、歳差現象（地球の独楽《こま》に似た首振り運動によって、地軸の指す方向、すなわち天の北極や南極、春分点や秋分点が変化することを言います）によって12星座は毎年少しずつ東から西へずれていきます。そのため、黄道12宮が定められた当初は牡羊座にあった春分点は、もとの位置から1星座近くも移動し、現在では魚座にあります。現在の天文暦は白羊宮の0度を毎年の春分時刻に合わせてあるため、白羊宮と牡羊座の位置も一致しなくなっています（このため、天文関係では春分点を「牡羊座の原点」、秋分点を「天秤座の原点」と呼んでいます）。

　これを区別するために、日本では、12星座名としてはラテン語の学名を日本訳

地球から見た太陽の位置
（この場合は白羊宮の10度にある）

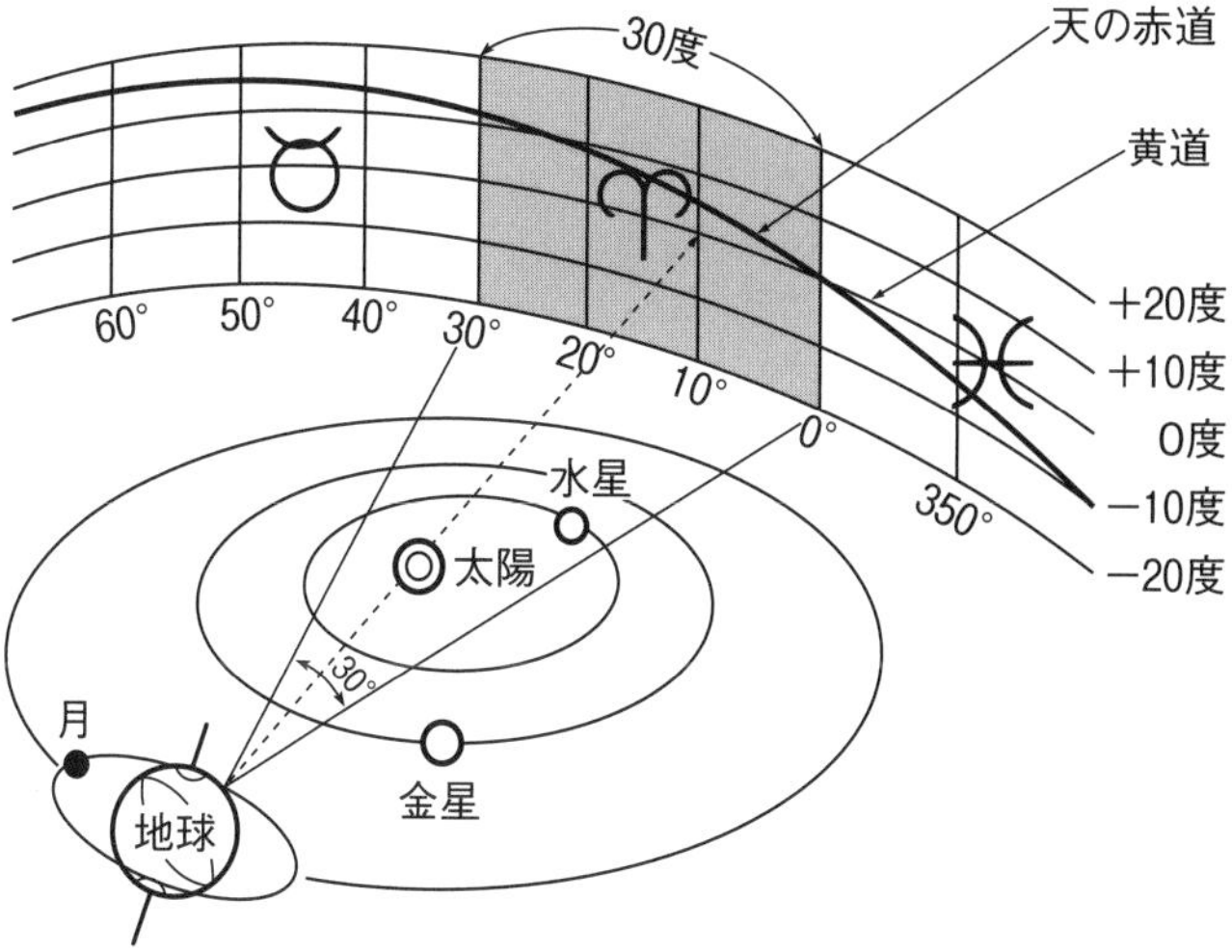

にしたもの——牡羊座・牡牛座・双子座……を用い、黄道12宮名としては中国訳の名称——白羊宮・金牛宮・双児宮……を用いています（いまでも正統派の占星家はこの名称をサインの正式名として使っています）。

ここで重要なことは、12星座が実在する恒星群であるのに対して、黄道12宮は黄道上に便宜的に設けた仮定の標識であることです。占星術の立場から言えば、黄道12宮がそれぞれ30度ずつの等間隔で並んでいるのに対して、12星座は必ずしも等間隔で並んでいるわけではなく、最大の水瓶座40度から最小の獅子座5度まで、星座によって角度に大きな開きがあります。そのため、占星術で惑星の位置を求める場合、12星座を使うより、仮定の標識である黄道12宮を使ったほうがはるかに便利で合理的でもあるのです。現

黄道12宮と12星座のずれを示す

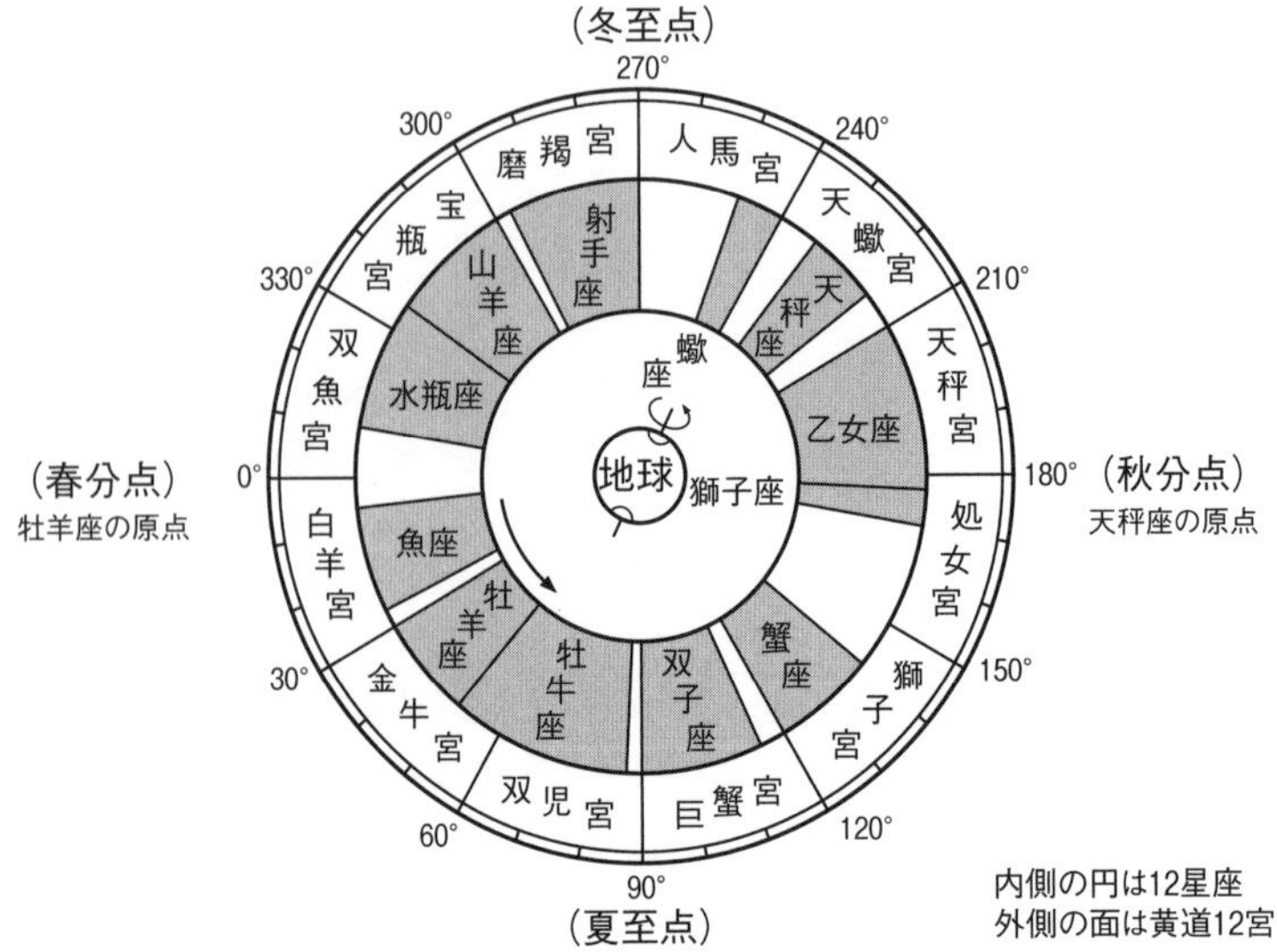

在では、黄道12宮は地上での住所表示のように、宇宙における惑星の在処を示す住所番地のようなものと考えられています。

しかし、白羊宮・金牛宮・双児宮……という言いかたは一般に馴染みがないため、本書では黄道12宮の各宮の名称として12星座の名称——牡羊座・牡牛座・双子座……を用いることにします。

春分点が牡羊座にあった時代は、紀元前約2200年から西暦100年までの期間と推測されています。春分点の移動速度は毎年約50秒26で、春分点が牡羊座に戻るのは、すなわち白羊宮が牡羊座と再び一致するのは、はるかに25920年後のことです。

黄道12宮の分類

黄道12宮は、星座の特性によっていくつかのグループに分類されます。ここではその代表的なものを上げます。

二区分　性別 Sex による分類

「男性宮　Masculine」のグループ

属する星座　牡羊座・双子座・獅子座・天秤座・射手座・水瓶座

陽性・プラス・積極的・外向的・男性的であり、物事の表面を表し、自己実現を意味します。男性宮生れの人は、自分の意志や考えをはっきりと外部に表現していく積極的な性格の持ち主と言えます。欠点は、危険や他人の心の動きにあまり注意を払わないことです。

「女性宮　Feminine」のグループ

属する星座　牡牛座　蟹座・乙女座・蠍座・山羊座・魚座

陰性・マイナス・消極的・内向的・女性的であり、物事の裏面を表し、自己抑制を意味します。女性宮生れの人は、自分の意志や考えをひっそりと内部に隠しておきたがる消極的な性格の持ち主と言えます。欠点は、物事の安全や他人との心のつながりを気にしすぎることです。

三区分　特質　Quality による分類

「**活動宮**　Cardinal（Movable）」のグループ

属する星座　牡羊座・蟹座・天秤座・山羊座

この4星座は四季の開始点（春分・夏至・秋分・冬至）となる星座であり、基本という意味を持っていますので、特別に「カーディナル」と呼ばれています。

活動的・主動的で、自意識強く指導力に富む。決定が早く進退ともに迅速である。よく新工夫を成し、組織および企業の才がある。活動宮生れの人は、人の上に立つ責任ある権能を求めますし、常に自分の仲間を指導しようとします。社会的に顕著な存在となるために働きます。軽挙妄動しやすいことと、休むことを知らないのが欠点です。

「**不動宮**　Fixed」のグループ

属する星座　牡牛座・獅子座・蠍座・水瓶座

忍耐強く抵抗力があり、持久力に富む。容易に目的を変更しない。一定の方針を有し信念を堅持する。精神的・物質的な蓄積力がある。不動宮生れの人は、常に自分の希望する力（知力・財力・支配力）を捕えようとして働きます。しかし、自分が納得できる企てに対しては寛大な援助者となる素質も備えています。環境に対する適応力に乏しいことと、頑固なことが欠点です。

「**柔軟宮**　Mutable（Common）」のグループ

属する星座　双子座・乙女座・射手座・魚座

受動的で適応力があり、融通性と変易性に富む。器用で多芸多才だが、物事の急所をつかむ能力に欠ける。神経過敏で覇気に乏しく、周囲の事情によって動かされやすい。柔軟宮生れの人は、自分の生活のために働くという観念を持っています。他人のために奉仕する傾向があり、自分の職業以外のことにも興味を持ちたがるのが特徴です。自己矛盾が多く、迷いやすいことが欠点です。

12種類の分類

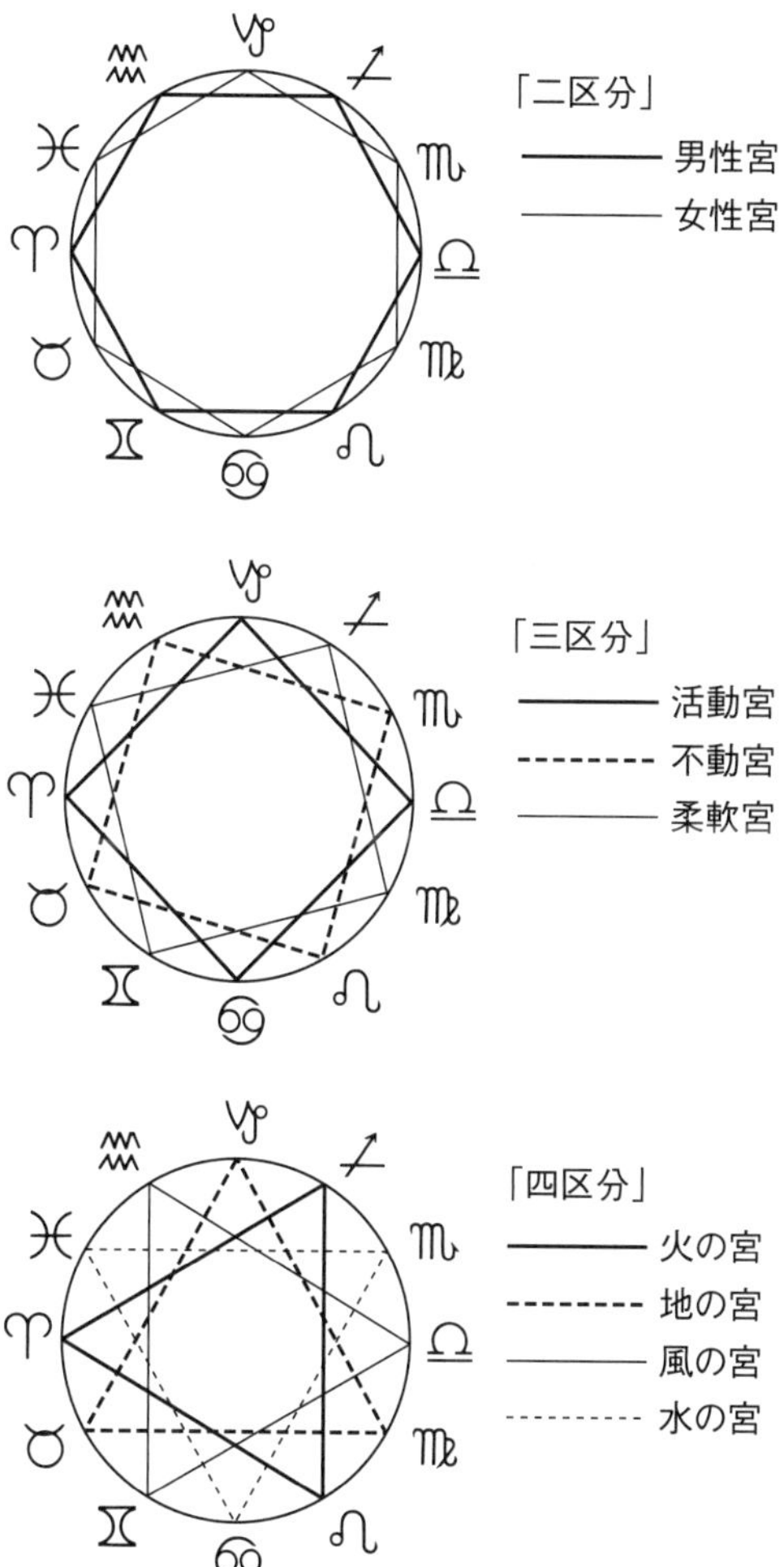

四区分　要素 Element による分類

「火の宮 Fiery」のグループ

属する星座　牡羊座・獅子座・射手座

火は精神を表し、神聖なものの象徴です。宗教的・哲学的であり、創造者であると同時に破壊者としての意味を持っています。熱烈・情熱的な性質を持つ。個性が強く他人の干渉を許さない。快活・陽気・楽天的で、スポーツを好み人生を楽しむ。火の宮生れの人は、個性の成長に熱狂や興奮など、精神の純粋な燃焼が伴います。理想が高く、野心的で、人生に対する欲望が多いのが特徴です。性急で思慮分別を欠きやすいことが欠点です。

「地の宮 Earthy」のグループ

属する星座　牡牛座・乙女座・山羊座

地は物質を表し、固定した大地を象徴しています。実利的で実際的な能力があります。用心深く堅実で、信頼性に富む。不断の努力によって目的に到達する。地の宮生れの人は、個性の成長に実質的なことや実在するものとの触知が伴います。実力があり、賢明な手段でよく働き、頼みがいのある実務家となるのが特徴です。欠点は、視野が狭いことと、抽象的な事柄を理解しにくいことです。

「風の宮 Airy」のグループ

属する星座　双子座・天秤座・水瓶座

風は知識を表し、人間の思想や知性を象徴しています。穏健・理性的で、理論を頼り実質的考えを軽蔑する傾向があります。自由軽快で淡泊であり、執着心が少ない。話し好きで議論が巧みである。風の宮生れの人は、個性の成長に論理や思考など、普遍的な原則が伴います。常に推理したり研究に没頭する傾向があり、アイディアが豊かで術策に長じているのが特徴です。欠点は、理屈をもてあそぶ傾向があることと、深い情緒に欠けていることです。

「水の宮　Watery」のグループ

属する星座　蟹座・蠍座・魚座

水は感情を表し、霊感を象徴しています。感覚的・直感的な性質を持っています。心理的表現力がある。流動的で受容性に富む。秘密好きで、自分の本心や正体を隠したがる。水の宮生れの人は、個性の成長に直感や霊感の閃きなど、潜在意識の働きが伴います。内気で敏感ですが、他人から情緒的な刺激を与えられれば大きな力を発揮できるのが特徴です。欠点は、意志が弱いことと、感情の嵐に翻弄されて自分を見失いやすいことです。

二区分・三区分・四区分を調べることは、ホロスコープ解読のための基礎的なテクニックです。10個の惑星が、それぞれの区分の各グループにどのように配分されているかを調べることによって、本人のおおよその性格的特徴や能力発揮の方向を知ることができます。

支配星について

黄道12宮にはそれぞれの星座を支配する惑星が決められており、これを支配星「**ルーラー**　Ruler」

と言います。支配星には、その支配する星座を管理し、特定の運命を授けるという重要な役目があります。たとえば、牡羊座の情熱的で勇敢な性格は、火星の闘争本能を受け継いでいるためです。同様に、天秤座の洗練された優雅な性格は、金星から愛他心と芸術性を授けられているためと考えられます。また、支配星の配置変更によって新しく定められた支配星を「主星」と言い、古い支配星を「副星」と呼ぶ場合もあります（後述）。

支配星はどのようにして定められたのでしょうか。肉眼で星を観察していた古代の人々が知っていた惑星は、太陽と月に水星・金星・火星・木星・土星を加えた7惑星にすぎませんでした。古代人が考えた支配星は次のようなものです。

蟹座と獅子座、山羊座と水瓶座の間に境界線を引くと、黄道12星座は6星座ずつ、「夜の星座」と「昼の星座」とに分けられます。夜の星座は、まず蟹座の支配星として月を置き、次に双子座から水瓶座まで水星・金星・火星・木星・土星の順に配置します。昼の星座は、まず獅子座の支配星として太陽を置き、次に乙女座から山羊座まで夜の星座と同じように水星・金星・火星・木星・土星の順に配置します。このようにして定めたのが、古代占星術の支配星の配置です。図で示しますと、39頁の**図a**のようになります。

この考えかたは、夜の星座と昼の星座とで惑星の並びかたが対称になっていることと、実際の太陽系の惑星の並びかたであることを考え合わせると、みごとな調和美を持った配置法であると言えます。

現代占星術は、古代占星術の7惑星に新たに発見された天王星・海王星・冥王星の3惑星を加えた10惑星を使います。現代占星術では、支配星の配置法を次のように考えます。

古代占星術の支配星の配置法

図a

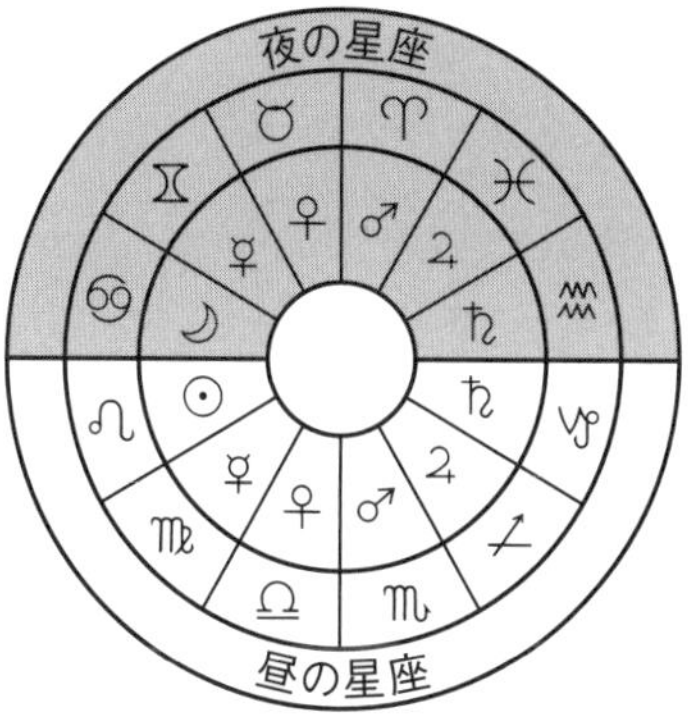

現代占星術の支配星の配置法

図b

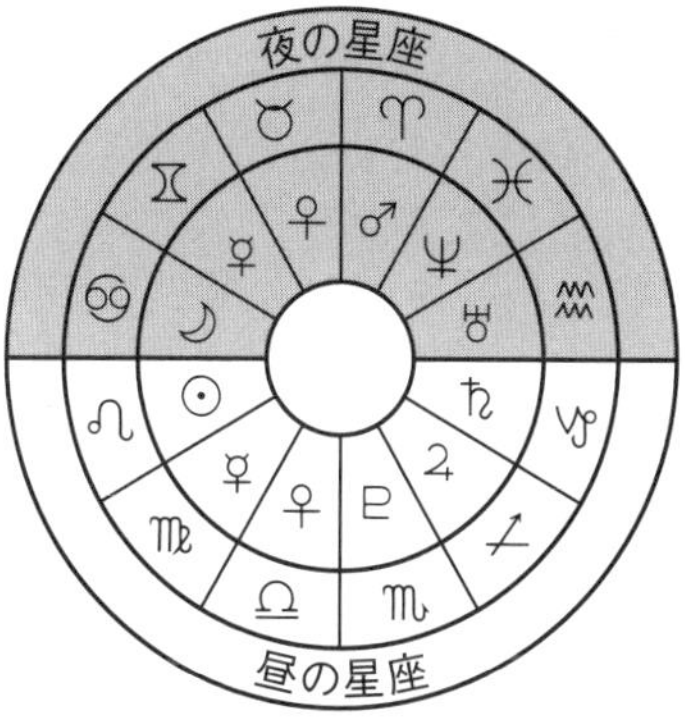

天文観測技術の進歩に伴い、まず１７８１年にウイリアム・ハーシェルによって天王星が発見されました。この年はアメリカが独立戦争に勝利した年であり、１７８９年にはフランス革命が起こっています。すなわち、天王星の発見は、旧体制の崩壊と自由思想の台頭を予言していたのです。その後の研究により天王星は改革と技術革新を表す惑星となり、それまでの土星に代わって水瓶座の支配星となりました。

海王星は、パリ天文台台長ルベリエによって計算され、１８４６年にガレによって発見されました。この時代はマルクスによって共産主義革命の必要が説かれ、ロシア革命が起こり、社会主義政権が歴史に登場してきた時代です。その後の研究により海王星は夢とビジョンを表す惑星となり、木星に代わって魚座の支配星となりました。

冥王星はアメリカのローウェルによって予言され、１９３０年にトンボーによって発見されました。冥王星の発見以後の歴史は、ヒットラーの独裁政権の

黄道12星座と支配星の基本的位置

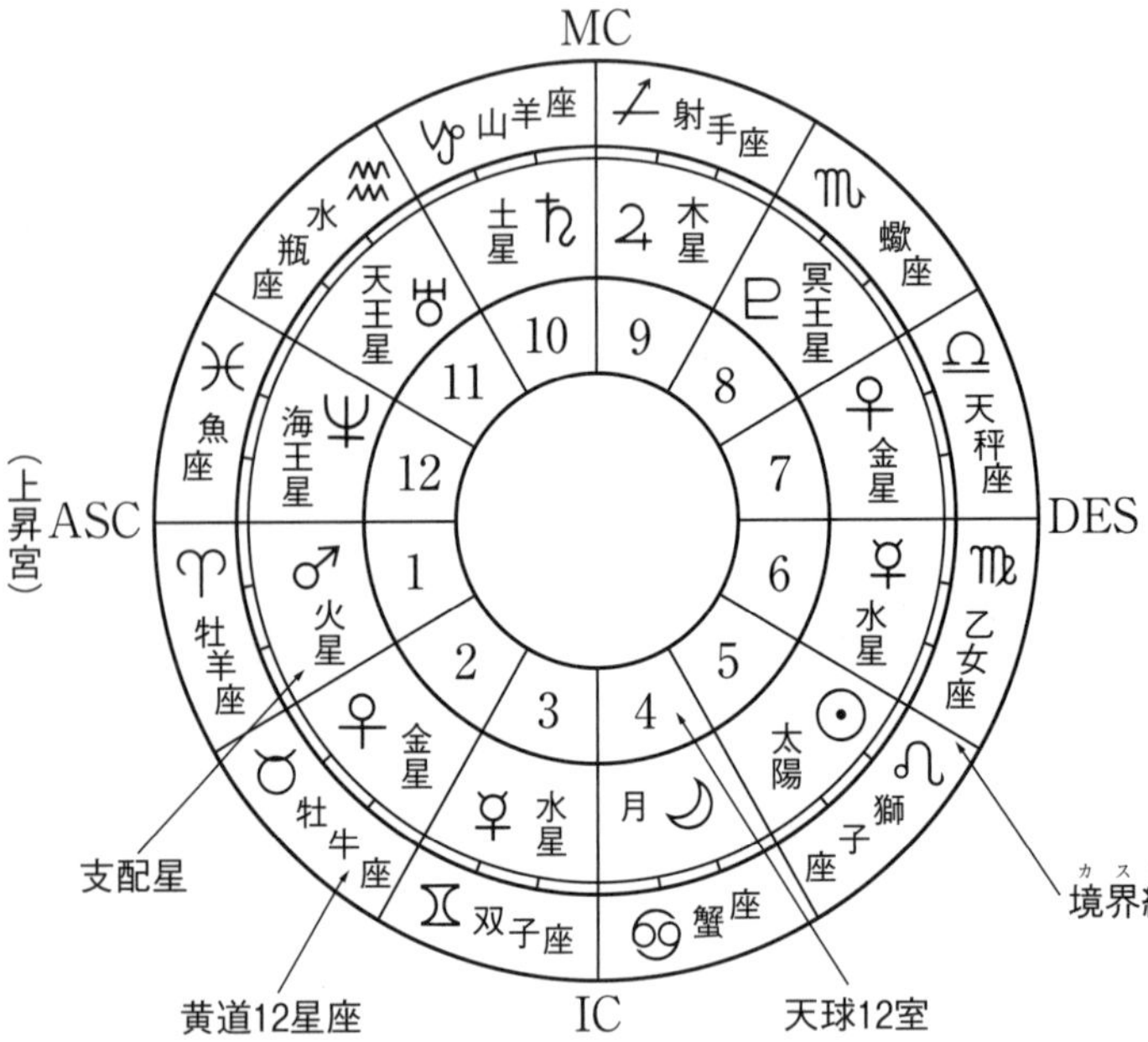

確立に伴うファシズムの嵐が吹き荒れ、全世界が第2次世界大戦に巻き込まれた時代です。国土は荒廃し、多くの尊い人命が失われました。この〝絶滅と再生〟を意味する冥王星は、火星に代わって蠍座を支配することになりました。

39頁の**図b**は現代占星術による黄道12宮と支配星の配置図です。古代占星術のような美しい対称は失われましたが、新しく加えられた支配星によって、牡羊座と蠍座、射手座と魚座、山羊座と水瓶座の特性の違いがはっきりと説明できるようになりました。

ここで一つの疑問が生じます。現代占星術の支配星の配置法によると、太陽・月・火星・木星・土星・天王星・海王星・冥王星は、それぞれ1個の惑星が1星座を支配するのに対し、水星と金星のみは1個の惑星が2星座を支配することになっています。これは、すでに発見された惑星のほかに未発見の惑星X・Yがあるためとされていて、この惑星が発見された時には再び支配星の変更が行われることになっています。これらの未発見の惑星の占星術上の位置と役割については現在、さまざまな議論が交わされていて、まだ正式の学説はありませんが、仮説とされているものを紹介しておきます。

バルカン　海王星を予知したルベリエによって想定された水星の内側の軌道を回る惑星です。知的・科学的要素を与える惑星であり、乙女座の支配星とする説が提唱されています。バルカンは今日に至るまで発見されていません。

トランスプルートー　冥王星の外側の軌道を回る未発見の惑星です。カルフォルニア大学のブラディ教授が推定する「第10番惑星」、すなわちトランスプルートーは、公転周期464年、太陽系全体にたすきをかけたように斜めに公転しており、質量は地球の300倍という木星なみの巨大惑星です。この惑星を伝説的な惑星「ペルセフォネ」と関連づけて考える説もあり、もし発見されれば牡牛座、もしくは天秤座の支配星になるものと考えられていますが、現在のところ確かな説はありません。

キロン　土星と天王星の中間の軌道を回る惑星で、米国の天文学者コワルによって1977年に発見されました。医術・予言・教育を司《つかさど》る惑星とされています。惑星X・Yとの関連はいまのところ未定ですが、蠍座、または射手座の副支配星とする説が提唱されています。

セレス　パラス　ジュノー　ベスタ　1801年から1807年にかけて発見された火星と木

星の中間の軌道を回る小惑星のうち、特に占星術で取り上げる4惑星を言います。セレスは生育、パラスは調和、ジュノーは権利、ベスタは義務を司ります。乙女座の副支配星とする説が有力です。

地球「アース」　私たちが住んでいる地球を占星術上の惑星の一つと見なす考えです。占星術では地球に何かの役目を与えることはほとんどありませんが、地球を惑星の一つとして扱う場合は、ＩＣ（北中）、すなわち4室の境界線が地球のホロスコープ上の定位置となります。基本的意味は「家庭」、牡牛座の支配星とする説が提唱されています。

これらの未発見・新発見の惑星の確かな定義づけについては、占星術のより深い研究と天文学の進歩を待たなければなりません。

占星術は決して完成した占術ではありません。現在もなお研究が続けられている未完成の学問なのです。天文学上で新惑星が発見されると、占星術もそこから新しく理論展開していきます。このことは、占星術が「術」ではなく、「学」であることの証明にもなるでしょう。

基礎知識編　理論と技法

第二章　12星座

12星座が象徴するもの

牡羊座（白羊宮）「エリーズ　Aries」
支配星　**火星**「マース」
黄道12宮の第1宮であり、太陽がこの宮に入る時節をもって春分とします。大地は勢いよく芽を吹き、緑が萌え出します。
バビロニア時代は春分を年初とし、牡羊座を年を導く星座として別格の扱いをしていたようです。牡羊座は真の開拓者であり、先導者であると言えるでしょう。新しい時代を創造する〝神聖な火花〟にも譬えられ、艱難《かんなん》を排して人々を新天地へと導く指導性豊かな星座です。牡羊はアモン・ラーの聖獣としてエジプトで崇拝され、バビロニアでは燔祭の犠牲として神に捧げられもしています。この観念はヘブライに引き継がれ、イエス・キリストが自身を「良き羊飼い」と称したことは、聖書に記述されているとおりです。

支配星の火星は、ギリシア神話の軍神アレス（英名マース）にちなんで名付けられています。

牡牛座（金牛宮）「トウラス　Taurus」

支配星　**金星**「ビーナス」

黄道12宮の第2宮です。季節はまさに春たけなわ、植物はますます繁茂し、子房に養分が蓄えられます。

春分点が牡牛座にあったバビロニア前期では、黄道を「天の犂道《すきみち》」と見なし、それを鋤《す》く牡牛座を年を開く星座としていました。牡牛座は、大地に眠る富の生産者であり、「地上の富の管理人」であると言えるでしょう。神話では、大地の豊饒力を司るバビロニアの大地母神イシュタルと関係が深いようです。エジプトやギリシアでは天の牝牛、すなわち天帝の妃の化身で、イシス神やヘラ神に当たります。「天の牝牛」は大地の象徴でもあり、大河流域に発生した農耕文明の開闢《かいびゃく》をしのばせるものがあります。

支配星の金星は、ギリシア神話の美と愛欲と生殖の神アプロディテ（英名ビーナス）にちなんで名付けられています。

双子座（双児宮）「ジェミニ　Gemini」

支配星　**水星**「マーキュリー」

黄道12宮の第3宮で、双子座に二つ並んで輝く星カストールとポルックス（ディオスクロイ）でよく知られる星座です。双子座の太陽は風を運び、受粉作用を介して生殖が達成されます。双児神ディオスクロイは、ギリシアで航海の守護者として広く祭られ、船霊、あるいは幽霊火として、闇夜や暴風雨の時に船のへさきに立ち、船子たちを導く恵み深い神霊とされていました。バビロニアでは、世界最古の詩編「ギルガメシュ叙事詩」に語られる英雄ギルガメシュとその朋友エンキドゥで、大河流域に移住してきた早期住民を暗示するものと思われます。〝知識の伝達者〟として知性と実行力を併せ持つ星座であり、春分点が双子座にあった時代は、移民と交易、それに伴う文化の伝播が地球上の諸地域で始まった時期と重なるものと推察されます。

支配星の水星は、ギリシア神話の伝令神ヘルメス（英名マーキュリー）にちなんで名付けられています。

蟹座（巨蟹宮）「キャンサー　Cancer」

支配星　**月**「ムーン」

黄道12宮の第4宮であり、太陽はここに入座して夏至の到来を告げます。蟹座の太陽は慈雨を恵み、大地を水分で潤します。

蟹座はその形象からしばしば子宮のシンボルと言われます。甲羅を再生するところから、蟹は〝再生〟のシンボルでもあり、ギリシア神話では結婚の神聖と出産の安全を守る神后ヘラの使い獣とされています。バビロニアではザリガニ、エジプト天球図では蟹の姿で表されています。蟹座は明らかに古代より聖地や寺院に設けられたサンクチュアリ（聖域）、もしくはアジール（避難所）と関係があります。外敵の侵入を許さない強い防衛本能と、身を栖にしてでも我が子を守ろうとする母性愛が、この星座の特性と言えるでしょう。

支配星の月は、ギリシア神話では月の女神セレネ、もしくは野獣の繁殖と生育を司る女神アルテミスに象徴されています。


獅子座（獅子宮）「レオ　Leo」

支配星　**太陽**「サン」

黄道12宮の第5宮です。季節は真夏。太陽は激しく燃え、酷熱の力を誇示しつつ地上に惜しみなく熱と光を降り注ぎます。

獅子座は1等星レグルスが「小さな王」を意味するように、バビロニアの諸侯の象徴であり、帝位と王権を守護する星座です。エジプトの「死者の書」にはオシリス神の玉座を護る四鬼の一つ、ジャッカルの頭を持つ鬼神として表され、「ヨハネの黙示録」では御座のそば近くに仕える「獅子の顔を持つ生き物」として描かれています。獅子座は正しく〝王者の星〟であり、この星の下に生れる者に名誉と富貴と権力を授けると言われます。神意によって授けられた王の権威のもと、正々堂々とした王道精神に生きることが獅子座の本領と言えるでしょう。

支配星の太陽は、ギリシア神話では青春と芸術と予言の神アポロに象徴されています。

乙女座（処女宮）「ヴィルゴ　Virgo」
支配星　**水星**「マーキュリー」

黄道12星座の第6宮であり、秋の収穫期を告げるとともに翌年の季節のための種子を準備する星座です。

乙女座の象徴は、正義の女神アストレイアとも、収穫の女神デメテルとも言われます。「デメテル讃歌」によると、デメテルは愛娘ペルセフォネが冥府王ハデスに奪われたことを怒り、呪いを発して大地の実りを止めてしまった。大神ゼウスはこのままでは生き物が飢餓のために死滅してしまうと怖れ、娘を1年のうち8か月間だけ母神のもとに帰すことにした。娘が地上に帰ると、ふたたび野には花が咲き乱れ、畑には黄金の穂が波打つようになった。しかし、ペルセフォネが地下に下る4か月間はデメテル神の悲しみのために収穫がないのである、と伝えています。四季の始まりと、自然界の永遠の生命の復活を物語る美しい神話です。

デメテル神は本来は生き物のために食糧を生産する大地の保育機能を備えたやさしい母性神で、最初に人間に農耕の技術と収穫の祭りを教えたのは彼女であると伝えられています。また、娘のペルセフォネは冬になると地下に隠れ、春の訪れとともに甦る植物の種子の精霊と考えられます。身を捧げて他人のために役立とうとする、援助と奉仕の精神が乙女座の特性と言えるでしょう。

支配星は、双子座と同じく水星です。

天秤座（天秤宮）「ライブラ　Libra」

支配星　**金星**「ビーナス」

黄道12宮の第7宮であり、太陽はここに入座して昼夜の長さを正確に二分し、秋分を告げます。自然は衰退しはじめ、地上には冷気が訪れます。

天秤座の象徴は、「収穫の秤」とも、正義の女神アストレイアが携える「正義の秤」とも言われます。この女神は大地が耕さずとも実り、戦いも労働の苦しみもなかった「黄金時代」に人間の守護者として地上に住み、正義の道と道徳を説いていたが、後に人間の堕落を悲しんで天に去ったと伝えられています。エジプトでは真理の女神マアトで、オシリス神の「審判の広間」に座を占めて死者を迎え、死者の魂の正邪を計る役目を担います。秋霜のような冷厳さの中にも慈悲と正義への希求を秘めた星座です。

支配星は、牡牛座と同じく金星です。

蠍座（天蠍宮）「スコルピオ　Scorpio」

支配星　**冥王星**「プルートー」　副星　**火星**

黄道12宮の第8宮です。冬の枯死に備えて植物の種子を大地の懐深く蔵する星座であり、乙女座とともに自然界の生命の輪廻転生の秘義を司ります。

「ギルガメシュ叙事詩」によれば、日の出と日没の門を守る蠍人間であり、バビロニアの始祖神ティアマトが創り出した怪物の一つとなっています。エジプトでは叡智の象徴である鷲であり、さらに古くは不死鳥（フェニックス）であって、不死の霊魂の象徴でした。「死者の書」によれば、蠍座はエジプトの最高神オシリスの玉座であり、オシリス神は冥府の「審判の広間」の主宰者として死者の裁きを行うとされています。極限状態に置かれても生存への確固たる意志を失うことなく、破壊の中から新たな可能性を探ること――それが蠍座の使命です。

支配星の冥王星は、ギリシア神話の冥界の王ハデス（英名プルートー）にちなんで名付けられています。


射手座（人馬宮）「サジタリュース　Sagittarius」

支配星　**木星**「ジュピター」

黄道12宮の第9宮です。射手座の気候は寒く乾き、大地は緊張して年の歩みを反省期へと進めます。

射手座の象徴は、ギリシア神話の馬人ケイローンと言われます。ケイローンは姿は異様でも徳にあつく教育者としての資質に優れ、数多くのギリシアの若き英雄を育てたと伝えられています。バビロニア出土の粘土版にも同様のものが発見されていて、カルデアのマルドウク神殿の神官ベロッソスの書を集めたエセビウスの「年代記」によると、「宇宙創造の初期に、並外れた性質と特異な姿をした怪物が生きていた。このうちには前足が人間で、後足が馬であるような人たちもいた」とあります。半人半馬の射手座の姿は、高貴な人間性と荒々しい獣性を併せ持つ人間の魂の二元性を象徴しています。高遠な哲理の中に、通俗と野性の本能を同居させているのが射手座の性格の特徴です。

支配星の木星は、ギリシア神話の最高神ゼウス（英名ジュピター）にちなんで名付けられています。

山羊座（磨羯宮）「カプリコーン　Capricorn」
支配星　**土星**「サターン」

黄道12宮の第10宮であり、太陽はここに入座して冬至を告げます。山羊座は年間でもっとも寒く暗い季節ですが、日足は再び長くなり始め、太陽神の復活を告げます。

山羊座の象徴は、ギリシア神話では山羊脚の牧神パーン、バビロニアでは大洋に住む羚羊で、太古より大洋から幾度も出現したと伝えられています。地球上で幾度も起こった陸地の隆起と陥没に関係があるかとも思われます。山羊座は「現世」の象徴であるとともに「最後の足場」を意味します。同時に、それは人生で登りつめた絶頂点を暗示しています。〝草を食べながら地面に目を向けたまま山頂に到達する〟のが山羊の天性であり、厳しい現実感覚に裏付けられての「地上の王国」の建設が、山羊座の使命であると言えるでしょう。

支配星の土星は、ギリシア神話の農業神クロノス（英名サターン）にちなんで名付けられています。

水瓶座（宝瓶宮）「アクアリュース　Aquarius」
支配星　**天王星**「ウラナス」　副星　**土星**

黄道12宮の第11宮です。水瓶座は冬の雨期に当たり、生命の水が大地の底深く蓄えられます。

水瓶座の象徴は、ギリシア神話の水瓶をかつぐゼウス神の寵童ガニュメーデです。水瓶の中味は香り高い神酒とも〝英知の水〟とも言われ、天才創造の星座です。大いなる天空を把握するための広い視野と高度の知識が、水瓶座の天性と言えるでしょう。バビロニアでは雨期を告げる水の女神グラ、エジプトではナイル河の女神パピに関連づけられるものと思われます。水瓶座はナイル河の増水を告げる星座であり、洪水が去った後は肥沃な土地が現れ、人々は豊かな作物の実りを甘受しました。現代は、「宝瓶宮時代」に移行しつつある時代と言われます。水瓶座から注がれる水は、神が地上の一切の悪と穢れを洗い清めるために送る水でもあり、「宝瓶宮時代」は地球上に平和と人類愛が戻って来る時でもあるのです。

支配星の天王星は、ギリシア神話の天空の神ウラノス（発見者の名をとってハーシェルという名称で呼ばれることもあります）にちなんで名付けられています。

魚座（双魚宮）「ピシーズ　Pisces」

支配星　**海王星**「ネプチューン」　副星　**木星**

黄道12宮の第12宮です。魚座の太陽の光はまだ弱いけれど、春の再生を待つ新しい生命が自然界に準備されていることを告げます。

魚座は、愛の神アプロディテと性愛の神エロスが嵐神テイフォンに追われて魚に変身し水中に逃れた時の姿とされます。もう一つの説はバビロニアの宇宙的大女神アスタルテとその使者の燕とするもので、アスタルテが天地万物の創造者としての愛を司る女神であるところから、万物が冬の眠りから目覚める春の先触れとして燕を配したものでしょう。魚座は古来より水夫の星とも、詩人を世に送り出す星座とも言われ、海のように無限の可能性に満ちた星座です。魚座は「憐れみと贖罪の星座」であって、そこには涸れることのない涙と同情の泉があります。魚はローマ時代のキリスト教のシンボルともなっています。

支配星の海王星は、ギリシア神話の海洋神ポセイドン（英名ネプチューン）にちなんで名付けられています。

12星座と死生観

古代人の死生観は、季節のめぐりと無関係ではありません。星の運行に伴う季節の周期的変化を観察し続けていた古代人は、植物の枯死という自然現象と、人間の生死の問題を関連づけて考えたに違いないのです。牡羊座から始まり魚座で終わる黄道12宮は、偶然に配置されたものではありません。黄道12宮の一つ一つの星座は、それぞれの人間の魂の成長の過程であり、人の一生を象徴していると言えるでしょう。

1番目の**牡羊座**のキー・ワードは、「我れ有り（主張）I am」です。人の一生で言えば、心はまだ本能に支配されていますが、もっとも生命力の旺盛な「赤ちゃん時代」です。この周期に入った人は、積極的な自己主張を通して自分の生きる姿勢を確立することの重要さを学ぶでしょう。

2番目の**牡牛座**のキー・ワードは、「私は持つ（所有）I have」です。人の一生で言えば、五感が発達し、感覚に快い刺激をもたらすものに愛着を覚える「幼児期」です。この周期に入った人は、感覚的な触知を通し自分に必要なものは何か、どうすればそれを手に入れられるかを学ぶでしょう。

3番目の**双子座**のキー・ワードは、「私は考える（思考）I think」です。人の一生で言えば、もっとも知識欲が旺盛で新鮮な好奇心にあふれた「学童期」です。この周期に入った人は、人との交流や知識の交換が、自己の能力の進展と心の世界の拡大につながることを知るでしょう。

4番目の**蟹座**のキー・ワードは、「私は感じる（感応）I sense」です。人の一生で言えば、親の保護を求める依存心と、自立したい願望が心の中で揺れ動く「思春期」です。この周期に入った人は、過去を捨てて未来に生きる夢と、環境の変化に対する適応を学ぶでしょう。

5番目の**獅子座**のキー・ワードは「私は志す（意志）I will」です。人の一生で言えば、恋や芸術やスポーツに若々しい情熱を傾けて、人生の意義や自分の可能性を発見しようとする「青春期」です。この周期に入った人は、自ら行為することによって創造的な人生活動の喜びを知るでしょう。

6番目の**乙女座**のキー・ワードは、「私は調べる（分析）I analyze」です。人の一生で言えば、生活の糧を得るために就職する「青春後期」です。この周期に入った人は、緻密な自己観察を通して社会的義務を負うことの意味を知るでしょう。

7番目の**天秤座**のキー・ワードは、「私は計る（比較）I weigh」です。人の一生で言えば、配偶者を得て情緒的にも安定し、バランスのとれた人生観が築かれる「成熟期」です。この周期に入った人は、調和社会の美と個人的な結合を通して人間性を拡大する秘密を知るでしょう。

8番目の**蠍座**のキー・ワードは、「私は求める（欲望）I desire」です。人の一生で言えば、先人の業績や遺産を受け継ぎ、次の世代に伝えていこうとする「壮年期」です。この周期に入った人は、人間の避けられない死の運命と、個人の野心や能力にも限界があることを悟るでしょう。

9番目の**射手座**のキー・ワードは、「私は分かる（理解）I see」です。人の一生で言えば、より高度な人生哲学を求め、大きな人生テーマに挑もうとする「中年後期」です。この周期に入った人は、自己発見のための心の旅を通して神の意志を知り、ともに歩む人々の精神的レベルを高めるでしょう。

10番目の**山羊座**のキー・ワードは、「私は使う（使役）I use」です。人の一生で言えば、多くの人生経験を積み、肉体は衰えてもいよいよ知恵が円熟する「老年期」です。この周期に入った人は、自己の果たすべき使命を知り、自分自身の生き方を通して人々を指導する術を知るでしょう。

11番目の**水瓶座**のキー・ワードは、「私は知る（認識）I know」です。人の一生で言えば、現役を退き、自由な立場でアドバイスしたり社会に奉仕する「長老期」です。この周期に入った人は、個人の幸福より社会全体の繁栄を願う福祉の精神と、未来への確信を得るでしょう。

12番目の**魚座**のキー・ワードは、「私は信じる（信仰）I believe」です。人の一生で言えば、あわただしい人生活動を終わり、世間の喧噪を逃れて静寂の地を求める「衰弱期」です。人生の終焉に近づいた人の、苦悩と孤独を癒やすものは何なのでしょう？　この周期に入った人は、清らかなあきらめと無私の心が最後の救済の道であることを悟るでしょう。

基礎知識編　理論と技法

第三章　天宮12室

天球12室の構成

仮に地球上のある地点で、天頂に向かって真っ直ぐに立ったとします。すると、地球の表面は視野に広がる平らな地平面として目にうつります。この地平面を無限に引き伸ばした時に天球と交わる線を、地平線と言います。この地平線に対して黄道は一定の角度を持って傾き、東と西の2点によって地平線と交わっています。

この場合に、東の地平線上の太陽が昇ってくる点を起点として、黄道を12のブロックに分けて1室から12室まで数えたものを、「**天球12室** Heavenly Twelve Houses」と言います。また、それぞれの**室**《しつ》「**ハウス**」を分ける境界線を「**カスプ** Cusp」と言います。

地球は自転運動をしていますが、地球を不動のものとして天を見れば、黄道12宮のほうが固定

天球12室の構造

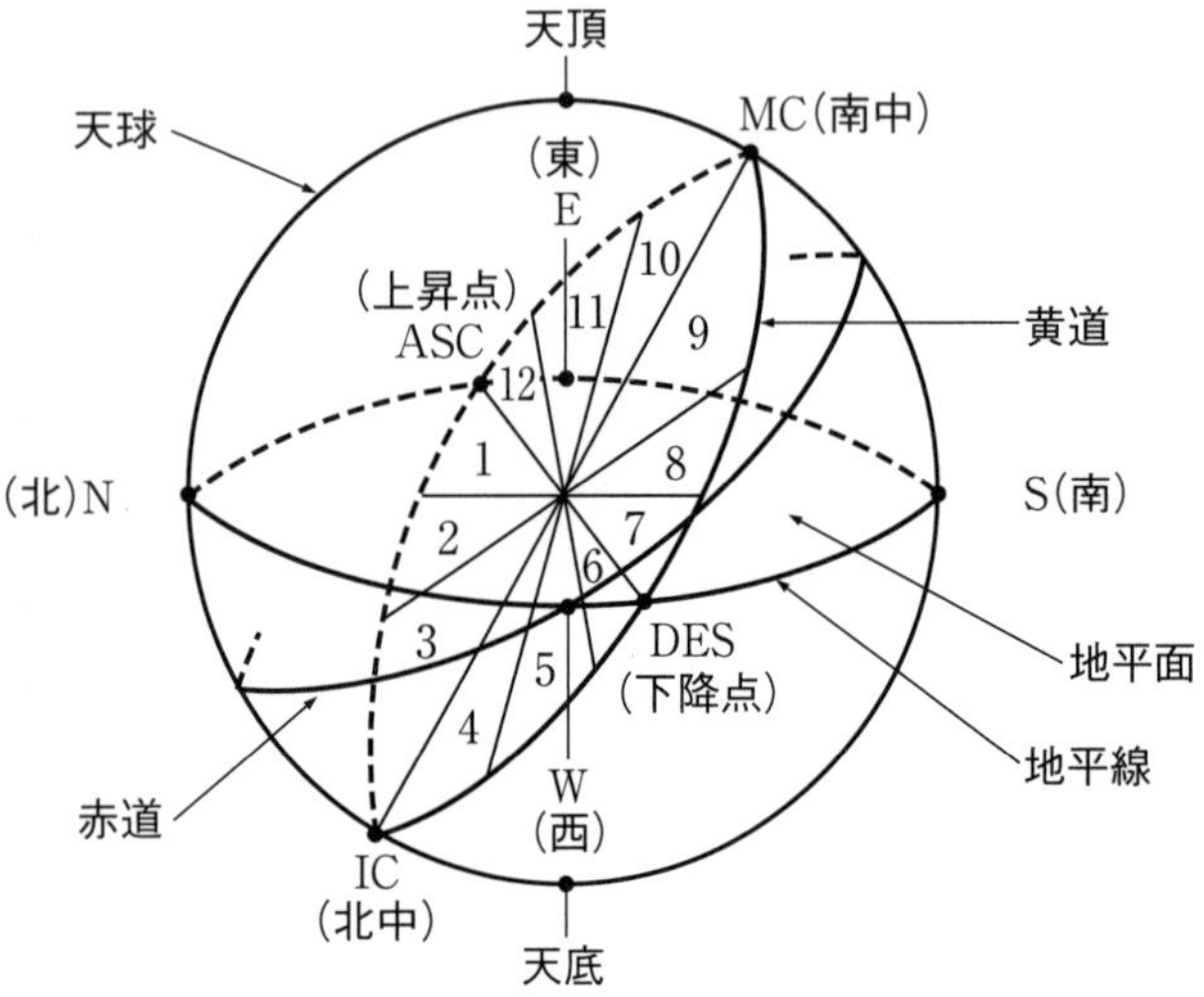

された天球12室の外周を、東から西へと移動していくように見えます。12室の出発点は、出生地の緯度・経度と出生時間によって決定されます。すなわち、ある個人が誕生した時間に、黄道12宮のうちのどの星座が東の地平線を昇って来たかによって決められます。

この天球12室の出発点を上昇点「**アセンダント** Ascendant（ASC）」と言い、アセンダントを上昇していく星座を特別に「**上昇宮**」と呼びます。これに対して、西の地平線上の太陽が没する点を下降点「**ディセンダント**（DES）」と言います。また、出生地を通る子午線が黄道と天頂より南で交わる点を「**南中**（MC）」と言い、天底より北で交わる点を「**北中**（IC）」と言います。

ASCは1室の起点であり、DESは7室の起点です。MCは10室の起点であり、

天球12室の位置

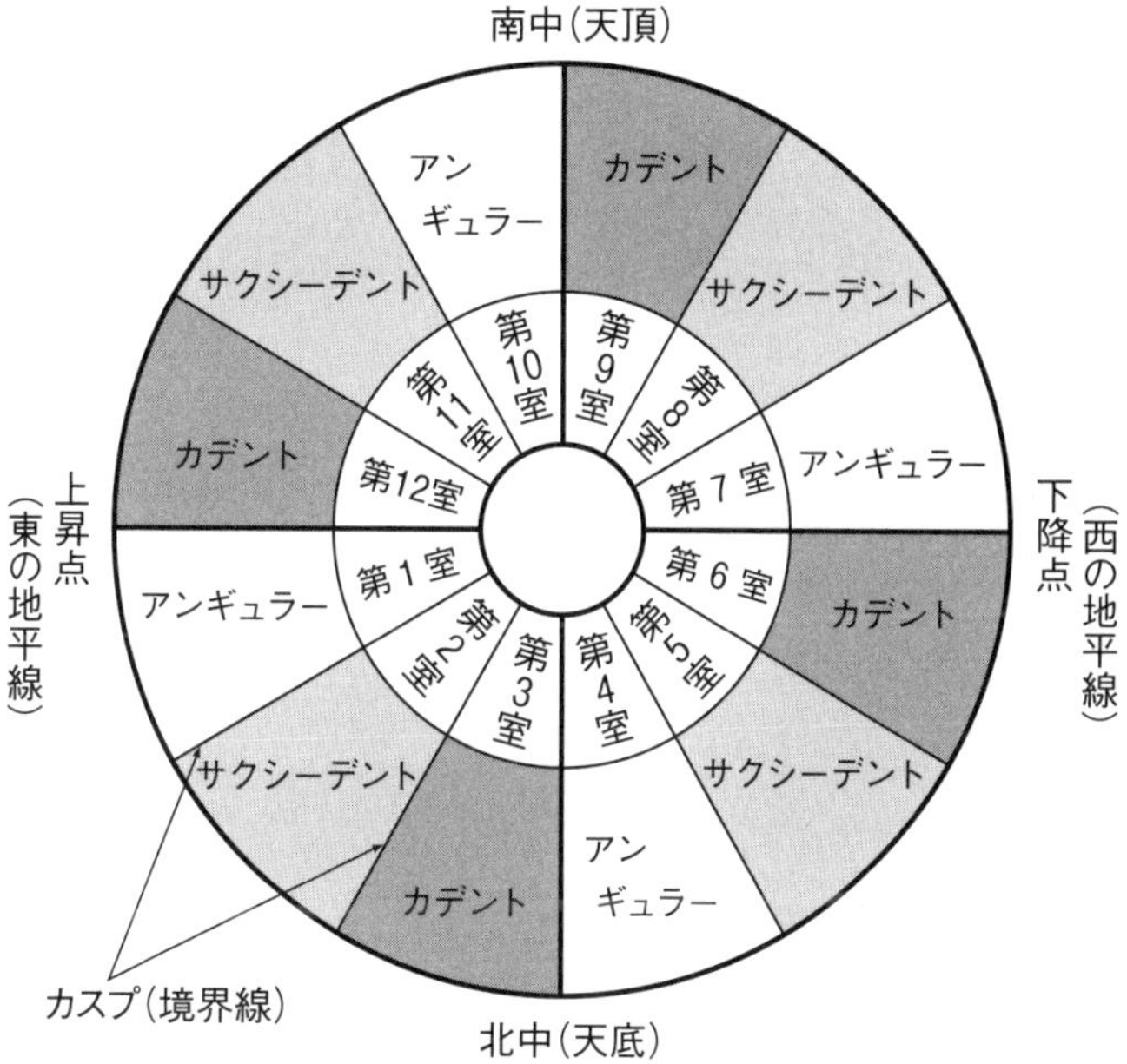
南中(天頂)
アン
ギュラー
カデント
サクシーデント
サクシーデント
カデント
第10室
第9室
第11室
第8室
第12室
第7室
アンギュラー
上昇点
(東の地平線)
下降点
(西の地平線)
第1室
第6室
アンギュラー
カデント
第2室
第3室
第4室
第5室
サクシーデント
サクシーデント
アン
ギュラー
カデント
カスプ(境界線)
北中(天底)

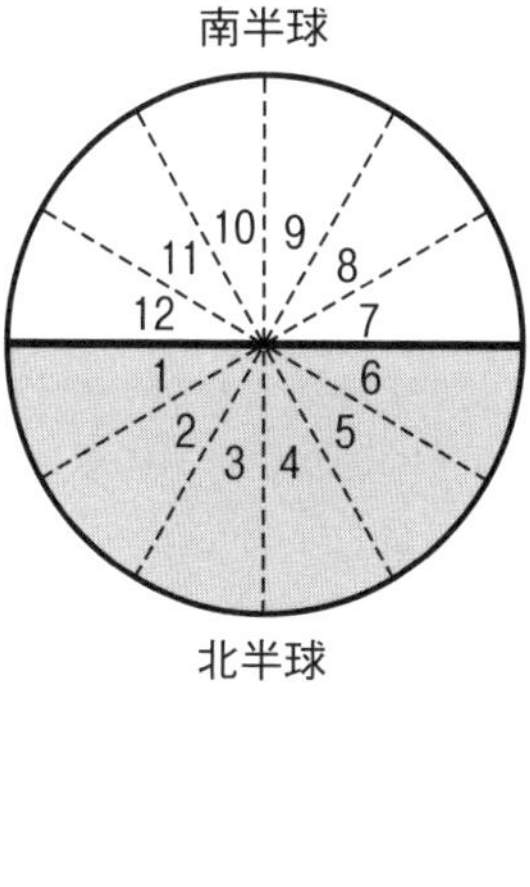
南半球
10
9
11
8
12
7
1
6
2
5
3
4
北半球

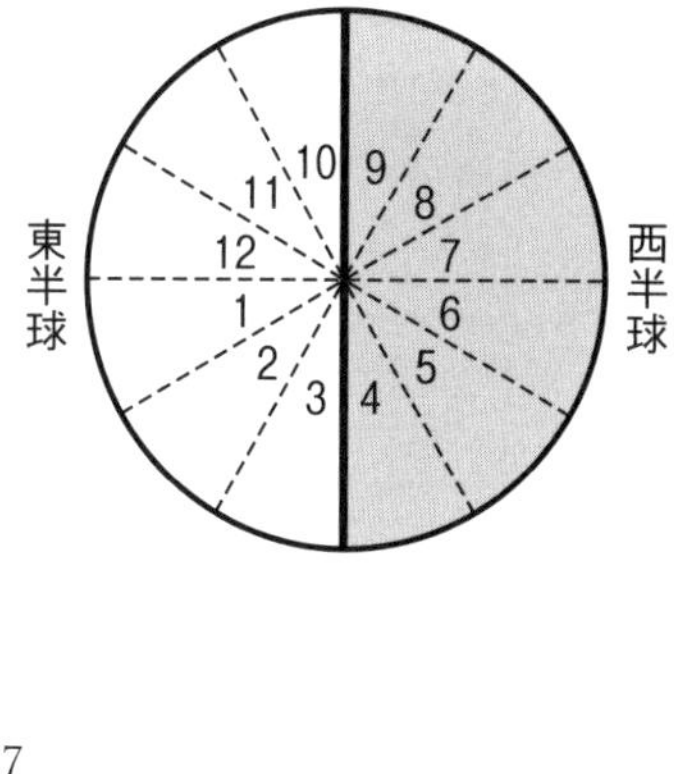
東半球
西半球
10
9
11
8
12
7
1
6
2
5
3
4

ICは4室の起点です。この4つの「占星点」はホロスコープの中でも特に重要なポイントであり、このポイントを占領する星座と惑星は特に考慮する必要があります。

ASCとMC、上昇星とカルミネート

天球12室は、ASCとDESを結ぶ線によって南半球と北半球とに分けられ、MCとICを結ぶ線によって東半球と西半球とに分けられます。このうちで、**南半球**に含まれる7室から12室までは主に社会生活に関わる事柄を表し、**北半球**に含まれる1室から6室までは私生活に関する事柄を表します。また、**東半球**に含まれる10室から3室までは自分が主体となって起こる能動的な事柄を表し、**西半球**に含まれる4室から9室までは他人からの働きかけによって起こる受動的な事柄を表します。

ASCが人生の初期の運を表し、本人が生れた時の環境によって定まる事柄を示すのに対して、MCは人生の最盛期の運を表し、本人が人生で到達し得る最高の境地を示します。すなわち、自分の人生がどのようなものとして本人に意識されるかは、MCによって示されるのです。ASCを人生のスタートラインとするならば、MCを人生のゴールと考えるとわかりやすいでしょう。

また、ASCの前後5度以内にある惑星を、**上昇星**「ライジング・プラネット」と言います。上昇星はASCとともに本人の人生に対する姿勢を決定します。

惑星が地平線上にあること、すなわち南半球にあることを「**エレベート**」と言い、エレベートする惑星のうちで、最もMCに近い位置にある惑星を「**カルミネート**」と言います。カルミネー

トする惑星はホロスコープ全体に重要な影響を与えます。従って、ASCとMC、上昇星とカルミネートは、特に慎重に考察されなければなりません。

天球12室の三区分

天球12室のうちで、ASC・IC・DES・MCを起点として配置される第1室・第4室・第7室・第10室を「**アンギュラー**」と言います。アンギュラー室は、自己顕示性と関係があり、人生活動の源泉となる事柄を支配します。この室に入る惑星は他の室に入る惑星よりも効果が強く、本人に表立った影響を与えます。

アンギュラー室に多くの惑星が入る人は、自分の存在価値や能力を世間に積極的に打ち出していくことを好みます。室に入る惑星の意味に従って、自分が従事する事柄の権利や権力を掌握することに成功するでしょう。

それに続く第2室・第5室・第8室・第11室を「**サクシーデント**」と言います。サクシーデント室は人生の安全を求める願望と関係があり、自己の努力の結果としての蓄積を意味します。この室に入る惑星は、本人に安定した影響を与えます。

サクシーデント室に多くの惑星が入る人は、自分の好む事柄に没頭しやすく、自分の個性や能力を外部に表現していくことにはあまり関心を持ちません。しかし、自分の力を確信していますし、その業績には持続性があります。

また、第3室・第6室・第9室・第12室を「**カデント**」と言います。カデント室は思索したり内省することと関係があり、思想や力を分散させる意味を持っています。この室に入る惑星は、本人に内向的な影響を与えます。

カデント室に多くの惑星が入る人は、他人を援助したり補佐する立場に回りやすいため、一般に不利と考えられていますが、必ずしもそうとは言えません。しかし、本来の能力を発揮するまでにある程度の潜伏期間を必要とするため、下積み時代が長くなる傾向があります。

天球12室の意味

黄道12宮が天的な事柄――人間の性格・素質・才能などを暗示するのに対して、天球12室は地上的な事柄――人間の地上生活や人生で遭遇する出来事を暗示します。占星術とは、もともと地球から見た天球上の天体を地上に引き下ろし、地球上に建てた12室の中に入れて判断するものです。天宮図とは実際には地上図で、天球を地球に置き換えたものです。ですから、天球12室を地球そのものと考えても良いでしょう。

天球12室は各室が個別の意味を持つのではなく、一定の相関関係を持っています。ある室から見て正反対の位置にある室は、たがいに補足し合う意味を持っています。室の意味は、補足し合う2つの室をひと組みとしてとらえると理解しやすいので、ここではその法則に従って各12室の意味を説明します。

第1室（牡羊座の基本的位置）と**第7室**（天秤座の基本的位置）

第1室は、「**本人の室**」または「**生命の室**」と呼ばれています。12室のうちで最も重要な室であり、本人が生れた時に準備される肉体的・環境的条件を決定するとともに、本人の基本的な運命や人生に対する姿勢を決定します。また、ASCとともに外見に表れる本人の個人的イメージや容貌容姿・遺伝的体質・行動パターンを暗示します。

第7室は、「**結婚の室**」または「**協同の室**」と呼ばれています。第7室は第1室が本人自身を表すのに対して、本人が人生のパートナーとして求める相手を意味しています。合意と協定に基づくすべての相互関係を支配する室であり、事業や商売の共同者・取引相手・公敵・対立者を示します。協同事業や訴訟問題の成否をも暗示します。また、結婚相手の特徴や結婚生活の内容を物語ります。

第2室（牡牛座の基本的位置）と**第8室**（蠍座の基本的位置）

第2室は、「**金銭の室**」または「**所有の室**」と呼ばれています。本人の金銭に対する態度や経済力・収入源を示す室であり、また生命のない価値あるすべてのもの、すなわち財産や所有物を支配します。また、仕事や交際から得られるすべての所得と損失に関係します。

第8室は、「**遺産の室**」または「**死の室**」と呼ばれています。第8室は、第2室が自分の自由になる財産を表すのに対して、利用可能な他人の財産を意味します。遺産と遺言・共有財産・配偶者の経済力・他人の死によって生じる利益と損失を表します。これは物質的意味のみに限りません。親しい他人から得た精神的・感情的な影響はすべて遺産の意味を持っていますから、先人の遺志や業績を継ぐことにも関係します。さらに「死の室」として、本人の死の状態・死後の世界・生と死の接点であるセックスを暗示します。

第3室（双子座の基本的位置）と**第9室**（射手座の基本的位置）

第3室は、「**知識の室**」または「**研究の室**」と呼ばれています。本人の精神活動・学習能力・知的興味や研究の対象を示します。また、通信連絡の手段・短距離の移動と旅行・近親者や隣人との関係を暗示します。第3室は、自分が習得した知識を伝達しようとする本能と関係があり、他人との知的・精神的交流によって心の満足を得たいという願望を支配しています。

第9室は、「**意識の室**」または「**外国の室**」と呼ばれています。第3室が若年期の知的発達を表すのに対して、第9室は成熟期の精神的発展を意味します。本人の思想を形成する精神的な概念・高度の学問・深遠な研究・信仰生活を示します。また、遠隔地との交流・遠距離旅行・海外活動・外地への発展力もこの室が暗示します。それは単に地理的世界の拡大に留まりません。心の中の宇宙、すなわち精神世界の広がりをも意味しています。

第4室（蟹座の基本的位置）と**第10室**（山羊座の基本的位置）

第4室は、「**家庭の室**」または「**晩年の室**」と呼ばれています。人生の基地であり終着点である家庭を支配する室であり、家族との関係や家督相続・世襲財産・不動産を示します。また、第4室は第10室が人生の最盛期を表すのに対して晩年期を表し、晩年の状態や生活環境を物語ります。第4室は特に母親と関係が深い室です。それは母親によって保護された狭い範囲の世界、という意味を示しています。

第10室は、「**天職の室**」または「**現世の室**」と呼ばれています。社会生活を示す室であり、本人の人生哲学や学識の力・専門的職業・身分・キャリア・目上や上位者との関係を暗示します。また、そこから得られる名誉や業績にも関係します。第10室は、第4室が母親によって保護された狭い世界を表すのに対して、広い世間を表しています。そのため、自分と家族の生活を確保するための、父親の役割という意味を持っています。

第5室（獅子座の基本的位置）と**第11室**（水瓶座の基本的位置）

第5室は、「**創造の室**」または「**娯楽の室**」と呼ばれています。人生の快楽と幸福な出来事を支配する室であり、芸術的な創作活動や趣味・娯楽・勝負事・リクリエーションを示します。また、企業や投機に対する興味にも関係します。第5室は、生命の輝きと喜びに満ちた室です。ラブロマンスや情事、求婚や子供を持とうとする願望もこの室が支配します。

第11室は、「**友人の室**」または「**希望の室**」と呼ばれています。第11室は第5室が個人の幸福を表すのに対して、他人との共通福祉を表します。友人・社交・支援・同志的連帯を示し、また非営利団体・協会・組合・党派を支配します。この場合の友人とは、個人的な感情で親しむ人という意味ではなく、共通の目的や主張によって結ばれた人々を意味しています。また、人生上の抱負や最終目的としての願望を暗示します。

第6室（乙女座の基本的位置）と**第12室**（魚座の基本的位置）

第6室は、「**勤務の室**」または「**健康の室**」と呼ばれています。生活手段としての勤労・就職・雇用・目下や使用人との関係・ペットを示します。第6室には組織と結びついている仕事という意味があり、すべて奉仕したり面倒を見ることに関係します。また、本人の肉体的な弱点をも支配し、健康と病気・保健衛生に関する事柄を暗示します。

第12室は、「**障害の室**」または「**秘密の敵の室**」と呼ばれています。第12室は第6室が勤労と病気を表すのに対して、引退と静養を表しています。陰謀・迫害・刑罰・秘密の事柄を支配します。また、入院・収容・犠牲的行為など、すべて世間から隔離されることに関係します。第12室の敵は、第7室のように公の敵を意味しません。目に見えない敵、通常は隠れていて、予想できない時に現れて悲歎や災難をもたらす敵を示しています。自らを破滅に追いやるところの不安や恐怖・心配・劣等感など、本人の心の中に住む敵をも意味しています。

天球12室が示す事柄は、各室に在泊する惑星やその座相によって事件の内容や特色が異なって来ます。以上述べましたように、本人が人生行路でたどる運命や、遭遇する出来事を予告するのが12室の役目です。

基礎知識編　理論と技法

第四章　惑　星

惑星の運行

占星術で使用する惑星「プラネット　Planet」は、太陽と月に太陽系の8個の惑星――水星・金星・火星・木星・土星・天王星・海王星・冥王星を加えた10個の惑星です。占星術では、太陽と月も惑星として扱います。このうちで、地球の内側の軌道を回る水星と金星を内惑星、外側の軌道を回る火星・木星・土星・天王星・海王星・冥王星を外惑星と言います。太陽と月は、他の惑星と異なり光輝を放つ天体ですので、特別に「ルミナリーズ」と総称します。

これらの惑星は体積・質量も運動速度も一定ではありませんが、幾何学的な秩序を持ってそれぞれの軌道を運行しています。太陽は1年で黄道を一周し、山羊座を最も早く、蟹座を最も遅く通過します。月は27・3日で黄道を一周し、その期間に満月と新月を生じます。水星は88日、金

星座・宮・惑星の記号と名称

記号	星　座	宮	Sign	記号	支配星	Ruler
♈	牡羊座	白羊宮	Aries	♂	火　星	Mars
♉	牡牛座	金牛宮	Taurus	♀	金　星	Venus
♊	双子座	双児宮	Gemini	☿	水　星	Marcury
♋	蟹　座	巨蟹宮	Cancer	☽	月	Moon
♌	獅子座	獅子宮	Leo	☉	太　陽	Sun
♍	乙女座	処女宮	Virgo	☿	水　星	Mercury
♎	天秤座	天秤宮	Libra	♀	金　星	Venus
♏	蠍　座	天蠍宮	Scorpio	♇	冥王星	Pluto
♐	射手座	人馬宮	Sagittarius	♃	木　星	Jupiter
♑	山羊座	磨羯宮	Capricorn	♄	土　星	Saturn
♒	水瓶座	宝瓶宮	Aquarius	♅	天王星	Uranus
♓	魚　座	双魚宮	Pisces	♆	海王星	Neptune

☊	ドラゴン・ヘッド	Dragon's Head
☋	ドラゴン・テイル	Dragon's Tail
⊗	パート・オブ・フォーチュン	Part of Fortune

星は２２４日、火星は６８７日かかって太陽を一周します。木星は約12年、土星は約29・５年、天王星は84年、海王星は１６５年、冥王星は２４８年かかって太陽を一周します。

しかし、占星術では地球上に観測点を置きますから、これらの惑星の見かけ上の運動も複雑な様相を帯びてきます。たとえば、88日間で太陽を一周する水星も、地球上から見ると1年近い月日がかかり、さらにその過程で動きを停止したり、逆の方向へ進んだりする現象を生じます。惑星が黄道上を東から西へ順序正しく運行することを**順行**（記号D）と言います。これに対して、惑星が見かけ上、西から東へ逆の方向に運行することを**逆行**（記号R又は℞）と言います。また、惑星が順行から逆行に移る時、また逆行から順行に戻る時に、一時的に動きを停止したように見える現象を**留**（記号S）と言います。

逆行中の惑星は、順行中の惑星より効果が不安定になりますが、効果がまったくなくなってしまうわけではありません。しかし、惑星の影響力がストレートに現れにくくなります。太陽と月のみは、逆行現象を生じません。また、ドラゴン・ヘッドとドラゴン・テイル（後述）は常に逆行します。

惑星は天の黄道をめぐりながら、私たちの地上生活にさまざまな影響を与えます。太陽はホロスコープの主役であり、人間の人生活動に重要な役割を演じます。月は変化を引き起こし、人間の日常生活に活気を吹き込むため、太陽に次いでホロスコープにおける重要な要因となります。水星・金星・火星のような運動速度の早い惑星は、影響は短期間ですが、突発的で刺激に富んだ効果を与えます。木星・土星・天王星のような運動速度の遅い惑星は、影響する期間も長く、特定の状況を作り出します。非常に動きの遅い海王星と冥王星は、影響も長期間にわたって続きますが、概して効果は潜在的で複雑な状況を作り出します。惑星の黄道上の位置や運行状態は、**天文暦**を調べることによって知ることができます。

惑星が意味するもの

太陽　The Sun

熱と光輝の星であり、生命と活力の源泉です。本人の精神と基本的性格を決定し、意識の目覚めと自己実現を促します。太陽が与える最大の贈り物は、人間としての尊厳と気高さです。太陽はどこに位置を占めてもその関係する事柄に名誉と誇りをもたらし、本人にその事柄を支配する能力を与えます。太陽の影響が良ければ、雅量のある高潔な人柄となり、人生に栄光と成功を招きます。太陽の影響が良くない場合は、高慢・横暴・わがままなどの性格が現れ、人生の方向を誤らせる効果を招きます。人物としては、本人自身・高位者・著名人・雇用主など、本人の生活に決定的な影響を与える人を示します。女性にとっては夫運を暗示します。

月　The Moon

太陽光線を反射し、またすべての惑星の影響力を吸収し放出する惑星として、感受性と反応能力を司ります。また、本人の気分と感情を支配し気質を決定します。月は、太陽が自我確立以後の青年期を支配するのに対して、子供時代の家庭環境や幼児体験と関係が深く、成長後の家庭生活や人間関係に微妙な影響を与えます。また、人生における変化の時期と個人生活の方針を決定します。月の影響が良ければ、順応性のあるソフトな性格となりますし、大衆社会に人気を得られます。また、家族や仲間、親しい人々との関係も円満にいくでしょう。しかし、月の影響が良くない場合は、対人関係や人生の諸状況に対する適応力が失われがちとなりますし、人生に多くの浮沈や離散を作り出します。人物としては、母親・婦人・子供・一般大衆・自分に従属する人を示します。男性にとっては妻運を暗示します。

水星　Mercury

知性を司る惑星であり、思考力・知覚力・識別力・学習能力・コミュニケーションなど一切の精神的能力を支配します。また、本人の知的興味の方向や研究の対象を暗示します。水星は、太陽・月とともに本人の人格の一部を形成し、太陽の内的意識や月の心理的反応を外部に表現するのを助けます（その自己表現の手段として、たとえば言語能力があります）。肉体的には神経組織を司ります。本人の知的適性や職業的有能さは、水星によって決まると言って良いでしょう。水星の影響が良ければ、利発で如才なく、有能で生活力も旺盛です。水星の影響が良くない場合は、機転や融通性に欠ける面が出てきます。人物としては、兄弟・学生・年下の人・メッセンジャー・知識人・仲介者・商工業者などを示します。

金星　Venus

愛と美の司神として、愛欲とエロスの力、美的感覚・芸術的才能を与える惑星です。異性を惹きつける魅惑力や、本人が愛したり賛美する対象を示します。また、親和力・協調性・バランス感覚など平和と和合への願いを暗示します。金星はロマンスやレジャーなど愛情生活や社交生活も司り、人生の一切の喜びと快楽の源泉です。金星の影響が良ければ、幸福なラブエピソードや社交的・芸術的な楽しみが多く、精神的に満たされた人生を送ります。金星の影響が良くない場合は、男女のモラルに乱れを生じたり、怠惰で遊び好きな面が出てきます。人物としては、若い女性・芸術家・援助者・血縁者を示します。男性にとっては愛人を暗示します。

火星　Mars

勇気・闘志・情熱・活動力・肉体的エネルギーを司る惑星です。また、性衝動をも表し、配偶者を勝ち取るための闘争本能にも関係します。事故・負傷・戦争・暴力などの凶事も火星が司るところです。火星はどこに位置を占めても、関係する事柄の紛争を表面化しますし、出費や労力を必要とする問題を作り出します。しかし、同時に本人にその問題に立ち向かう意志力を授けます。火星の影響が良い場合は、物事に積極的に取り組むファイトのある人となりますし、勤勉で活動的な人生を送ります。また、困難や障害に遇《あ》っても挫《くじ》けません。火星の影響が良くない場合は、不和や争いを招いたり、攻撃性や侵略性を発揮しがちな面が出てきます。人物としては、若い男性・競争相手・軍人・事業家を示し、女性にとっては恋人を暗示します。

木星　Jupiter

成功・発展・拡大・保存を司る惑星です。木星は最大の吉星であり、幸運の在りかを示し、精神的分野・物質的分野、どちらにも保護と恩恵を授けます。木星は人間の意識を最高至善の目的へと導き、正義と道徳を尊ぶ精神と、高度の学問や宗教への指向性を与えます。先見力もあって正しい社会的見通しを与えます。木星の影響が良ければ、陽気で快活な人となり、ビジネスチャンスに恵まれてスケールの大きな人生を歩みます。そのうえ富と名声も約束されるでしょう。木星の影響が良くない場合は、すべてが過剰となりやすく、過度の楽観による失敗や、贅沢・不節制を招きます。人物としては、学識者・聖職者・法律家・社会的成功者・外国人などを示します。

土星　Saturn

制限・束縛・困難・不運を司る惑星です。時間と計算の星でもあり、老成と晩熟を尊びますので、物事を遅らせる意味を持ちます。土星は暗く重たく陰気な凶星で、関係するすべての事柄に長期の忍耐と努力を必要とする障害を置きます。しかし、土星の与える試練は自己完成に役立ちます。現世を生き抜く経験的知恵や宿命の力に対する敬虔な信仰心などは、土星からの贈り物です。土星の影響が良ければ、時間をかけて物事を完成させる堅実な努力家型の人となりますし、晩年の成功と安泰が期待できます。土星の影響が良くない場合は、孤独や貧苦に悩んだり、不満と失意の多い人生を歩みます。人物としては、父親・年長者・年配の人・実務家・政治家などを暗示します。

天王星　Uranus

飛躍・改革・分裂・独創性を司る惑星です。科学的センスや発明の才能・革新思想にも関係します。〝伝統破りの星〟とも言われ、古い体制や因襲を打破して新しい可能性を開く惑星です。天王星が起こす変化は常に突然に起こり、予測不可能なのが特徴です。天王星の影響が良ければ、オリジナリティやインスピレーションの閃きを必要とする分野で思いがけない境地が開けたり、新時代の注目を華やかに集める職業ですばらしい業績を残せます。天王星の影響が良くない場合は、異常性や反逆性が現れ、突然の運命の逆転や孤立を招きます。天王星の影響は早ければ10代で現れるため、この星の下に「早熟な天才」が生れることも珍しいことではありません。人物としては、友人知人・クラブ員・科学者・発明家・特殊分野の専門家などを示します。

海王星　Neptune

夢想・直感・理想主義を司る惑星です。慈善や奉仕・自己犠牲の精神にも関係します。不確定・不鮮明の星でもあり、海王星のもとに起こる事柄は理想的な結果を生じるか、幻滅に終わるかのどちらかで、効果が漠然としているのが特徴です。海王星は物質的分野では力を持ちませんが、純粋な精神的分野に生きる人に対しては霊感の恵みを与えます。海王星の影響が良く現れれば、詩的情緒や献身的行為となって人生に潤いと慰めをもたらします。しかし、同時に虚構と欺瞞の星でもあるため、影響が悪く現れれば現実から逃避したり、人生を混乱に導く効果を生じます。海王星は「美しい幻」のようなもので、手にとって見ることはできないけれど、大きな価値あるものを教えてくれる惑星と考えるとわかりやすいでしょう。人物としては、引退した人・詩人・社会的弱者や救済を必要とする人々を示します。

冥王星　Pluto

破壊と再建・絶滅と再生・始めと終わり・絶対権力・極限状態・強制的変化を司る惑星です。

冥王星は潜在している事柄を支配し、無から有を生む力もありますが、空想的な面はなく割合い現実的で、金権主義や政治的パワーと結びついて巨財を築いたりもします。冥王星のもとに起こる事柄は不可抗的であり、物事の本質を根本から覆すような徹底的変化を生じるのが特徴です。冥王星の影響が最高に現れる時は、思いがけない時に意外な力量を発揮したり、人格や境遇が一変するような特異な発展を遂げることが可能となります。影響が悪く現れれば、不可抗的な事件によって得たものもすべてを失うことになります。人物としては、権威者・要職者・先祖・本人に遺伝的影響を与える人を示します。

ベネフィックとマレフィック

惑星が人間の地上生活に及ぼす影響を大きく分けて、良い効果を与えるものを吉星「**ベネフィック**」、悪い効果を与えるものを凶星「**マレフィック**」と言います。ふつうは太陽・月・金星・木星をベネフィック、火星・土星・天王星・海王星・冥王星をマレフィックとします。水星は、知性は使い方次第で善にも悪にも転化するという理由から、吉凶なしと考えます。しかし、太陽と月は人生活動の主因となる惑星であることからすれば、別格の扱いをしなければなりません。

吉星が凶星と吉座相を持つ時は、凶星の悪い効果は緩和されます。吉星が凶星と凶座相を持つ時は、吉星の良い効果は減じられます。特に月は最も傷つきやすい（他の惑星から凶座相を受けることによって惑星の本質が損なわれること）惑星であるため、慎重に扱う必要があります。

吉星・凶星という言い方は、厳密に言えば正しくありません。吉星は本人が楽に生きられる道を教えてくれますが、吉星の恩恵に安住してしまえば人間の進歩は止まってしまいますし、凶星は苦難を持ってきますが、同時に人間に宿命と戦う力を授けてくれるからです。大きな目的を遂げるために必要な意志と信念の力は、主として凶星から与えられるのです。

ドラゴン・ヘッド、ドラゴン・テイルとパート・オブ・フォーチュン

太陽の軌道（黄道）と月の軌道（白道）が交差する2点のうち、昇交点を竜の頭「**ドラゴン・ヘッド**」と言い、降交点を竜の尾「**ドラゴン・テイル**」と言います。これらの2点は惑星ではありませんが、ASCやMCと同じくホロスコープ上の感受点の一つと考え、惑星と同じように扱います。ドラゴン・ヘッドは社会との交流や他人と結合しようとする願望を表します。人物としては、狭い範囲の社会で親密な関係を持つ人々を示します。霊体、あるいは超意識の記憶を表すとも言われ、カルマティック（宿業的）な絆を意味する場合もあります。ドラゴン・ヘッドは木星に、ドラゴン・テイルは土星に類似した効果を与えます。

パート・オブ・フォーチュン　特に祝福されたポイントとして「幸運神」と訳され、計算式で出されるホロスコープ上の感受点の一つです。太陽と月の度間隔をアセンダントから計ったもので、計算式は次のようになります（詳しくは後述します）。

POF ＝ ASC ＋月－太陽

ドラゴン・ヘッドとドラゴン・テイルが霊的な作用であるのに対して、パート・オブ・フォー

チュンは働きは木星に似ていますが、主として物質的な幸運を表します。

惑星と格式

惑星は、その在泊している星座によって影響力に差異を生じます。これを惑星の「**格式**」と言います。

惑星は、自分が支配星となる星座にいる時に最も美点を発揮します。これを**盛**「デグニティ」と言います。これは、たとえば星座という家に、その主人としての惑星がいるようなものと考えれば良いでしょう。これに対して、自分が支配星となる星座の正反対に位置する星座にいる時は、弱点が強調されます。これを**敗**「デトリマント」と言います。

また、惑星には影響力が高まる星座があり、これを**興**「エキザルテーション」と言います。また影響力が弱まる星座があり、これを**衰**「インフォール」と言います。これは他人の家を訪問する場合でも、快い思いをする客人と、居心地の悪い思いをする客人がいるのと同じようなものと考えるとわかりやすいでしょう。

12星座と10惑星との関係によって定まる惑星の格式は、次の通りです。

太陽は、獅子座で盛、水瓶座で敗、牡羊座で興、天秤座で衰。
月は、蟹座で盛、山羊座で敗、牡牛座で興、蠍座で衰。
水星は、双子座で盛、射手座で敗、乙女座で興、魚座で衰。

金星は、牡牛座と天秤座で盛、牡羊座と蠍座で敗、魚座で興、乙女座で衰。
火星は、牡羊座と蠍座で盛、牡牛座と天秤座で敗、山羊座で興、蟹座で衰。
木星は、射手座と魚座で盛、双子座と乙女座で敗、蟹座で興、山羊座で衰。
土星は、山羊座と水瓶座で盛、蟹座と獅子座で敗、天秤座で興、牡羊座で衰。
天王星は、水瓶座で盛、獅子座で敗、蠍座で興、牡牛座で衰。
海王星は、魚座で盛、乙女座で敗、水瓶座で興、獅子座で衰。
冥王星は、蠍座で盛、牡牛座で敗、獅子座で興、水瓶座で衰。

惑星はホロスコープ上で優勢な位置にあっても、格式が良くないと十分な効果を期待できません。惑星の格式を調べることは、惑星の位置と座相に次いで、ホロスコープ解読の重要な手がかりとなるものです。

基礎知識編　理論と技法

第五章　座相

座相の定義

2個の惑星が相互に形成する角距離を、**座相「アスペクト　Aspect」**と言います。もう少し詳しく言いますと、360度の円周を持つ黄道の中心に地球を置いた時に、ある惑星から地球に向けて垂直に下ろした線と、他の惑星から下ろした線との間に作られる角度の距離を、座相と言うのです。

他の惑星との間に座相を作る惑星は、それ自体の固有の性質のうえに相手の惑星の性質が加わることによって、新たな性質と意味を生じます。惑星は座相を持つことによって初めてその特質を引き出され、個人のホロスコープにはっきりした運命的効果を現します。従って、ある惑星が他の惑星からどのような座相を受けているかを調べることは非常に重要です。占星術の本当の醍

黄道12宮の間に作られる座相
（角距離）

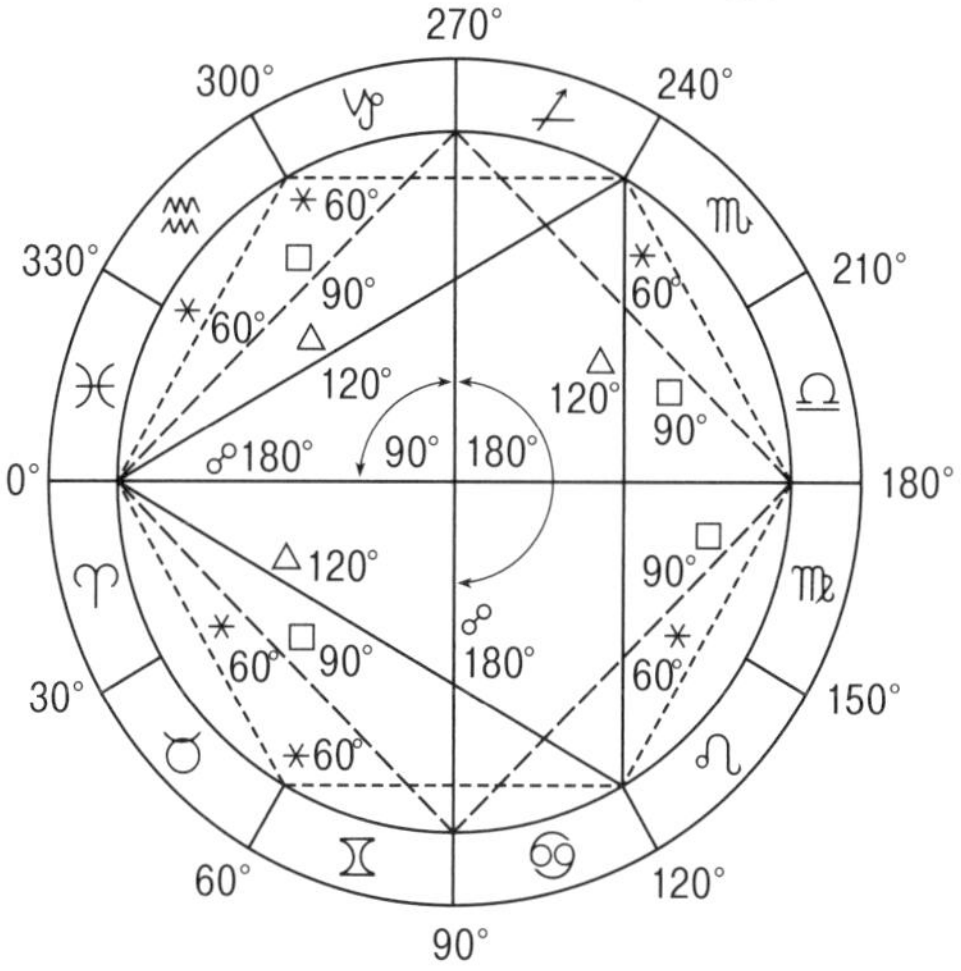

座　相　表

第１種　メジャー・アスペクト

記号	名　称	正確な度	許容度	勢力の及ぶ範囲
☌	合　コンジャンクション	0度	8度	0度～　8度
☍	衝　オポジション	180度	8度	172度～188度
△	トライン	120度	8度	112度～128度
□	スクエア	90度	8度	82度～ 98度
⚹	セキスタイル	60度	6度	54度～ 66度

第２種　マイナー・アスペクト

記号	名　称	正確な度	許容度	勢力の及ぶ範囲
⚻	インコンジャンクト	150度	2度	148度～158度
±	バイクインタイル	144度	2度	142度～146度
⚼	セスキコードレード	135度	4度	131度～139度
Q	キンタイル	72度	2度	70度～ 74度
∠	セミスクエア	45度	4度	41度～ 49度
⚺	セミセキスタイル	30度	2度	28度～ 32度

醐味は、座相の意味の解釈と分析にあると言っても過言ではないでしょう。

座相は、大別すると主要座相**「メジャー・アスペクト」**と、副次的な座相**「マイナー・アスペクト」**の2種に分けられます。さらに、座相は惑星の良い意味を引き出すものとして**「吉座相」**、悪い意味を引き出すものとして**「凶座相」**、相手の惑星次第で吉意にも凶意にも変わるものとして**「合」**の3種に分けられます。

この吉座相・凶座相という言いかたは日本独自の表現で、専門的には「イージィ（容易な）・アスペクト」「ディフィカルト（困難な）・アスペクト」と言います。より簡潔に、「ソフト（グッド）・アスペクト」「ハード（バッド）・アスペクト」と言う場合もあります。吉座相・凶座相という言いかたをしますと、何かとても良いこととか、非常に悪いことのように誤解されがちですが、吉座相が必ずしも幸運な効果ばかりを現すとは限らず、また、凶座相が常に不運な効果を与えるわけではないことを覚えておいてください。

座相の効果は、正確な角度を持っている場合が最も強力です。しかし、惑星には勢力が及ぶ範囲があり、正確な座相を持たなくても決められた範囲内に惑星があれば、座相を作っていると見なします。この決められた範囲の度を、**許容度「オーブ orb」**と言います。許容度は0度に近いほど座相の効果がはっきり現れるため、実際にアスペクトを計算する時は許容度を狭くとるほうが安全で、正確な判断を期待できるでしょう。

座相の種類

第1種座相　メジャー・アスペクト

合　コンジャンクション（0度）　2個の惑星が黄道上で近接してほぼ同じ度にある場合を言います。2個の惑星の性質が混同することなく互いの持つ性質を強調し合います。オーブは8度（太陽および月の座相に限り10度まで）。

衝　**オポジション**（180度）　2個の惑星が黄道上でほぼ正反対の位置にある場合を言います。激しい緊張と切迫状態を作り出します。オーブは8度（太陽および月の座相に限り10度まで）。

トライン（120度）　2個の惑星が黄道上で約120度離れた位置にある場合を言います。惑星の持つ性質を順調に発展させるとともに、幸運の援助によって物事が容易に成功へと導かれることを示します。オーブは8度。

スクエア（90度）　2個の惑星が黄道上で約90度離れた位置にある場合を言います。克服しなければならない障害と困難があることを意味し、努力の必要を示します。オーブは8度。

セキスタイル（60度）　2個の惑星が黄道上で約60度離れた位置にある場合を言います。好機会が与えられることを意味し、物事が円滑に運ぶことを示します。オーブは6度。

パラレル（平行　記号P）　2個の惑星が、赤緯（天の赤道から天の南北両極に向かって計った角距離を言います）のほぼ同じ度にある場合を言います。合型のパラレルと衝型のパラレルがあり、効果はだいたい合と似ています。パラレルは合や衝と同時に存在することが多いので、本書では特に取り上げません。

第2種座相　マイナー・アスペクト

150度　緊張を意味し、物事に再編成の必要があることを示します。オーブは2度。
144度　調和を意味し、精神的な援助があることを示します。オーブは2度。
135度　困難を意味し、混乱を示します。オーブは4度。
72度　調和を意味し、精神的な活路があることを示します。オーブは2度。
45度　困難を意味し、摩擦を示します。オーブは4度。
30度　調和を意味し、潜在的な好機があることを示します。オーブは2度。

ノー・アスペクト

惑星が他のいずれの惑星とも座相を持たない場合を言います。ノー・アスペクトの惑星は、他の惑星によってその力に方向性を与えられるということがありません。そのため惑星の効果が無目的となりやすく、ホロスコープの中でその効果を正しく利用することができにくいとされます。しかし、まったく効果がなくなってしまうわけではありません。

以上をまとめてみますと、メジャー・アスペクトのうちで吉座相にも凶座相にも変わるものに合（0度）、吉座相はトライン（120度）とセキスタイル（60度）、凶座相は衝（180度）とスクエア（90度）となります。マイナー・アスペクトのうちでは、吉座相は144度・72度・30度、凶座相は150度・135度・45度となります。

座相の効果はメジャー・アスペクトのほうが強力で、ふつうの場合、惑星座相の意味を調べる時はおもにメジャー・アスペクトを使います。これに対して、マイナー・アスペクトはいくぶん効果が弱くなります。

特殊なアスペクト

グランド・トライン（大三角）

3個の惑星がそれぞれトラインを作り、全体で三角形を構成している場合を言います。グランド・トラインは、火・地・風・水の四区分に従って「火のトライン」「地のトライン」「風のトライン」「水のトライン」の4種があります。ホロスコープ中にグランド・トラインを持つ人は、本人の遺志や目的がよく調整されているため、無理のない平穏な人生を送ることができるとされています。しかし、弱い性格の人にとっては実力以上に幸運に恵まれるために、かえって自発的に人生を切り開く気概を失わせる意味があるので注意を要します。

グランド・クロス（大十字）

4個の惑星がそれぞれスクエアを作り、全体で十字形を構成している場合を言います。グランド・クロスは、活動・不動・柔軟の三区分に従って「活動のクロス」「不動のクロス」「柔軟のクロス」の3種があります。ホロスコープ中にグランド・クロスを持つ人は、一つの目的を達成してもすぐにそれを投げ捨てて次の目標を追うというように、絶えず〝創造と破壊〟を繰り返すため、苦難に満ちた人生を送るとされています。しかし、困難に耐えられるだけの強い性格の持ち主であれば、非常な成功を収めることが可能となります。

ティ・スクエア（T字型十字）

オポジションを作る2個の惑星に対して、スクエアを作るもう1個の惑星があり、全体でT字形を構成している場合を言います。ティ・スクエアは、両立が困難な事柄や、能力を発揮するのに障害となるような問題を抱えている人に多く見られます。しかし、決して成功を妨げる座相ではなく、困難を克服しようとする建設的な努力が、かえって本人に強い性格を与えることになります。

調停（メディエイション）の座相

オポジションを作る2個の惑星に対して、トラインとセキスタイルを作るもう1個の惑星がある場合を言います。ホロスコープ中に調停の座相がある場合は、オポジションの切迫状態は緩和されますし、トラインの穏やかさには活気が吹き込まれるため、相反する事柄に対しても妥協が容易となりますし、惑星の特性を生かして社会的に成功するためにはかえって有利となります。

ヨード（Y字型）の座相

セキスタイルを作る2個の惑星に対して、150度の位置にもう1個の惑星があり、全体でY字形を構成している場合を言います。ヨードの座相は〝宿命のアスペクト〟と言われ、神の手にとらえられたように逃れることが困難なため、非常に不吉な座相のように考えられていますが、必ずしもそうばかりとは言えません。ヨードは何らかの天才的な才能を与える座相ですが、人生でいったん手をつけた事柄を変更しにくいとされます。従って、ヨードの座相で示される職業は、生涯、本人が従事する天職となる可能性が高くなります。

以上の説明から、凶座相が必ずしも成功を妨げるアスペクトではないことを理解していただけると思います。大切なことは、人間の意志と理性によって惑星の影響力を上手にコントロールし、困難を乗り越えていくことなのです。人生で成功した人のホロスコープにはしばしばグランド・クロスやティ・スクエアが見出されますが、これらの人こそ自らの力で運命を乗り越えた、真の意味での人生の勝利者と言うことができるでしょう。

実技編

ホロスコープ解読

実技編　ホロスコープ解読

第一章　黄道12宮と10惑星

性格を決定する三要素

　個人の性格を決定するものには、３つの重要な要素があります。それは上昇宮、そして太陽の星座と月の星座です。個人の性格は、一般に考えられているように単純なものではありません。なぜなら、個人の全人格は、本人の外部に向けた〝顔〟である社会的性格や、本人の生れつきの性格である先天的性格、成長する過程で環境の力によって作られた後天的性格などが、複雑に絡み合ってかたちづくられているからです。

　ある個人が誕生した時に、東の地平線を昇ってくる星座を「**上昇宮**（アセンダント）」と言います。地球から見た天は24時間を周期として日周運動をしていますから、上昇宮はほぼ2時間ごとに次の星座に移動していくことになります。上昇宮はその人の外見的イメージや肉体的特徴を表します。たとえば、生年月日が同じであっても出生時間が異なれば上昇宮も違ってきますから、外見から受ける印象も違ったものになってきます。上昇宮をさして、しばしば〝パーソナリティ〟という言葉が使われます。パーソナリティとはラテン語のペルソナ（仮面）からきた言葉です。上昇宮が表す本人の外見的イメージは、外界に適応して生きていくために便宜的につける仮の性格、すなわち〝仮面〟にすぎないというわけです。

太陽は「生命の源」として地上に惜しみなく光と熱を降り注ぎ、地球上のすべての生物の成長を促します。人間の本質は、常に見かけと一致するとは限りません。自分の真の姿を知る人は、ごくわずかにすぎません。太陽は、本人の内的性格を決定し、自己認識のための手懸かりを与えます。太陽は人間の「真の自我」であり、「内的意識の光」であると言えるでしょう。占星術では、特に本人が誕生した時に太陽が入っている星座を重視して、これを「**サン・サイン**」と呼びます。ですから、自分が生れた時の太陽の星座がわかれば、心の奥に潜む自分の真の姿や、抗しがたい力で人生を導く生命の原動力を、おぼろげながらも知ることができるでしょう。

月はその公転周期が排卵を促すとおり、生物の生殖を司り、人間の心情や情緒的な気分に大きな影響を与えます。月は対人関係や人生の諸状況に対する心理的な反応を支配し、それらを通して本人の全人格を形成していきます。太陽と同じように、本人が誕生した時に月が入っている星座を「**ムーン・サイン**」と呼びます。月は、太陽よりずっとはっきりした精神的特質を与えます。ですから、サン・サインよりムーン・サインの性格の特徴のほうが、その人の個性として表面に現れている場合もあるわけです。しかし、実際はこれらの性格的要素のすべてが混じり合って個人の全体的な性格を形成しているのです。

この章では、「アセンダントが表す性格」「サン・サインが表す性格」「ムーン・サインが表す性格」の3つの要素について説明します。

上昇宮「アセンダント」

アセンダントは、本人の肉体的特徴や個人的習慣を表します。人間の肉体は、霊魂が地上にある間にまとう仮の衣裳にすぎません。霊魂が地上を去る時には、古びた衣服を脱ぎ捨てるように肉体の皮を脱いでいきます。しかし、肉体は軽視すべきものではなく、尊重し、大切に扱わなければなりません。霊魂は自分の地上での目的や生活に適した肉体に宿るものであり、人間の肉体には、その人の思考や感情や行動の軌跡が詳細に刻まれているからです。

牡羊座の上昇宮

容貌　男性的な容貌、引き締まった端正な顔立ち。血色が良く、顔色は赤いか浅黒い。広い額と狭い顎。尖った鼻。赤い唇。はっきりとした濃い眉。揉み上げが濃い。切れ長の敏捷に動く目、情熱的な眼差し。髪の毛はかたい直毛。
容姿　筋肉質の精力的な肉体。中肉中背。脂肪は少ないが、骨格が発達しているので肥大に見える。厚い肩と胸部。筋張った首すじ。すらりとした長い足、軍人のような勇壮活発な歩き方。
行動　非常に活動的である。行動は激しく衝動的。物事の処理は迅速、スピードを好む。欲望が多い。断固として自分の主張を通す。主導権を握りたがる。集団の規律に従う。規則を作ってそれを守ることを喜ぶ。人格の低いタイプは荒々しく破壊的。好戦的で喧嘩早く、作らなくてもよい敵を作る。

牡牛座の上昇宮

容貌　ゆったりとした肉質の丸い顔立ち。角張った重々しい顎。丸い額。鼻は丸いか短くて太い。肉感的な厚い唇。丸く見開いた、訴えるような目。柔和な視線。しばしば童顔、女性は新鮮な可愛らしい顔立ち。髪の毛は豊かで野性的で美しい。

容姿　太り肉《じし》でやや短軀。頑丈そうな強い首と肩。全体的に力のこもった重厚な感じ、ずんぐりとした印象。女性は丸い柔らかい体つきで、ぽっちゃり型の美人。ゆっくりとした歩き方。

行動　愛すべき穏健さ。継続性のあるのろい動作。遅いが徹底的な行動。不屈の忍耐力で物事をやり遂げる。他人の考えを理解できない頑固さ、自分の思想を堅持する。食べたがる、欲しがる、羨むなど本能的欲求が強い。人格の低いタイプは怠惰で貪欲、爆発的な怒りの発作にかられやすい。

双子座の上昇宮

容貌　幅の狭い細長い顔立ち。若々しい容貌。広い額、薄いこめかみ。高くて真っ直ぐな鼻。薄い唇。利口そうな艶を帯びた切れ長の目。落ち着かない、素早い目の動き。長くてきれいな直毛。

容姿　背が高く痩せ型。背筋の伸びた活動的な体格。薄くて広い肩幅。すらりと伸びた長い腕と足、ほっそりした指。絶えず変化する姿勢。軽快で素早い歩き方。

行動　油断のない素早い動作、しかしすぐに疲労する。多忙なことが生きがい。多弁で話し好き。機知に富んだ言葉と文章。相手の思惑を素早く読み取り、はなはだ抜け目がない。好奇心が強いがすぐ飽きる。興味の対象が移ろいやすい。人格の低いタイプは浅薄で軽率、信頼されることに耐えられない。

蟹座の上昇宮

容貌　丸くてふっくらとした顔立ち。顔色は青白い。丸い頬、二重顎。丸くて短い鼻。丸くて潤んだ印象的な目。女性はぽちゃぽちゃとした丸い感じで、愛嬌があって人を惹きつける。毛髪は豊かな美しい直毛。

容姿　短軀で肥満型。締まりのない水っぽい肉付き。上体が発達し下肢が貧弱。厚くて豊かな胸。肉付きの良い短い手足。肩を動かさずに腕を使う。握力が強い。だるそうな歩き方。

行動　理屈より感情で物事を考える感覚人間。休みなく動き回る。繁雑な用事に挫けない。同情心が強く人をよく保護する。伝統や因襲を愛する。過去を懐かしむ。立腹すると殻に閉じこもる。感情の吐け口として泣くことが必要。人格の低いタイプは、はなはだ閉鎖的。怨恨を忘れず古い問題をむし返す。

獅子座の上昇宮

容貌　人目を引く明るい快活な顔立ち。血色の良い卵型の顔。赤い唇。大きくて広いたくましい鼻。気迫のある大きな目。笑いを含んだ穏やかな視線。女性は派手さのある美人。毛髪は豊富で重たげで美しい。

容姿　男性的な優雅な肉体。強靭な骨格。胴が引き締まり、特に背中の線が美しい。広くて大きな胸。大きくて強い腕。どっしりとした重い頭部。堂々とした歩き方。
行動　威厳のある動作、事が起こると敏捷になる。明るい開放的な個性。誇り高く王者のよう。他人を支配したがる。中心人物になることを好む。虚栄心が強く賞讃を喜ぶ。親切で寛大。短気だが怒りを長く持っていられない。人格の低いタイプは気まぐれな暴君。善悪を選ばず自分の命令に従わせようとする。

乙女座の上昇宮

容貌　細面の若々しい顔立ち。知的な容貌。発達した頭部、広い額。引っ込んだ顎。真っ直ぐな鼻。薄い唇。視線の弱い静かな目。女性は小ぎれいな外見だが、人を惹きつける魅力に乏しい。柔らかな波打った毛髪。
容姿　一見して目立たない印象を与える。小ざっぱりとした清潔な外観。背が高く、細身の良く整った体型。大きい頭部。腕と足は平均的。スタスタとした活発な歩き方。
行動　勤勉で几帳面。物事の処理は早くて器用、手腕に富む。命令を素早く分析し理解する。自分の権限内のことははっきりと支配する。細心で注意深く神経質。小さな自尊心は傷つきやすい。人格の低いタイプは粗《あら》捜しの好きなうるさ型。何事も白黒・善悪など単純に割り切りたがる。

天秤座の上昇宮

容貌　12星座中、最も美しいものを与えられていると言われる。気品のある優美な卵型の顔立ち。チャーミングな優しい目。筋の通った鼻。弓型の形の良い唇、整った歯並び。頰に笑窪が入る。柔らかい波状の毛髪。
容姿　均整のとれたエレガントな肢体。身長は概して高い。すんなりとした美しい手足。若い時は痩せ型のスマート、年をとると肥り加減となる。女性は柔らかな曲線美。美しいが虚弱。

行動　礼儀正しい紳士淑女。良い趣味、芸術性と社交性に富む。明朗で快活。穏やかな話し方、柔らかい物腰。穏健な中庸の精神。不快断性、結論を出すことを好まない。お世辞や賛美に弱い。人格の低いタイプは自堕落で無頓着。苦しい労働を回避し、人生から甘いことのみ吸いたがる。

蠍座の上昇宮

容貌　陰影に富んだ彫りの深い顔立ち。突き出た鼻。強そうな顎。荒い眉、落ちくぼんだ目。鋭く刺すような視線。催眠的魅力に富んだ眼差し。ふさふさとした、縮れた荒い毛髪。

容姿　頑丈そうな逞しい体格。厚みのある胸部。弱く見えるが実際は強壮。着痩せするタイプ。毛深い。早老する。身構えた姿勢、癖のある歩き方。女性は小柄だが体重は重い。男女とも極めて性的魅力に富む。

行動　変容性に富んだ不可思議な人格。底知れない精力と集中力。気位が高く、被支配を嫌う。通常は柔和だが、時に辛辣で容赦しない過酷さが現れる。秘密を厳守する。本心を隠し抜く。このタイプは、非常に粗野で獣的か、反対に高尚かつ神聖で、中庸というものがない。最高度の道徳律と精神性を持つかわり、ひとつ誤れば極悪非道の生活に落ち込む怖れがある。

射手座の上昇宮

容貌　面長の素朴で円満な顔立ち。若々しい容貌。日焼けした健康そうな肌。豊かな表情。広い額。しっかりした長めの鼻。整った歯並び。遠くを見るような印象的な目。波打った光沢のある髪。男性は早く薄くなる。

容姿　長身・長足のスマートな体格。サラブレッドのよう。骨太で重い骨格。重く強そうな腰。

年をとるとボリュームが加わる。女性は野性的でボーイッシュ。地を踏みつけるような歩き方。
行動　一見粗野な感じ。無造作な動作。陽気で開放的な個性。直観的な思考力と旺盛な行動力。高遠な理想と大きな野心。自由を好み束縛を嫌う。スポーツと野外生活を好む。正直で率直な言葉。容易に友人を作る。人格の低いタイプは不作法で無遠慮。野心を失うと人が変わったように臆病になる。

山羊座の上昇宮

容貌　痩せた細い顔立ち。手斧のような感じ。薄い頬、細い顎。小さい尖った耳、耳たぶに欠点がある。暗い小さい目。眼光は弱々しいが妖しい魅力がある。絹糸のような細い毛髪、早く白髪になる。
容姿　小柄で痩身。骨格と手足の関節が目立つ。長くて細い首。薄くて狭い胸。乾燥した皮膚。膝に弱点があるか、例外的にすばらしい膝。のびのびとした手足。女性は美人とは言いがたいが、厳しくクラシックな雰囲気を持つ。
行動　病弱そうな外見だが、内心の誇りは極めて高く野心も強い。厳格さと確実さ。感情の冷め切った理屈っぽさ。忍耐強く持久力のある行動。芯の強さを人に買われる。使命感が強く引き受けた仕事は万難を凌いで完遂する。人格の低いタイプは狡猾で強欲。冷酷で恨みを忘れず、落胆すると病的に憂鬱になる。

水瓶座の上昇宮

容貌　整った理知的な容貌。広くて美しい、よく発達した科学者のような額。意志的な強い顎。澄んだ美しい皮膚。怖れを知らぬ眼差し。磁力的魅力に富んだ目。軽やかなふわふわした毛髪、突然に白くなる傾向。
容姿　最も高度に人間らしい形態を整えた型と言われる。概して美男美女。中肉中背。均整のとれた立派な体格。大きな丸い頭部。充実した胴体。美しいがやや恰好の良くない足。
行動　理性によってコントロールされた行動。人道的で友愛精神に富む。友人に助言を与えることを好み、よく議論する。進歩的な思想、科学に従う。独創性と発明の才。高度の知識を求める。個人主義、独自の生活方針を持つ。人格の低いタイプは、手に負えない反抗と異常性。何事も破壊したり、無計画に改革したがる。

魚座の上昇宮

容貌　幅の広い平面的な顔立ち。血色の薄い青白い顔色。小さく平たい鼻。厚みのある唇。大きな潤んだ悲しげな目。眠たそうなまぶた。眼光は弱々しい。たっぷりとした波打つ髪。
容姿　短軀で柔らかい肉体。たるんだ肉付き。デリケートな皮膚。丈夫そうな大きな胴体。短い四肢、小さい手足。前屈みの姿勢。ぶらぶらとした歩き方。女性は、例外的に端正で清潔な容姿と雪花石膏のような美しい皮膚を持つ者もある。
行動　強い感傷性と同情心。秘密を持ちやすく、敏感で神経質。発案はできないが教えられたことはよく理解する。他人の過ちを寛容する。歯痒い意志薄弱さ。平和な環境に独りでいることを好む。怠惰、無為に時を過ごしやすい。人格の低いタイプは罪の意識の欠如。酒や麻薬に耽溺しやすく、悪習慣に染まると向上心を失ってしまう。

太陽の星座「サン・サイン」

星座と旬の日割り

およそ太陽と月を始めすべての惑星は、黄道12宮の一つの星座を通過する時は、その星座の支配星の持つ性質を受けて、惑星本来の性質に変化を生じます。黄道12宮の一つの星座の黄経30度をさらに10度ずつ三つに分割して、0度から9度までを第一旬、10度から19度までを第二旬、20度から29度までを第三旬とします（30度は次の星座の0度に当たります）。各星座の第一旬は本来の星座の支配星の影響を受け、第二旬と第三旬は同じ四区分に属する星座の支配星の影響を受けます。

太陽は12か月かかって黄道を一周し、黄道12宮の各星座にほぼ1か月間留まります。しかし、太陽は1年を通して平均的な速度で運行するわけではありませんから、一つの星座に正確に1か月間ずつ留まるわけではありません。また、太陽が一つの星座に入座する日時も、毎年少しずつ異なります。正確なことは毎年の天文暦を見ればわかりますが、最も平均的な各星座と各旬の日割りは、次のようになります。

牡羊座　支配星　火星　3月21日から4月20日まで
　第一旬　牡羊座　支配星　火星　3月21日から3月31日まで
　第二旬　獅子座　支配星　太陽　4月1日から4月10日まで
　第三旬　射手座　支配星　木星　4月11日から4月20日まで

牡牛座　支配星　金星　4月21日から5月21日まで
第一旬　牡牛座　支配星　金星　4月21日から4月30日まで
第二旬　乙女座　支配星　水星　5月1日から5月10日まで
第三旬　山羊座　支配星　土星　5月11日から5月21日まで
双子座　支配星　水星　5月22日から6月21日まで
第一旬　双子座　支配星　水星　5月22日から5月31日まで
第二旬　天秤座　支配星　金星　6月1日から6月10日まで
第三旬　水瓶座　支配星　天王星　6月11日から6月21日まで
蟹座　支配星　月　6月22日から7月23日まで
第一旬　蟹座　支配星　月　6月22日から7月1日まで
第二旬　蠍座　支配星　冥王星　7月2日から7月12日まで
第三旬　魚座　支配星　海王星　7月13日から7月23日まで
獅子座　支配星　太陽　7月24日から8月23日まで
第一旬　獅子座　支配星　太陽　7月24日から8月2日まで
第二旬　射手座　支配星　木星　8月3日から8月12日まで
第三旬　牡羊座　支配星　火星　8月13日から8月23日まで
乙女座　支配星　水星　8月24日から9月23日まで
第一旬　乙女座　支配星　水星　8月24日から9月2日まで
第二旬　山羊座　支配星　土星　9月3日から9月13日まで

第三旬　牡牛座　支配星　金星　9月14日から9月23日まで

天秤座　支配星　金星　9月24日から10月23日まで

第一旬　天秤座　支配星　金星　9月24日から10月3日まで

第二旬　水瓶座　支配星　天王星　10月4日から10月13日まで

第三旬　双子座　支配星　水星　10月14日から10月23日まで

蠍座　支配星　冥王星　10月24日から11月22日まで

第一旬　蠍座　支配星　冥王星　10月24日から11月2日まで

第二旬　魚座　支配星　海王星　11月3日から11月12日まで

第三旬　蟹座　支配星　月　11月13日から11月22日まで

射手座　支配星　木星　11月23日から12月22日まで

第一旬　射手座　支配星　木星　11月23日から12月1日まで

第二旬　牡羊座　支配星　火星　12月2日から12月11日まで

第三旬　獅子座　支配星　太陽　12月12日から12月22日まで

山羊座　支配星　土星　12月23日から1月20日まで

第一旬　山羊座　支配星　土星　12月23日から12月31日まで

第二旬　牡牛座　支配星　金星　1月1日から1月9日まで

第三旬　乙女座　支配星　水星　1月10日から1月20日まで

水瓶座　支配星　天王星　1月21日から2月19日まで

第一旬　水瓶座　支配星　天王星　1月21日から1月29日まで

第二旬　双子座　支配星　水星　1月30日から2月8日まで
第三旬　天秤座　支配星　金星　2月9日から2月19日まで
魚座　支配星　海王星　2月20日から3月20日まで
第一旬　魚座　支配星　海王星　2月20日から2月29日まで
第二旬　蟹座　支配星　月　3月1日から3月10日まで
第三旬　蠍座　支配星　冥王星　3月11日から3月20日まで

サン・サインが表す性格

牡羊座の太陽

牡羊座は火の宮の首位を占める星座であり、この星座に太陽を持つ人に進取の気性と指導精神を授けます。支配星の火星は、対決に備える意志力と闘争本能を授けます。この生れの人は、誇り高く自己の能力への絶対的確信を持ち、一度理想に目覚めると、艱難《かんなん》を辞さない勇気と燃えるような情熱を持って目的に直進して行きます。未知の分野に先鞭をつけようとする開拓精神を持ち、物事の開始に際しては率先して主導権を握ります。難事業を軌道に乗せることを喜びとし、障害は打破して進みます。この生れの人の激しい行動欲は、抑制できぬ内的衝動によるものですが、しかし本能を純化し得るだけの克己心も持っています。

牡羊座の第一旬の太陽

この生れの人は、火星の影響を二重に受けます。勇敢で闘争心が強く、冒険や開拓的事業にいつでも一身を投じる心の用意がある人です。権力欲が強く、指導的立場を喜び、官界や政界に進出したり軍人として成功する要素を備えています。しかし、火星の否定的性質が現れると、結果の是非を考えず無謀な計画を敢えて行うようになります。攻撃的で敗者に容赦しない苛酷さも現れます。

牡羊座の第二旬の太陽

この生れの人は、火星に加えて太陽の影響を受けます。火星の突進力に太陽の明るさと威厳が加わり、気高い矜持と目的の達成力を持つ人となります。正々堂々とした手腕で支配統率する能力があり、どのような境遇に置かれても人望を集めて中心人物となる素質を備えています。しかし、太陽の否定的性質が現れると、高慢不遜となり残忍さが現れて、平気で人を傷つけ敵を引き寄せます。

牡羊座の第三旬の太陽

この生れの人は、火星に加えて木星の影響を受けます。火星の情熱に木星の寛大で快活な性質が加わり、正義感が強く、規律や秩序を尊ぶ調和のとれた生き生きとした人柄の持ち主となります。親切で何事に対しても熱心であり、実務や人事に長《た》け友人を多く作ります。しかし、木星の否定的性質が現れると、神経質で偏狭な性格となり、人を容赦なく裁く苛酷さのみ現れるようになります。

牡牛座の太陽

牡牛座は地の宮の首位を占める星座であり、この星座に太陽を持つ人に実際的な感覚と不屈の活動力を授けます。支配星の金星は、美への愛着と肉体的な快楽を喜ぶ心を授けます。この生れの人は、決定は遅いが一度決意が固まると、堅忍不抜の意志力をもって物事を推進して行きます。用心深くはあるが人に信用されればよく責任を果たし、途中で立場を放棄することもありません。その手腕は堅実で安定性があり、人の信頼に足るものを備えています。所有欲旺盛で物質的満足を喜び、入手したものを保持しようとする願望にも激しいものがあります。この生れの人は欲深さのために自らの魂を深く傷つける人で、根本は純粋な魂を持った人です。

牡牛座の第一旬の太陽

この生れの人は、金星の影響を二重に受けます。温和で愛情深く、同情心豊かな人柄です。人間の必要性に対する本能的な理解力があり、欠乏を排し、物事を改善しようとする強い願いを持っています。慰安と娯楽を好み、芸術的才能があって詩や声楽を能《よ》くする人もいます。しかし、金星の否定的性質が現れると、空しい快楽を求め、自分の要求が満たされないことに不当な怒りを抱くようになります。不平不満の固まりとなり、誰とも馴れ親しむことができなくなります。

牡牛座の第二旬の太陽

この生れの人は、金星に加えて水星の影響を受けます。金星の愛他性に水星の知性が加わり、親しみやすい好感の持てる人物となります。潑剌とした想像力を持ち、ロマンティックで旅行を好みます。確信と自信にあふれ、科学的才能に恵まれた人もいます。しかし、水星の否定的性質が現れると、人の心を読み取る狡猾さが現れ、移り気で子供っぽい自惚ればかりが強い人となりがちです。

牡牛座の第三旬の太陽

この生れの人は、金星に加えて土星の影響を受けます。金星の温和さに土星の質実さが加わり、内気で物静かな情緒を持った人となります。堅実で物事を誠実にやり遂げる人ですが、哲学的・瞑想的で物思いに耽る傾向があります。この生れの人にとって戒めるべきことは、怠惰と緩慢さのためにその歩みを止めてしまうこと、集中力と気力の不足のために目的に到達できないことです。これは、土星の否定的性質が現れた場合です。

双子座の太陽

双子座は風の宮の首位を占める星座であり、この星座に太陽を持つ人に知識伝達の本能と臨機応変な処世術を授けます。支配星の水星は、怜悧な知性と話術の才能を授けます。この生れの人は、新鮮な好奇心と純粋な知的欲求の持ち主です。どのような事態にも素早く対処していける順応性があり、価値なしと見れば思い切りも早く、他人を刺激し扇動しながら自分は冷静な観察者の立場を崩しません。この生れの人の鋭い機知はしばしば新しい活路を開く力となりますが、深く探求することは苦手で、物事に飽きやすい傾向があります。極端な歓喜と深刻な不安を同時に味わうことができる人で、内心には慈悲と寛容への憧れがあります。

双子座の第一旬の太陽

この生れの人は、水星の影響を二重に受けます。非常に聡明で、鋭い観察力と論理的思考力の持ち主です。組織的な考え方のできる人で、計画性もあります。自信が強く雄弁で、論壇や法律関係に適します。しかし、水星の否定的性質が現れると、些細な事柄にこだわって大局的な判断ができなくなります。批評の度が過ぎ、心配しすぎて好機を失います。

双子座の第二旬の太陽

この生れの人は、水星に加えて金星の影響を受けます。水星の敏活さに金星の親和力が加わり、親愛の情に深く、人の感情に敏感な人を作ります。熱しやすく激しい性格で、いくぶん放縦で闘争的ではありますが、強い人格と行政力の持ち主です。しかし、金星の否定的性質が現れると、利己的な幸福をむさぼり、恵まれた知能を悪事や背信行為に用いるようになります。

双子座の第三旬の太陽

この生れの人は、水星に加えて天王星の影響を受けます。水星の知力に天王星の自立心が加わり、意志強固で反骨精神旺盛な人を作ります。忍耐力があり責任感が強く、憂慮することもしばしばですが、社会の人々から重んじられます。科学・文学の分野で成功する素質があります。しかし、天王星の否定的性質が現れると、極端に頑固で高慢になり、危険を退けなくなります。恐怖心と強い緊張感が破壊的に作用するようになります。

蟹座の太陽

蟹座は水の宮の首位を占める星座であり、この星座に太陽を持つ人に防衛本能と保育の精神を授けます。支配星の月は、外界に対する敏感な反応と起伏の激しい感情を授けます。この生れの人は、庶民的で公共性を持つ反面、自分の生活領域を侵されることを極端に嫌い、容易に外敵の侵入を許しません。身内意識が強く、特に自分が保護する立場にある者に対しては親身な面倒見を惜しみません。家庭愛・会社愛・祖国愛といった自分が所属する団体への献身性を持つのが特徴です。環境の変化を喜びますが、先祖から受け継いだ伝統や慣習を守ろうとする気持ちにも激しいものがあります。

蟹座の第一旬の太陽

この生れの人は、月の影響を二重に受けます。蟹座生れのなかでもことにロマンティックなタイプで、親切で優しく、愛嬌と社交性があって周囲に楽しい雰囲気を作り出します。集団に和合する素質があり、友人の人気と女性の支持を獲得します。しかし、月の否定的性質が現れると、感情が不安定になり、深い情緒的不幸に苦しみます。安っぽい快楽を喜び、論理的な思考力が失われて自主的な判断ができなくなります。

蟹座の第二旬の太陽

この生れの人は、月に加えて冥王星の影響を受けます。月の想像力に冥王星の直感力が加わり、深い同情心と鋭敏な知力に富んだ思索型の人となります。学問好きで推理分析の能力を持ち、文才があって雄弁です。しかし、冥王星の否定的性質が現れると、人の悲しみを理解できなくなり、辛辣な言葉で敵を作ります。ヒステリックな排他本能が現れ、感情的な残酷さを発揮するようになります。

蟹座の第三旬の太陽

この生れの人は、月に加えて海王星の影響を受けます。月の感受性に海王星の神秘性が加わり、瞑想的に静けさのある人となります。受容性があり、辛抱強く、前途への希望に満ちて、困難な境遇に置かれても積極性を失いません。冒険精神があり、旅や航海を好みます。しかし、海王星の否定的性質が現れると、虚偽を見破る力がなくなり、幻想にしがみつくようになります。無気力になって進歩が止まります。

獅子座の太陽

獅子座は火の宮の中央位を占める星座であり、この星座に太陽を持つ人に権力への熱望と王者の威厳を授けます。支配星の太陽は、自らの人生を演出する創造性と自己表現力を授けます。この生れの人は、自分の魅力と才覚によって社会的に顕著な存在になろうとし、名誉と栄光を欲し、賞讃を求める気持ちにも強いものがあります。物事に対しては全力をあげて正々堂々と取り組み、けちや卑小さを憎みます。自惚れに近い自己過信がある反面、寛大さと度量の広さがありますので自然と配下に人が集まります。しかし、立場を得られぬ時の焦慮と憂鬱にも目に余るものがあります。

獅子座の第一旬の太陽

この生れの人は、太陽の影響を二重に受けます。気迫のある強い性格の持ち主で、元気溌剌として疲れを知らず、勤勉で独立心も旺盛です。自ら大きなエネルギーを持つだけでなく、人々を鼓舞し指導する力を備えており、社会的に大きな責任を果たします。しかし、太陽の否定的性質が現れると、虚勢を張り暴政を敷くようになります。同情心を失い、自己本位の信念で道を誤ります。

獅子座の第二旬の太陽

この生れの人は、太陽に加えて木星の影響を受けます。太陽の明るさに木星の正義感が加わり、快活で誠実なバランスのとれた人となります。慈悲心豊かですが情には溺れず、秩序と論理正しさを尊び、重要な立場に就けば力を惜しまず健闘します。しかし、木星の否定的性質が現れると、高慢となり偏狭となって、自分の野心のために友人を犠牲にしたり、不当に富を得ることを恥じなくなります。

獅子座の第三旬の太陽

この生れの人は、太陽に加えて火星の影響を受けます。太陽の支配力に火星の勇気が加わり、熱情のある、恐れを知らない冒険的気性の持ち主となります。正直で開放的な性格ですが、一度攻撃を受ければ全身に緊張感を漲《みなぎ》らせて戦いの準備に当たり、才知を駆使して難事業を克服します。しかし、火星の否定的性質が現れると、衝動的で喧嘩好きとなり、侵略したり占領することのみに熱中するようになります。

乙女座の太陽

乙女座は地の宮の中央位を占める星座であり、この星座に太陽を持つ人に公序良俗を尊ぶ心と実務能力を授けます。支配星の水星は、この星座において実利的な知性と良い識別眼を授けます。この生れの人は、社会への接触欲と合理的な処世方針を持ち、有用な存在となります。小心でスケールの大きさには欠けますが、緻密な計画性と几帳面さがあって、仕事は正確で良心的です。遠慮深いが自尊心は強く、批判精神が発達しているため倫理観にも厳しいものがありますが、内心には世俗離れした夢を持っています。

乙女座の第一旬の太陽

この生れの人は、水星の影響を二重に受けます。合理精神と建設的な思考力を持ち、科学研究や学問を好みます。細心で忍耐強く、巧妙な手腕があり、監督されたり拘束されることにもよく耐えます。しかし、水星の否定的性質が現れると、些細なことに神経を擦り減らし、非難を恐れて臆病になり、自らの限界を破ることができなくなります。

乙女座の第二旬の太陽

この生れの人は、水星に加えて土星の影響を受けます。水星の知力に土星の独行力が加わり、自立心の強い頼みがいのある人柄となります。組織的な思考力と具現性があり、経済手腕に富んでいます。仕事は確実で、訓練と緊張によく耐えます。しかし、土星の否定的性質が現れると、欲ばかり深く、実際には何もしない人になります。努力を放棄し、いきなり結論に飛びついて失敗します。

乙女座の第三旬の太陽

この生れの人は、水星に加えて金星の影響を受けます。水星の利発さに金星の生産性が加わり、器用で機敏な統一のとれた人となります。生活に根差した本能的な賢さがあり、よく活動して、実質的な利益のある結果を創造します。しかし、金星の否定的性質が現れると、物質に執着し損得を第一に考えるようになります。衣食にうるさく、要求が多くて満足することを知らなくなります。

天秤座の太陽

天秤座は風の宮の中央位を占める星座であり、この星座に太陽を持つ人にバランス感覚と協調精神を授けます。支配星の金星は、良い審美眼と優雅な品性を授けます。この生れの人は、公正な判断力を持ち、相反する意見の調停を計ることに優れた天分があります。力に頼らず、穏健な理論と術策をもって物事を解決することを得意とし、対等の権利や利害の絡む交渉に駆け引きの巧みさを発揮します。社交性と饗応の才があり、よく人の愛顧と厚遇を獲得します。内心には興奮しやすい自我がありますが、平和な人生観がそれに打ち勝ちます。

天秤座の第一旬の太陽

この生れの人は、金星の影響を二重に受けます。愛情深く親切で、周囲に和やかで幸福な雰囲気を作り出す人となります。融通が利いて如才なく、人々の要求を直感的に理解する能力があります。公共関係の仕事に適します。しかし、金星の否定的性質が現れると、優柔不断となり人に感化されやすくなって、自己の立場を保てなくなります。怠惰で不精になり、安易な快楽に逃げ込みます。

天秤座の第二旬の太陽

この生れの人は、金星に加えて天王星の影響を受けます。金星の愛他性に天王星の人道主義が加わり、人間の悲しみを深く理解し、他人の苦悩を軽減しようとする熱意ある人となります。社会改善の願望を持ち、行政力と企業の才があります。忍耐強く不屈です。しかし、天王星の否定的性質が現れると、他人に自分の主張を強制することのみ多く、自己本位な人となりがちです。極端な緊張が自分にも周囲にも悪影響を及ぼします。

天秤座の第三旬の太陽

この生れの人は、金星に加えて水星の影響を受けます。金星の温和さに水星の軽妙な知性が加わり、理知的で快活な好感の持てる人柄を作ります。いつも上機嫌で良い話題を選び、周囲を明るくします。論理的な思索力があり、建設的な人生観を持っています。しかし、水星の否定的性質が現れると、利口さが皮肉に傾きます。強い正義感が痛烈な非難となり、愉快さが深刻な憂鬱に変ります。

蠍座の太陽

蠍座は水の宮の中央位を占める星座であり、この星座に太陽を持つ人に秘密性と深刻な情緒を授けます。支配星の冥王星は物事の隠された真相に届く洞察力と探求心を授けます。この生れの人は強い精神力と胆力を持ち、人の畏怖することを恐れません。精神的にも世俗的にも最高の境地を極めようとする願望を持ち、最後まで戦い抜き執念・復讐心とも激烈です。鋭敏で物事を的確に見抜き、しかも徹底した破壊力と現状刷新力は潜行して働くため、めったに自分の正体を人に覚らせません。並外れた性格の持ち主ですが、意志力によってよく自分をコントロールします。

蠍座の第一旬の太陽

この生れの人は、冥王星の影響を二重に受けます。絶大な精力と活動力を持つ人で、不眠不休で働く奮闘力は他の人に真似ができません。勇敢で野心的で征服欲も旺盛です。気高い情緒を持ち、熱い情も追う人です。しかし、冥王星の否定的性質が現れると、万事にやり過ぎの傾向を作ります。力が尽きると精神と情緒の均衡が破れて破壊的となり、周囲に恐ろしい不安を作り出します。

蠍座の第二旬の太陽

この生れの人は、冥王星に加えて海王星の影響を受けます。冥王星の征服力に海王星の感傷性が加わり、頭領格の器量を持ちながら暖かな情緒を持つ人となります。自らも慈愛に飢え、人にもよく恵み、大衆に慕われる魅力に富んでいます。しかし、海王星の否定的性質が現れると、高慢となり専横となって、自分の欲望を遂げることしか考えなくなります。そして名声のかわりに悪名を得ます。

蠍座の第三旬の太陽

この生れの人は、冥王星に加えて月の影響を受けます。冥王星の魅惑力に月の感受性が加わり、感情豊かな、人々の愛情を強く引きつける人を作ります。適応力と多様な創造力があって、広範な活動分野を有します。高度の直感力があり、物質を超えて霊の本性に触れることのできる人です。しかし、月の否定的性質が現れると、幻影を追って現実感覚を失います。訓練や努力を嫌い、動揺しやすくなって、統一感が失われてしまいます。

射手座の太陽

射手座は火の宮の終位を占める星座であり、この星座に太陽を持つ人に高度の精神性と自由闊達な行動力を授けます。支配星の木星は、正義への希求と成功への確信を授けます。この生れの人は、高遠な真理を把握しようとする願望を持ち、知識と経験を人一倍求めます。視野が広くグローバルな意識で物事を認識できる人であり、学術研究や哲学的思索を好みます。また、どのような境遇に置かれても精神の自由と行動の独立性を確保しようとする気持ちにも激しいものがあります。熱狂的になりやすい反面、自然の静けさを愛する心も強く、野性的であっても本質は哲人です。

射手座の第一旬の太陽

この生れの人は、木星の影響を二重に受けます。理想に溺れない実際的な判断力があり、機知に富み、決断も行動も迅速です。現実をよく認識して何事も自力で成し遂げ、人生に多くを望み多才です。しかし、木星の否定的性質が現れると、考えや行動が性急となり、無秩序で落ち着きのない人となります。他人に多くを求めながら無責任で、物事を完成する力が失われてしまいます。

射手座の第二旬の太陽

この生れの人は、木星に加えて火星の影響を受けます。木星の理想主義に火星の熱情が加わり、意志強固なエネルギッシュな人となります。勇気と実行力があるばかりでなく、情緒の調べが高く愛情豊かです。弾力性と抵抗力に富み、大成功を勝ち取る素質を備えています。しかし、火星の否定的性質が現れると、ひどく衝動的で強情になります。誤った行動や激しい感情を自分で制御することができなくなり、つまらないことにエネルギーを浪費します。

射手座の第三旬の太陽

この生れの人は、木星に加えて太陽の影響を受けます。木星の正義感に太陽の明るさが加わり、大望と高い理想を抱き、偉業を成す人を作ります。真面目で慈悲深く、哲学や文学を好みます。社会秩序に対する良い感覚を持ち、行政能力があります。しかし、太陽の否定的性質が現れると、専横になり独断的になって、新思想を受けつけなくなります。同情心が失われ、弱い者や苦しむ者を平然と見ていられるようになります。

山羊座の太陽

山羊座は地の宮の終位を占める星座であり、この星座に太陽を持つ人に組織の才と社会的使命感を授けます。支配星の土星は、計数の才と辛酸に耐え抜く忍耐力を授けます。この生れの人は、厳しい現実感覚と発達した経済観念を持ち、長期の困難な準備期間が予想される計画にもひるみません。野心は控え目ながら誇りは高く、行動は鈍いが持久力があります。経験と実績の上に立って地歩を保つ人であり、考えかたは用心深く保守的です。禁欲的で孤独になりやすいが、世間の信用を重んじ一歩一歩着実に歩むため、確実に出世の階段を昇ります。

山羊座の第一旬の太陽

この生れの人は、土星の影響を二重に受けます。野心的で実業の才と外交手腕があり、現世に即した生れです。他人の感情をよく読んで自我を抑え、穏健なやりかたで物事を進めていきます。計画は冷静に状況を分析し、熟慮してから実行に移します。しかし、土星の否定的性質が現れると、疑い深く臆病になり、自分の考えに自信が持てなくなります。目的が不明確になり、人も未来も恐れるようになります。

山羊座の第二旬の太陽

この生れの人は、土星に加えて金星の影響を受けます。土星の陰性の強さに金星の調和性が加わり、建設的エネルギーに満ちた勇気と熱心さのある人を作ります。性格はよくバランスがとれて、危急の場合にも理性を失うことなく困難を打破していきます。友人を多く持ち、信頼されて着実に昇進します。しかし、金星の否定的性質が現れると、怒りや憎しみが激しくなって周囲に不幸の種子を蒔くようになります。人を遠ざけ、自らを孤独の境遇に追いやります。

山羊座の第三旬の太陽

この生れの人は、土星に加えて水星の影響を受けます。土星の実際性に水星の知力が加わり、客観的な思考力と確実な行動力を持った人を作ります。物の価値を見抜く能力があり金儲けが巧みで、かなりの蓄財力もあります。しかし、水星の否定的性質が現れると、冷静さは非感激性となり、悲観的な考えから抜け出せなくなります。損失を恐れてかえって富をつかむ機会を失います。

水瓶座の太陽

水瓶座は風の宮の終位を占める星座であり、この星座に太陽を持つ人に進歩性と革新精神を授けます。支配星の天王星は、独創性と飛躍的な発想力を授けます。この星座に太陽を持つ人は、科学的推理力と抽象的な知識に対する理解力があり、理論を駆使してよく議論をします。社会的階級や人種の違いを越えた友愛精神と平等意識を持ち、独立心も旺盛です。未来を先取りした仕事で新時代の寵児となる人がいる反面、体制に与《くみ》せず過激な抵抗を試みる反逆児となる人も多くいます。自己の信念に忠実であるため個人主義者のように見られやすいのですが、実際は同志的連帯を求める気持ちは極めて強いのです。

水瓶座の第一旬の太陽

この生れの人は天王星の影響を二重に受けます。鋭敏な感覚と鮮烈な情緒の持ち主で、磁力的魅力があって同性にも異性にも愛されます。物事を改善し是正したいという願望を持ち、現状に満足することを知りません。科学・工学・文芸いずれの分野にも適性があります。しかし、天王星の否定的性質が現れると、完璧を求めて過度に潔癖になり、疎外感に悩むようになります。熱情が破壊的な衝動となり、過激な行動に走ります。

水瓶座の第二旬の太陽

この生れの人は、天王星に加えて水星の影響を受けます。天王星の構成力に水星の知力が加わり、頭脳明晰な学問好きな人となります。意識のボルテージが極めて高く、論理を組み立てたり言葉を操ることが巧みで、特異な思想を打ちたてます。しかし、水星の否定的性質が現れると、神経的奇矯さをコントロールできなくなります。怜悧さが冷酷さとなり、鋭い知性を間違った企てのために使うようになります。

水瓶座の第三旬の太陽

この生れの人は、天王星に加えて金星の影響を受けます。天王星の夢幻性に金星の愛好性が加わり、夢想的で情緒豊かな人を作ります。人間の要求を直感的に理解する力とクリエイティブな想像力があり、平和と理想への願いにも強いものがあります。しかし、金星の否定的性質が現れると、幻想を信じて真実を直視できなくなります。責任の観念を失い、情感や快楽に溺れて、自活能力さえなくしてしまいます。

魚座の太陽

魚座は水の宮の終位を占める星座であり、この星座に太陽を持つ人に自己犠牲の精神と深い魂の共鳴力を授けます。支配星の海王星は、感傷性とインスピレーションを授けます。この生れの人は、奉仕精神に富み、いかなる環境や立場にも素直に馴染める順応性の持ち主です。芸術的才能に富み、美しい夢と叙情を追い、全身全霊を上げて没頭できる世界があれば喜びを感じます。そのため世俗を離れた所で生きようとし、物質的成功は望みません。意志薄弱で他人に感化されやすく、利用されやすいのが欠点ですが、同情心が強く、感性を刺激されれば偉大な救済行為へと向かいます。

魚座の第一旬の太陽

この生れの人は、海王星の影響を二重に受けます。忠実で真面目な静けさのある人です。感覚鋭敏で直感的な知性があり、物の真の価値を見抜く能力と美や芸術に対する優れた鑑賞力を持っています。しかし、海王星の否定的性質が現れると、極端に消極的になり逃避的になって、約束された地位や成功の見込みを捨ててしまいます。気の弱さのために悪友を引きつけ援助者を失います。

魚座の第二旬の太陽

この生れの人は、海王星に加えて月の影響を受けます。海王星の情感に月の適応力が加わり、知識と直感を生かせる実際的能力の持ち主となります。同情心があり友情に厚く、人間関係の状況を直感的に見抜いて適切な対応策をとれる人です。しかし、月の否定的性質が現れると、移り気で気ままとなり、統一のとれた行動ができなくなります。空想に溺れて現実的な処理能力を失い、役立たずの人になってしまいます。

魚座の第三旬の太陽

この生れの人は、海王星に加えて冥王星の影響を受けます。海王星の理想主義に冥王星の変容性が加わり、感激しやすく感情の起伏の激しい人となります。潑剌としたエネルギーと創造的なプランを胸に秘めた人で、人を強力に感化し群衆と行動をともにします。美と快楽を愛し、異性を惹きつけます。しかし、冥王星の否定的性質が現れると、感情が理性に勝って、衝動を抑えられなくなります。主観にとらわれて、理想と確信を妄想と迷信に譲り渡してしまいます。

月の星座「ムーン・サイン」が表す性格

月は、太陽が本人に内在する性格や人生観を表すのに対して、もう少し直截的な生活感覚や処世術と関係します。また、月が入る星座は、本人が無意識のうちに惹かれるものや好みを示す場合があります。月は太陽の光を受けて輝く天体であるため、太陽の影響力を実生活に反映する媒体となる惑星であると考えるとわかりやすいでしょう。

牡羊座の月　元気がよく活発で、衝動的な性格です。進取の気性に富み、人生に野心も抱負もあり、指導者の地位を熱望します。興味のあることにぶつかると何もかも忘れて熱中し、身体的条件にかまわずがむしゃらに突進します。短気で苛立ちやすく、刺激されるとよく興奮し、喧嘩をしますが、仲直りも早いでしょう。恋に燃えやすく、異性を追い求めるほうですが、情熱が冷めるのも早いでしょう。

牡牛座の月　温順で穏やかな性格です。誠実で忍耐強さもあり、人に信頼される徳望を自然に備えています。堅実で実際的な感覚を持ち、本能的に安全な道を選んで進む利口な方法を身につけています。愛情要求が強く、人に愛されたいと強く願っていて、そのために幸運をつかみます。感覚的な快楽を好み、安楽な生活を求めすぎることが弱点ですが、概して経済的にも安定した満足できる人生を送ります。

双子座の月　陽気で軽快な性格です。貪欲な知識欲を持ち、好んで抽象的な思考をもてあそぶ傾向も見られます。旅行好き・遊び好きで、目新しいものに本能的に心を引かれます。要領が良くて抜け目なく、勢力の強い側につく巧妙な処世術を身につけています。冒険的な気質を持っているため、チャンスをとらえるのが上手です。生き生きとした豊かな情感を持ち、それが魅力となって異性を惹きつけます。

蟹座の月　創造力豊かなロマンティックな性格で、自分の未来に夢を持っています。感受性が強く、人生の諸状況に敏感に反応する一方、各分野の傑出した人物には自ら進んで接触を求めます。人の世話を焼く親切な気持ちがある反面、人気取りに熱中しがちな傾向もあります。ファミリー感覚に優れているため、身内を大事にします。感覚的な愛情に溺れるのが弱点ですが、良き夫・良き妻となるタイプです。

獅子座の月　誇り高く高尚な性格です。生来、人の上に立つ器量があり、頼まれると面倒なことでも引き受けて世話をします。自分の存在を強く意識しているので、賞賛されることが好きです。しかし、時には尊大で横柄な面が現れます。教養のあるなしを問わず大きな包容力の持ち主で、人の情愛には最大の反応を示します。一方では嫉妬心の強い面もあり、怒りの感情も残忍さもありったけ発揮します。

乙女座の月　考え深く冷静な性格です。神経質で小心ですが、批判力は優れています。現実感覚に富み、実利的な取り引きをします。細部を見落とさない注意深さがある反面、度を越して小うるさく干渉的なやりかたをする傾向があります。論争好きで一言多いため、仲の良い友人を失いやすいでしょう。いささかオールドミス的で、本質的に冷たい気質ですが、異性に親切なため、かなりの人気を集めます。

天秤座の月　親しみやすく社交的な人柄で、人に好かれる要素を備えています。詩や芸術を愛し、その才能もあります。公正な感覚を持ち、絶対平和主義の立場をとりがちです。本来は無精でのん気な性分ですが、強い共同精神があり、進んで企業や団体に近づき、相手次第ではベストの力を尽くします。道徳的要素についてはやや疑問で、恋愛遍歴を重ねやすく、異性とトラブルを起こしやすいでしょう。

蠍座の月　確定的で堅実な性格です。自己信頼の念が強く、何事に対しても率直かつ真剣で、よくそのファイトによって過労もいとわず戦い抜きます。保守的で変化を嫌いますが、自分の目的にかなうと見れば進んで改革の実行者となります。感情が激しく、怒りもし、嫉妬も執念も燃やします。激しい性的欲求の持ち主ですが、自制することは不可能ではありません。自分の弱点をよく知っているからです。

射手座の月　楽天的で快活な人柄です。心は不安定ですが、人生に対する精神的興味が強く、社会的にも活発な交渉を展開します。知的レベルが高く、良き教養人としての素質もあり、しかも野生味もあります。思想でも仕事でもスケールの大きなものを好み、何事にも精力的に取り組みますが、反面、無造作で不用意な行動も多いようです。多情で浮気っぽく、多くの異性と交渉を持ちやすいでしょう。

山羊座の月　冷淡で孤独な性格ですが、物事を真面目に突き詰めて考えるほうです。エゴが強く、計算高く、人の感情に無関心さもあるようです。規律正しく厳格で、ある程度の管理能力もありますが、利己的な野心があるためか、時には強敵を相手に回したり、人々の抵抗を感じることもあるでしょう。ロマンスとは無縁の人柄ですが、一度心が決まればその愛情は長く続き、心変わりすることもありません。

水瓶座の月　理解力に富み聡明な性格で、明るい気質の持ち主です。進歩的な科学精神を持つ反面、幻想的な要素を持ち、神秘的な事柄に惹かれます。同傾向の人々と結ばれやすく、人を信じ、グループ活動に熱心です。友愛心に富み、親しみやすい社交性を持っていても自主性を失わず、自他ともにプライバシーを尊重します。愛情は誠実ですが、因習にとらわれた考えを嫌い、時には自由恋愛を主張します。

魚座の月　同情心が強くセンチメンタルな性格です。感受性が強く、物事に感動しやすい反面、過度に感情に溺れる傾向があります。ある程度の芸術的天分もありますが、現実離れした夢や憧れを持ちやすく、憂鬱な気分のはけ口にセンセーショナルな経験を求めます。他人の影響を受けやすく、人に利用されやすいでしょう。恋愛面でも異性の言いなりになりやすく、失望したり自信を失いやすいでしょう。

その他の惑星と12星座

惑星は、その位置によって影響力が異なってきます。すなわち、その時、入っている星座の特性に従って力を発揮するのです。この章では、太陽と月以外の惑星について、惑星が各星座にある時にどのような意味を持つかについて説明します。

水星と12星座

本人の知的特性は、水星が入っている星座によって知ることができます。水星は本人の知的興味と知力が働く方向を示すとともに、通信と伝達の星として本人の意思表示を助けます。

牡羊座の水星　統一のとれたパワフルな知力の持ち主です。辛辣で皮肉っぽく、言葉や思想が断定的になりがちです。議論に強く狡猾で、知謀や術策を駆使するタイプです。考えたことは即座に実行に移すほうですが、目的が利己的な利益追求に向かいやすいでしょう。

牡牛座の水星　自分の考えに固執しやすく、やや陰険さもありますが、金銭や世間のことについてはなかなか才のきく利口な性格です。言葉や行動は遅いがなめらかで、冗長になりがちです。社交や愉快なことに気持ちが傾きやすく、声楽に優れた素質を持ちます。

双子座の水星　機知があり、なかなかだまされない利口な性格です。考えは速やかですが変わりやすいでしょう。談話に強く表現力に富み、自分の言葉や文章に自信があるタイプです。旅行を好み、活発によく動き回る性質を持ちますが、修養を積まないと才に溺れる怖れがあります。

蟹座の水星　記憶力に優れ教わり上手ですが、専門を極めるというより雑多な知識を詰め込むタイプです。利にさとく商才があります。意見が感情的になりやすく、意見そのものにもこだわります。心配症で落ち着きがなく、考えが周囲の状況に左右されやすいでしょう。

獅子座の水星　信念が強く尊大で、自分の考えを絶対視します。声の調子に自惚れがあり、命令したり忠告を与えることを好みます。良い意味では、他人の才能を引き出す能力があります。

才知豊かで人との交際に自信がある反面、考えが仕事本位になりやすいでしょう。

乙女座の水星　分析的な知力があり、良い理解力を持ちますが、先入観にとらわれた判断をしがちです。考え深く細心で優秀な実務能力があり、計画作りが上手です。言語と言論の才に優れ、策士的傾向を持つ反面、小うるさく面倒で、わずかなことで焦慮する人となりやすいでしょう。

天秤座の水星　健全で公正な知力を持ちます。親しい語らいや美しい目的を持つ計画を楽しみます。言葉はスローですが柔らかで魅力があります。芸事を好み、多方面に通じる才能があります。自分より他人の考えを理解しようとする反面、不決断で迷いやすいでしょう。

蠍座の水星　鋭敏で直感力に優れ、一目で他人の心中を見抜く洞察力を持ちます。気持ちが激しく、人との交わりに偏屈ですが、研究熱心で物事を深く追求する性格です。疑い深い割りには慎重でなく、言葉にトゲがあるため、知らずして敵を作りやすいでしょう。

射手座の水星　迅速な思考力を持ち、アイディア豊かです。知識欲が旺盛な反面、興味が移ろいやすいでしょう。言葉は早くて明確ですが、性急に結論を出したがる傾向を持ちます。心は広く拡大して働き、語学への興味と文才もありますが、才能を浪費する傾向が惜しまれます。

山羊座の水星　気むずかしい人柄ですが、賢くて用意周到な性格です。忍耐心がある反面、気持ちが束縛されやすく、実利的なことのみに心が集中しがちです。人付き合いを大事にしますが、不毛の心労が多く、他人の言葉をなかなか信用しない傾向を持ちます。

水瓶座の水星　貴重な学問への情熱と科学的な推理力があり、主観にとらわれない客観的な真実を求めます。話し好きで同じ考えを持つ人々との交わりを好みます。義理固く世話好きな人柄で、その知力は人類の福祉へも向かいます。

魚座の水星　同情的で直感的な知力を持ちます。芸術的・心理的なことや慈善に対する良い感受性もありますが、実際的な問題にぶつかると考えが混乱しやすいでしょう。神経過敏で気持ちが動揺しやすく、躁鬱的な面があり、無意味な無駄話が多くなりがちです。

金星と12星座

金星は、人を惹きつける魅力や他人と調和する能力、人生の愉快で幸福な出来事をともに楽しもうとする願望を表します。金星が示すテーマの一つに〝愛〟がありますが、本人の愛に対する姿勢や考えかたは、金星が位置する星座によって知ることができます。

牡羊座の金星　衝動的に一目惚れの恋をしやすく、恋愛事件で突進しがちです。愛のためには何でもしてしまう無鉄砲さがある反面、わがままで愛する者と争う性質を持ちます。また、私欲に強く利己主義の傾向を持ちます。性情は強く熱烈ですが、自制しないと快楽の追求が激しくなりやすいでしょう。

牡牛座の金星　愛に永続的な保証を求めるため、実際的な形で表現されないと不安を感じがちです。愛情については確固不変の精神を持ちますが、独占欲が強いでしょう。仲間になるのは遅いものの、なれば信頼できる人となり、ホスト・ホステスとなることに幸福を感じます。音楽や芸術を愛し、人生の幸福な事柄に対して貪欲な面もあります。

双子座の金星　愛そのものよりラブテクニックに興味があり、情熱が続かず気が変わりやすいでしょう。恋人の選択に自信があるため、かえって不安定な恋愛をしやすく、複数の恋人を持つ傾向があります。その時々の事情に支配されやすく、気まぐれでいささか浅薄ですが、表現に魅力があり、人の好意を利用するのが上手です。

蟹座の金星　やさしく家庭的な人柄で、愛するものの面倒を見たり、家政を切り回すことに喜びを覚えます。母性的で慈しみ深く、愛する人の気持ちに敏感ですが、愛情が内向しやすく感情的な不幸を味わいやすいでしょう。多くの恋愛遍歴をした後でなければ真実の恋人にめぐり合えない傾向があります。

獅子座の金星　暖かく寛大な人柄です。やや真剣味には欠けますが、忠実で真心のある愛情を持ちます。愛するものを他人に誇りたがる気持ちがあり、派手な演出や表面的なことに心を奪われやすいでしょう。陽気なことや贅沢な楽しみを愛する反面、克己心に欠け、人生に対する考えが甘くなりやすい傾向があります。

乙女座の金星　思いやりがあってよく気がつき、奉仕性に富んでいますが、熱情に乏しいためプラトニックラブが多いようです。同情心が強いため、年の若い人や病弱者に惹かれます。控えめで遠慮深い性格ですが、他人のために無駄な努力をしやすく、細かいことに干渉してかえって人生の調和を破る傾向を持ちます。

天秤座の金星　愛すべき魅力的な人柄で、社会的に上級の生活をする人々に憧れます。美的センスに富み、自らも美しく装うことに熱心です。独りに耐えられない性格で、相思相愛を好み、仕事や遊びにも同趣味の人と結ばれることに幸福を感じます。また、他の半身（異性）を求めて常に満足しないという意味を持ちます。

蠍座の金星　感情の深刻さゆえか、人生の幸福な事柄からさえも喜びを得ることがむずかしいようです。愛情は真剣で、むしろ性的深みを帯びますが、愛の力を確信しているため、困難な状況下にある恋ほど魅力を感じやすいでしょう。秘密主義で情熱的な反面、嫉妬心が強く、熱烈な愛情が一転して憎悪に変わる傾向を持ちます。

射手座の金星　ラブハンターとしての素質があり、行動によって愛を獲得します。自分と異なる生活や考えをする人に興味を持ち、そのため恋愛で風変わりな体験をしやすいでしょう。洗練された遊びを好み、不自然な行為を避けたがります。陽気で楽しい性格ですが、束縛を嫌い、結婚より自由な生活を求めます。

山羊座の金星　気むずかしく厳格な性格ですが、社交に独特の巧妙さもあります。遊び好きが不評や誤解を招きやすいでしょう。自尊心が強いため野心的な恋をしやすく、結婚も地位や名誉のためと考えがちです。愛情は真面目で愛する人に責任を持ちますが、愛するムードに乏しく、愛情表現も実際的すぎる傾向があります。

水瓶座の金星　誰に対しても誠実な友となり、不徳や不実な行為を嫌います。博愛精神に富み普遍的な調和を求める反面、非感情的な冷たさを持ちます。突発的な恋にも応じていけますが、多くの異性との交流のほうが特定の人との愛よりも優先しやすいようです。純潔を愛し、恋人がいても独身を続ける傾向があります。

魚座の金星　害のない平和で純真な人柄です。気持ちが容易に動揺しやすく、情に流されやすいでしょう。恋のためばかりでなく、人の弱さや受難に対しても愛の犠牲心を動かし自己を捨てようとする反面、女々しくぐちっぽい感情も働きます。人を信じやすいため、恋愛や結婚においてもやり直しが多くなる傾向があります。

火星と12星座

火星は本人の情熱の対象を表すとともに、肉体的な活力や仕事に対する能力を示します。また、他人から受ける無情や苛酷の前兆を暗示します。本人のエネルギーがどのような方向に発揮されるかは、火星が入っている星座によって知ることができます。

牡羊座の火星　行動欲が強く断定的な性格です。誇り高く、自己を高く評価し、進んで挑戦相手や達成目標を求めます。激しい気性の持ち主ですが、大胆不敵で勇気もあります。戦闘的で過度に攻撃的になりやすいことが欠点ですが、よくそのファイトによって立身します。

牡牛座の火星　頑固で強情な性格ですが、忍耐強く容易に屈しません。所有欲が強く、物質的安定を強く求めます。安全を第一に考えるため、本能的に危険を避けて通ろうとします。不満や片意地な感情を内面に蓄積する傾向があり、抑え切れなくなると爆発的に怒ります。

双子座の火星　機知に富み活発な性格ですが、落ち着きがなく、活動過剰になりやすいでしょう。精力的な話術家となりますが、いささか皮肉っぽい傾向があります。世渡りは巧妙ですが、器用さが仇となりやすく、絶えず方向転換を計るため、精力を無駄に費やします。

蟹座の火星　過度に感情的になりやすく、怒りっぽく気難しい性格です。力で強制されることを嫌います。自分を卑下する傾向もありますが、単調な労働に屈しない優秀な働き手となります。家族を制御しようとする気持ちが強い反面、家庭内に問題を抱えやすいでしょう。

獅子座の火星　自信家で支配欲の強さもありますが、積極的な目的意識の持ち主です。熱しやすい気質ですが、真心のこもった熱意があり、創造的パワーに富んでいます。肉体的に強いためオーバーアクションになりやすいでしょう。横暴で横柄な主張をするのが欠点です。

乙女座の火星　勤勉で綿密な性格で、ささいなことにも面倒の労を惜しみません。せっかちですが熱心で、行動に計画性があります。神経的に繊細なため、わずかなことで苛立ちやすいでしょう。あまり重要でないことに意地の悪い主張をするのが欠点です。

天秤座の火星　快活で情熱的な性格で、魅力があり、異性との関係を強く求めます。人間関係をコントロールしたい気持ちがあり、仲間同士の交際や友誼《ゆうぎ》を得るために多くの努力を払います。優柔不断で断固とした面に欠け、敵に攻撃されると弱いでしょう。

蠍座の火星　執念深く容赦しない性格で、そのうえ深刻で激烈な感情の持ち主です。また、最後まで戦う闘争心を持ちます。スタミナが強く尊大な気分もありますが、自分の思い通りにならないと自暴自棄になりやすいでしょう。官吏や軍人など、権威を伴う立場に有能です。

射手座の火星　エネルギッシュで性急ですが、寛大で勇気もあり高潔な性格です。高遠な思想に全精力を傾ける反面、遊ぶことにも熱心です。冒険心が強く脱線気味の行動が多くなりやすいでしょう。物事を過大視しやすく、突飛で極端な論法を用いる傾向があります。

山羊座の火星　自我が強く利己的で、遠慮深く見えてもかなりの野心家です。規則正しく計画的に成功しようとする気持ちがあり、最後まで熱心に働く性質を持ちますが、楽しみを知らず仕事が趣味のようになりやすいでしょう。責任者の立場に良く、事業家としても幸運が望めます。

水瓶座の火星　自分が選んだ目的を追求するために自由を求める反面、他人の自由には注意を払わない傾向を持ちます。信念が強く決然とした性格ですが、妥協を許さず苛酷になりやすいでしょう。考え方は科学的・合理的ですが、型破りな行動が多く常軌を逸する怖れがあります。

魚座の火星　気が多すぎるためにかえって自分の能力に自信を失いやすく、確信のある行動ができません。自己犠牲をいとわず他人のために働く親切な気持ちもありますが、努力が混乱しやすく、人生をスポイルしがちです。精神的にも肉体的にも消耗しやすいでしょう。

木星と12星座

木星は人生上の慶事や有益な事柄を司《つかさど》ります。太陽を自己実現の欲求とするならば、木星は自己充足を表す惑星と考えて良いでしょう。木星は深層意識の中の「寛大な帝王のイメージ」を表現すると言われ、個人の願望を社会的に成就させる力を持っています。本人の自己拡張や社会的発展がどのように成されるかは、木星が入っている星座によって知ることができます。

牡羊座の木星　真の大志・勇敢・誠実の持ち主です。男性的な高貴な品性で、友情に厚く親切です。たくましい自己主張は、強烈な表現と積極的な行動となって現れます。社会通念に順応し、反抗的なエネルギーを建設的な目標へ向けると良いでしょう。

牡牛座の木星　温和で理性的な性格で、富と美をこよなく愛する享楽主義者です。異性に対して親切で、礼儀正しく外交力もあります。金銭や金銭で買えるもので自己を富強にしたい願望を持ちます。物質偏重主義に陥らないように注意すべきです。

双子座の木星　優雅で紳士的な品性で、異性の良き讃美者です。多角的な知性を磨くことが好機をもたらしやすく、知識と旅行経験を人生に生かせます。利口で話に退屈しない性格ですが、リップサービスが先行したり自己宣伝が多くなりやすいでしょう。

蟹座の木星　活動的で落ち着かない性格ですが、自信は強く、健全な経済的センスもあります。男女を問わず女性の良き友となり、良き家庭人としての素質を持ちます。保護的で同情心が強く、世話好きな人柄ですが、他人事に出しゃばりがちな傾向に注意が必要です。

獅子座の木星　理想が高く威厳があり、忠誠を重んじます。名誉を愛し、賞讃される立派な行為を好みます。寛大で慈悲深さもありますが、敵に対しては容赦しない性格です。かなりの組織力もありますが、尊大で権力を誇示したがる性質が人格上の欠点となります。

乙女座の木星　穏健な知性があり、崇高な使命や立派な職業を求めますが、どちらかと言えば静かで控えめな方法で目的を遂げます。いささか俗信的ですが世間付き合いに熱心です。良い鑑賞眼があり批評能力に優れていますが、度がすぎると嫌われます。

天秤座の木星　親しみやすく愛される性格です。強い協調精神があり、穏健で公正な手段で目的を遂げます。人生に完全調和を求め、愛情や善意も正しくそれに値する人に向けられます。共同に幸運があり、また独りでは幸福になり得ないという意味を持ちます。

蠍座の木星　用心深く内省的な性格ですが、行動は大胆で熱心です。強すぎる感情は時に荒々しい態度となって現れます。生存意欲が強く、人生に対してあきらめを知りません。権益に強く、しまり屋で、与えるより奪うことに専心しがちな傾向に注意が必要です。

射手座の木星　人間味豊かで徳に厚い性格です。誓約を重んじ公的義務に忠実です。おめでたい楽観主義者ですが、修養を積めば真理を尊ぶ人となります。自他ともに自由を尊重しますが、気ままな行動が多く、一事に対する集中的な注意力を欠くのが欠点です。

山羊座の木星　厳格・剛直な性格で、無駄使いを嫌います。野望達成のために厳しい訓練を自らに課します。打算的でいくぶん度量には欠けますが、先見の明に富み、注意深く賢明な方法で目的を遂げていくでしょう。

水瓶座の木星　真の意味のヒューマニストです。慈悲心があり援助的な性格です。人望と良い意味での野心もあり、友人や友好団体に恵まれます。科学的精神があり、革新的な方法で目的を遂げます。他人の独立を助ける気持ちがある反面、自分の自由のためにも努力を払います。

魚座の木星　温和で善良な人柄で、他人をよく援助する利他的な性格です。物事に感動しやすく直感的な想像力に富んでいます。学識に優れ、研究心もありますが、一般的な社会常識を欠いていたり、仕事に対して過度の空想を持ちやすいことが現実との接点を弱くしやすいでしょう。

土星と12星座

土星は「現世のカルマ（宿業）」の星とも言われ、人生で避けて通ることのできない事柄や、克服しなければならないテーマを示します。土星は本人の行動を制限する惑星ですが、必ずしも悪い意味ばかりではありません。道標が正しい道を指し示すように、土星の規範におとなしく従って行けば、安全に目的地にたどり着けるからです。本人の努力の方向は、土星が入っている星座によって知ることができます。

牡羊座の土星　短気で衝動的な性格です。安全確保に熱心ですが、失敗を怖れる気持ちが行動にブレーキをかけがちです。忍耐力に欠け、物事の成就を待てないために破綻を招きます。若年期は自己主張を抑えられがちですが、年をとるに従い自分の意志が通るようになります。

牡牛座の土星　用心深く、頑固で忍耐強い性格です。生活の安全を守るために無言の抵抗を示します。けちで実利本位になりやすく、愛や美に感じやすくないことが鈍重な印象を与えます。物事に対して経済的な保証を第一と考えるため、精神的な価値を理解できない傾向があります。

双子座の土星　慎重で真面目なようでも偏屈で懐疑的な性格です。深慮遠謀に長《た》けていますが、物事を皮相的な目で見やすく、せっかくの才気を無謀な目的に向けてしまいやすいでしょう。世間一般の基準から外れた考えを持つため、身内や親戚との交際に支障を生じます。

蟹座の土星　自己憐憫が強いようですが、その実、打算的で商売に強いしたたか者です。自分が保護する人の安全を願うため、口やかましくなりやすい傾向があります。不安定な感情を克服することが必要です。コツコツと地道に働くことを信条とするため、生活に新鮮さを失いやすいでしょう。

獅子座の土星　元気で精力的な活動家ですが、なかなか物事に満足できず、人生に喜びの境地が容易に訪れません。理想と権力への憧れもありますが、組織作りが下手なため失敗を招きます。繊細な配慮に欠け、物事にはっきりした実行主義のため、目下の人の人望を失いやすいでしょう。

乙女座の土星　几帳面で注意深い性格ですが、精密さと理路整然とした感覚を好むため、細かいことを気にして役に立たないことに知的能力を使います。理屈っぽく、考えすぎて物事を計画倒れに終わらせやすいでしょう。他人に気遣いや献身を求めすぎて、かえって自立心を失います。

天秤座の土星　穏やかで自制心があり、柔軟な態度でよく困難に耐えます。自説に固執しやすく、論戦が多くなりがちです。暖かな情愛に欠け、他人との相互利益を考えないことが精神的寂しさを招きます。他人に対して外観の立派さを判断の基準とするため、信頼を裏切られやすいでしょう。

蠍座の土星　内気な性格ですが、内面はかなりの激情家です。喧嘩強く勇敢で、時には犠牲を払ってでも危険や冒険を敢行する人となります。執拗な嫉妬心を持ちやすく、秘密主義のために他人に理解されにくいでしょう。鬱積しやすい感情の吐け口を見つけることが必要です。

射手座の土星　欲の少ない学究的な人柄です。善を愛し、正義感の強さもありますが、世間的な駆け引きが下手なため、地位に恵まれない傾向があります。目的や行動の方向づけがうまくできないと鬱憤が溜まります。思想と行動の自由は多年の研究によって得られます。年齢とともに威厳と人格的な重みが加わります。

山羊座の土星　実際的な能力に富んだ野心家です。多年の努力と忍耐が人格を養います。敗北主義的な人生観を持ちやすく、窮乏を怖れて利己的になる反面、他人の苦境に対しては無関心になりやすい傾向があります。相当の権勢欲もありますが、自分の力量を過信しやすく、他人の意見や能力を無視しやすいでしょう。

水瓶座の土星　真面目な向上心があり、物事の条理を深く追求する性格です。交友に恵まれないため人生上の目的発見が遅れがちです。人間性に富んでいますが、風変わりな性格を持つため孤独になりやすいでしょう。高い目標を持つか、優れた人と深く交際することがぜひとも必要です。

魚座の土星　博愛精神に富んでいますが、悲観的になりやすく、自分のやさしさをうまく表現できないと憂鬱になりがちです。失望や落胆が健康に良くない影響を及ぼします。何か物悲しい外観となりやすい人生ですが、強靱な人生哲学を備えているため、ほとんどの困難を克服していけるでしょう。

天王星と12星座

天王星は突然の変化を意味し、本人が一生のうちで出会う予期せぬ出来事を教えてくれます。けれども、天王星の本当の役割は意識の変革をもたらすことにあり、人生における運命の分岐点で、本人に過去の因習にとらわれない自由な発想や、独立的な行動をとらせることと関係します。天王星は1星座を約7年間かけて通過するため、同じ時代に生きる人々に共通する時代感覚を与えます。従って、各星座における天王星の説明は、同じ星座に天王星を持つ世代に共通する特徴と考えてください。

牡羊座の天王星　わがままで自己本位な性格です。人は人、我れは我れといった考えが強く、社会の通念や習慣を無視します。ラジカルな改革者としての素質もありますが、軽率に他人を刺激しやすく、人と離反したり分裂的な行動を起こしやすいでしょう。

牡牛座の天王星　負けん気が強く強情です。静かな生活環境を通して、変化を求める衝動が突発的に緊張を破って爆発します。第三者の安定を乱しても意に介さぬような単独行動をとりやすいでしょう。性的にはユニ・セックスの傾向を持ちます。

双子座の天王星　変転きわまりない知性があり、鋭い天才性のひらめきと創意工夫の才能に富んでいます。自由な型にとらわれない前進を求め、新しい思想や前衛的なスタイルに敏感に反応します。言語様式を変えるか、話しかたがぶっきらぼうになりがちです。

蟹座の天王星　感情が不安定で突発的に気分が変わりやすく、人や物の取り扱いに一貫性を欠きがちです。新奇なことや目新しいものに惹かれますが、永続性に乏しくすぐ飽きます。世間の風潮に迎合しやすく、不特定多数に従います。

獅子座の天王星　尊大で物怖じせず、他人に制御されない性格です。自分の個性に自信があり、我れは自由なりと信じます。派手なパフォーマンスが多いでしょう。優れた指導力もありますが、権威と体制に反抗しやすく向こう見ずに改革を求めます。

乙女座の天王星　気まぐれな生活方針を持ち、労働や嗜好や衛生に関した事柄に変わった習慣があります。クリーンなイメージにこだわります。批判精神が旺盛な反面、奇妙な考えに凝ったり、常軌を外れた崇拝熱を持ちやすいでしょう。

天秤座の天王星　身勝手で独立的な性格でありながら、エキセントリックな魅力の持ち主です。対等意識が強く、独裁に反対します。自分と同様、相手の自由と権利を認めることによって調和的な人間関係を築こうとします。離婚しやすいか、結婚の形態を変えるでしょう。

蠍座の天王星　わがままで反逆的な感情を内向させがちです。暖かな情味に乏しく、第三者の感情に対して無関心になります。優れた現状刷新力もありますが、非情な手段を用いやすいでしょう。怪奇や残酷ムードを好んだり、オカルティズムに惹かれる傾向もあるようです。

射手座の天王星　野性と熱狂性にあふれた反抗精神を持ちます。伝統的なやり方にこだわらない自由な表現形式を求めます。学問と教養次第で異才の持ち主となりますが、教育マニアになりやすいでしょう。過度の勉強が神経に緊張を与えます。

山羊座の天王星　神経質な性格が不安と焦躁を呼びがちです。冒険を好まず、自発性を否定します。建設的な着想を持ち、予見性と先進的なリーダーシップもありますが、権威主義的な方法を用いるため予想外の結果に遇《あ》いやすいでしょう。

水瓶座の天王星　社会改革の熱意と固定観念にとらわれない自由な科学精神の持ち主です。目覚めた人間性があり、広い考えは人類の福祉や安寧にも及びます。容易に友人を作る反面、友人が付き合い方に苦慮するような奇妙な友情感覚を持ちます。

魚座の天王星　善意ではあるけれど気が変わりやすく、流動性に富んだ性格です。直覚的な鋭さがあり、社会の動きや時代の流れを敏感にキャッチします。通常月並みなことには興味を示さず、未来学や神秘学に惹かれやすいでしょう。

海王星と12星座

海王星の機能をひと言で言えば「イメージする能力」であり、心理的・芸術的なことや、想像力を刺激されること、第三者に対して自己を犠牲にすることに関係します。海王星は一つの星座に約14年間留まり、天王星と同じようにその期間に生れた世代に共通する時代的特徴を与えます。海王星は１８４６年に発見された惑星で、その周期は約１６５年です。従って12星座を一周し終わるのは２０１１年であり、海王星と12星座との関係はまだ完全に解明されたわけではありません。ここでは、現在わかっている事柄のみを説明します。

牡羊座の海王星　躍動的なイマジネーション、力強い心理的表現力を持ちます。劣敗者に味方する正義感があり、犠牲的行為を好みます。精神的に新しい境地を開こうとする意欲が強く、求める理想を熱心に追求します。

牡牛座の海王星　実利的なアイディアを持ちます。美的感覚に優れ、音楽や芸術に良いリズム感があります。自分の理想について確固とした信念がある反面、感情的な欺瞞性を持ちます。所有の観念に対して無頓着になりがちです。

双子座の海王星　直感が鋭く鋭敏な精神を持ちます。その反面、心が不安定であらゆる種類の事柄に影響を受けやすい傾向があります。ロマン主義的な感覚があり、純文学に良い才能を持ちますが、作話が多くなりやすいでしょう。

蟹座の海王星　想像力豊かで感受性が強く、母性的優しさで第三者を保護しようとします。多すぎる夢と理想は、現実の世界では混乱を作りやすくなります。環境にうまく適応できないと逃避的になりやすいでしょう。

獅子座の海王星　上流社会や高級な生活に憧れます。自負心や虚栄心に感じやすく、政治的に自分の思想を破ることに敏感です。明るい善意と親切な考えの持ち主ですが、親切心が混乱気味になりやすいでしょう。

乙女座の海王星　穏やかでピュアな精神を持ちます。冷静で現実的な感覚を持つため、理想主義を強く打ち出すことにためらいを感じます。神秘性や心理的な事柄を批判するか、理論づけようとします。1929年から42年生れの人たちが乙女座に海王星を持っています。

天秤座の海王星　人を惹きつける魅力を持つと同時に、他人の魅惑力にも敏感です。また、耽美的・享楽的なムードを持ちます。情にもろく、交友関係に左右されやすいでしょう。自己欺瞞に陥りやすく、だまされやすいという意味もあります。１９４３年から56年生れの人たちが天秤座に海王星を持っています。

蠍座の海王星　霊的・心理的な事柄に強い感受性を持ちます。他人の秘密に対して鋭敏です。他人の隠された感情に直感的な理解力が働く反面、人の気持ちに冷淡になりやすいでしょう。１９５７年から70年生れの人たちが蠍座に海王星を持っています。死後の世界や心霊現象を肯定する世代ですが、反面、猜疑心にとらわれたり、刹那主義に走りやすいとされます。

射手座の海王星　霊感のような先見の明があり、高遠な理想を求めて精神面での冒険をしたがります。その反面、思想が混乱したり、人生哲学に明確な知識を欠きがちです。１９７０年から84年生れの人たちが射手座に海王星を持っています。宇宙文明に憧れたり精神世界に価値を認める世代ですが、不登校児の増加など人生の方向づけが下手なことが気になります。この時代は、建国の理想が失われ、政財界が目標を見失った時代とされます。

山羊座の海王星　直感力が具体的な事柄に応用される反面、理想と現実の相反に遇いやすくなります。非実在性が発展を阻害するか、もしくは空中楼閣の実現。海王星は１９８４年から97年まで山羊座を運行します。この時代は、政治的モラルが低下し、社会秩序が混乱するとともに、科学技術の発達に人間の心と肉体がついていけなくなる時代と言われています。

水瓶座の海王星　霊感によってつかんだ穏やかな希望と、反社会的な独立心を持ちます。人道的・博愛的な考えが強く他人への無私の援助心を持つ反面、自己防衛の意識に欠けます。全人類愛と世界平和の実現。海王星は１９９８年から２０１１年まで水瓶座を運行します。この時代は、キリストが再臨し、人類の黄金時代（千年王国）が始まる時代と言われています。

魚座の海王星　人類に神秘能力が増し、強い精神力を持つようになります。霊的な波長に共鳴しやすくなる反面、アナクロニズムに陥ったり、堕落的・破壊的な誘惑にも感染しやすくなります。海王星は2012年から魚座を運行します。この時代は、他の天体に住む人類と霊的・宇宙的な交流が始まる時代と言われています。

冥王星と12星座

冥王星は、土星が「現世のカルマ」と呼ばれるのに対して「集団のカルマ」の星と言われています。冥王星は個人より国家や民族などの共同体を通して影響力を発揮する惑星で、個人の力ではコントロールできない宿命的な出来事や、強制的な変化を支配します。12星座との関係では、特に世界的な大戦争による時代変革に注目できます。冥王星は一つの星座に約21年間留まります。しかし、冥王星が発見されたのは1930年であり占星術上では比較的新しい惑星であるため、その影響力についてはまだ不明なことが多く、ここでは推論もまじえ、現在の研究でわかっている事柄のみを説明します。

牡羊座の冥王星　男性的な力強いパワーへの確信。鉄血政治、軍団主義。

牡牛座の冥王星　貧富の差意識が拡大する。農民の解放、ブルジョワ革命。

双子座の冥王星　性的タブーの解禁。過去の因襲や禁制、固定観念の除去。

蟹座の冥王星　家庭の破壊、住宅難、食生活の激変、大衆の大移動。冥王星は1914年から38年まで蟹座を運行していました。第一次世界大戦が始まったのは冥王星が蟹座に入った直後です。この時代に生きた人々は文字通り戦火に追われ、蟹座に象徴される「家庭」という安住の地を奪われました。

獅子座の冥王星　国家権力の否定、支配階級に対する意識の変化、都市の破壊と再建。冥王星は1938年から57年まで獅子座を運行していました。この年代は、世界が第二次世界大戦へと突入した時代です。この時代に生まれた人々は、権力否定の精神を持つとされています。それは、大戦後の植民地の解放や独立国家の誕生に象徴されているでしょう。

乙女座の冥王星　労働条件の改革、医療革命、薬品公害、ワーカホリック（働き中毒）。冥王星は1957年から71年まで乙女座を運行していました。この時代に生まれた人々は、利己的で計算高く、批判精神が旺盛で、特殊な勤労意識を持つとされます。また、すべての面で集団化する傾向があるようです。

天秤座の冥王星　冥王星が天秤座を運行していたのは1971年から83年までです。この時代に起こったことは、結婚生活の激変とウーマン・リブに代表される女性解放運動です。離婚が増え、自立を目指す女性が多くなり、モノセックスやホモの流行など性意識も大きく変わりました。この生れ世代への影響についてはまだ不明ですが、男女の格差がなくなるか、男女の役割が逆転しやすい世代なのではないかと思われます。

蠍座の冥王星　冥王星は1984年から95年まで蠍座を運行します。この時代は両極政治の時代と言われ、かつて自由陣営と共産圏の軍事的バランスが崩れ、最終戦争に突入する時代ではないか、と考えられたことがあります。この図式は今ではなくなりましたが、かわって出現したのは民族主義の台頭と地域紛争、世界的なボーダーレス化現象です。軍事超大国への道を歩み始めた旧ソ連と中国、米国の親イスラエル路線によるアラブ諸国の硬化も不気味です。いずれにしても、この時代が大きな火種を抱えた時代であることに変わりはないようです。

射手座の冥王星　冥王星は96年から2007年まで射手座を運行します。宗教界か精神世界の激変が起こる時です。ローマ法王庁の崩壊と世界統一宗教の完成、世界統一政府の樹立が予想されます。希望的な見方をすれば、メサィアを思わせる偉大な精神的指導者が現れて、人類を新天地へと導く時代かも知れません。

山羊座の冥王星　大陸の浮上と地殻変動、世界の政治的版図の再編、地球の再構築。これも希望的な予測にすぎませんが、地球上に新たな建設が始まる時代と考えることができます。

水瓶座・魚座に冥王星が入る時代については、推測の及ばない未来のことでもあり、研究者にとっても経験的知識のない分野であるため、ここでは断言を避けさせていただきます。

実技編　ホロスコープ解読

第二章　天球12室と10惑星

この章では、天球12室の各室に入る惑星によるホロスコープの解読法を説明します。

各室に位置する惑星は、各室のカスプ（境界線）を占領する星座より強い影響力を持っています。そのため、最初に各室に位置する惑星に従って解釈し、次に各室の星座の支配星に従って読んでいきます。また、1つの室の中に数個の惑星が入っている場合は、室のカスプに最も近い位置にある惑星が、まず最初に影響力を発揮するものとします。

次に、12室のうちで惑星が1個も入らない室「**エンプティ・ハウス**」については、各室のカスプを占領する星座の支配星に基づいて解釈が行われます。しかし、この場合は言わば代役ですから、惑星が入っている場合よりは意味が弱くなります。

また、ホロスコープを作成する際に、1つの星座が2つの室のカイプを占領し、室のカスプに現れてこない星座ができる場合があります。このような星座を「**挟在星座**（インターセプテド・サイン）」と言います。挟在星座は室が示す事柄を代表できないため、挟在星座に入る惑星は影響力が弱くなります。しかし、まったく効果がなくなってしまうわけではありません。

第1室「生命の室」にある惑星

太陽　若年にして人生を開くことを示します。自信が強く度量も大きく、野心的で権力を愛します。対外的に活躍しようとする意志があり、第三者の公然たる反対さえなければ進んで主導的立場を取ります。10室に吉兆があり、加えて他の惑星からの吉座相の援助があれば、人生は幸運へと軸を向け、若くして自己の存在を世間に認めさせることに成功するでしょう。困難を克服する能力があり、独立創業に幸運です。凶座相があると、物事の開始に際して確信を失い、後になってから後悔する傾向を生じます。

この生れの人は、自己の存在理由を自らの自画像に求めます。そのため、自分自身への期待は特に大きいと言えるでしょう。高名となり、高評を得ることを示す太陽位置ですが、自己依存の念が強いため、エネルギーの消耗が大きいことに注意を要します。

月　数奇な運命をたどることを示します。敏感で空想力に富み、多くは内気で平和な人柄ですが、環境の変化を好み、新しい活動分野を求め、常に新鮮な感情を慕って前進するため、人生そのものも変転に富んだものとなりやすいでしょう。大衆社会に馴染みやすく、一般相手の商売や取引に幸運です。凶座相があると、肉体的な面から気分を停滞させたり気の進まないことが起こります。

この生れの人の人格の発展は、情緒面に絞られています。言葉より感情による自己表現を好み、プライバシーや秘密の事柄に優れた感覚もあります。男性は女性に尊重されやすく、特に女性は美しいということが幸福に重要な役割を果たすでしょう。

水星　鋭敏な体質と優秀な機知を持つことを示します。容貌は若々しく、落ち着かない人柄ですが、弁舌さわやかで質問好き・研究好きな精神を持ち、相当な知的発明の才もあります。人との頭脳的な接近に成功しやすく、知的・精神的な職業分野に有望です。実利的なタイプの人は、商業的才能があって良き商人となります。凶座相があると詭弁や策略が多くなり、必ずしも信頼できる人物とはなりません。

金星　美貌と人好きのする魅力的な個性を与えられていることを示します。素直で詩情を愛し、音楽や芸術に調和する性質を持ちます。この生れの人は、人生を自他ともに愛で潤そうとします。慰安や娯楽に心が傾きやすく、安楽な生活を求めがちですが、公正な感覚と交友関係を大切にする性格を持つため、社交に成功をおさめ、社会に輝いた存在となります。異性に愛されやすく、人の愛顧と援助によって人生を支えられるでしょう。凶座相があると、浮気な性質が現れ、道徳的な問題に関したことで堕落しやすくなります。

火星　精力的で勇気と活動力に富み、好んで困難な道を選んで進むことを示します。危険に頓着せず激務にひるみません。競争心が強く熱心な企業精神を持ちます。積極的なビジネスに成功しやすく、人生の早期に頭角を現します。正義感の強さは誉めるべきですが、反抗心と過度に闘争的になりやすい傾向に注意を要します。この生れの人にとって、克己心を持つことは成功への大切な要素となります。凶座相があると、不慮の事故や急難を招きます。

木星　属望される賢明な人柄と誠実さ故の早い出世を示します。寛大で高尚な気質を持ち、難事業に対しても楽観的希望を失いません。慈悲深く宗教心があり、援助的な性格で、誰に対しても信頼できる友となり、公共事業や福祉団体に気前良い後援者となります。この生れの人の知力が信念によって深まれば、正義を行う決意は非常に高度な力となるでしょう。凶座相があると、やり過ぎを生じたり、欠陥だらけの行動の多い人となりがちです。

土星　長期の忍耐と禁欲的努力による成功を示します。人生の早期に物質的・肉体的なハンディを負っていることもあり、若くして責任を負う身となり悪戦苦闘します。遠慮がちな性格で、心は憂鬱で抑圧されやすく、人生に孤独と抵抗を感じることが多いでしょう。しかし、性格は概して冷静で注意深く、任務に忠実です。もし強い性格の人であれば、困難はむしろ成功への拍車となります。凶座相があると、利己的で名利に専心しがちな性格から、社会から信任や人望を得ることが難しくなります。

天王星　他人の歩いた道をたどることを好まず、独自の道を選んで進むことを示します。人目を引く異常な個性と独立的な生活方針を持ち、共同生活に適しません。聡明で独創的な才能を持ちますが、偉ぶる気分が強く、自分の変わった性格を誇示したがります。風変わりな知的趣味を持ったり新しい思想に傾倒しやすいでしょう。また、個人的自由を強く求め、自分の好みでライフ・スタイルを簡単に変える傾向を持ちます。凶座相があると、型にはまらない性格から孤立しやすくなります。

海王星　夢幻的な性質と自己を空想の中に没頭させた生活方針を持つことを示します。繊細でひ弱なムードがあり、他人の世話になりがちです。美的・霊的な事柄に鋭敏な感覚があり、吉座相によって強化されていれば直感が文学や芸術的な職業に有効に生きます。不注意で他人を拒絶できない性格のため、人に利用されたり、詐欺や陰謀によって人生を危険にさらしやすいでしょう。凶座相があると、自己を空虚にし、心身の消耗や放浪の人生を招きます。

冥王星　独自の人生観に生きることを示します。支配力が強く、自己本位に世渡りし、他人に屈従することを嫌います。自己の優位を保持したい願望があり、そのため守勢の強さに抜群のものを持ちます。徹底的な訓練と直接的な体験によって才能を開花させ、逆境からでも人生を上昇させる潜在的パワーがあります。この生れの人は人生上で不可思議な人格の変容を遂げたり、前半生と後半生が１８０度変わるような大転換を経験するでしょう。凶座相があると、冷酷無残に対立者を亡ぼすか、自滅的行為に走ります。

ドラゴン・ヘッド　他の人々を規制したい欲望があり、組織作りに熱心です。共同一致を推進していく力があり、団体の中で主導権を握ることに成功しやすいでしょう。個人ばかりでなく、人格的な集団の教養や社会的水準を高めることにも努力します。

ドラゴン・テイル　生涯を通して苦難の道を歩むことを示します。従って、失敗したり不評判を被りやすい運命を持ちます。眼や顔に危害を受けやすく、特に人生の早期に危険が集中しやすいでしょう。

パート・オブ・フォーチュン　物事を獲得する兆しがあり、本人の生来の努力によって幸福を勝ち取ります。金星か木星の吉座相があればよりすばらしい幸運に恵まれますが、土星か火星の凶座相があれば、その徴候は奪われることになります。

第2室「金銭の室」にある惑星

太陽　物質的な成功と、財政的な事柄に関しては有望であることを示します。この生れの人は、自分や自分が世話する人々のために安全に金儲けをすることを考えます。金銭に換算できるような価値に対して優れた感覚を持ち、資金運用の才もあります。また、金銭取得には高位者の援助が加わるでしょう。凶座相があると、金融上の取引で見込み違いをしたり、投機による損失を生じます。

この生れの人は、無意識のうちに自己の存在価値を自分の所有物で計ります。金銭に対しては自由で寛大でもあり、娯楽や慰安、交際のために支出することを意にしません。その反面、貧苦や欠乏は、この生れの人の自信と誇りを砕いてしまう怖れと弱さを持っています。

月　財政上の変動が多く、収入に波があることを示します。金運は一般大衆や女性に関した仕事から得られ、人気が上がると収入も好転します。困った時には友人から援助の手が差しのべられます。凶座相があると、低級な人々に誤った信頼を置くことから損失を招きます。従って、第三者と財政的な問題で係わりを持つことは避けねばなりません。

この生れの人の情緒は、多く物質に密着しています。贈り物やボーナスを喜び、快適な住居を手に入れ、ゆったりとした暮らしができれば幸福を感じます。その反面、経済的な心配や不安定は、この生れの人にとって愛情生活にまで響く問題となる怖れがあります。

水星　頭脳的な職業による金運を示します。金銭取得については知的・合理的な手段に頼り、商工業や組織的な活動を通して利を生もうとする気持ちを持ちます。また、経理事務や銀行業務など直接現金を扱う仕事に熟達できる能力があります。座相次第では講演・執筆・教授などサイドワークによる副収入も期待できるでしょう。凶座相があると、以上に関して不正や浅薄性を生じます。

金星　財政については満足できる状態を持てることを示します。この生れの人は、精神と物質の両方を満足させられる職業に愛着を感じます。愛想良く駆引き上手なため、社交や交際を通して有利な経済的環境を作ることに成功します。一般に美に関した職業や、装飾品を扱う商売に利があります。資産については非常にと言うほどではありませんが、それ以上に快適な生活と贅沢を味わうことが可能です。凶座相があると、衣服や快楽のために浪費します。

火星　右手で稼いで左手で失う金運と言われます。金銭取得については性急で、能率良い金儲けを好みます。高収入を得るための職業としては、活動的であるほど有利な肉体労働や、または攻撃的な販売業務が上げられます。吉座相があれば、大奮闘のすえ財産作りに成功できるでしょう。凶座相があると、信念をもって投資した事業が失敗に終わったり、無分別な投機によって財産を失います。

木星　富の増加と投資の成長を示します。健全な財政手腕があり、正当な報酬や所得である限り最高の経済的繁栄を望めます。収入については専門職や大学教育が有利な環境を作ります。また、財力によって良い地位を得られます。吉座相があれば、財産相続など法的手続きによる富の増強も期待できるでしょう。この生れの人はだいたい贅沢で、社交や快楽を好みます。凶座相があると、以上のことから誤解されたり妬みを受けます。

土星　金銭の取得には困難が伴います。この生れの人はだいたい倹約家であり、財政問題にも思慮分別が働くほうですが、財産の蓄積には年数を要します。概して成功の機会は遅れやすく、貧苦に悩むとすれば、必要な努力を怠りがちな本人の態度に原因があるでしょう。凶座相があると、財政に関して深刻な問題が生じたり、財産を管理する能力を失います。吉座相があれば、後半生になってから清貧ではあるけれど、快適な生活が約束されます。

天王星　予測不可能な金運を示します。経済環境の急変が起こりやすく、特に順風が止まった時に予想以上の損失となるようです。また、気まぐれな財政計画の変更によって危機を招きます。収入は特殊な研究や自分が発明した仕事、あるいはそれに類した企業や投資によって得られます。凶座相があると、金銭問題に対して異常なほどクールで冷たい態度を取り、それが訴訟事件の原因を作ります。

海王星　虹か霞のように当てにならない金運を示します。この生れの人は、何かの圧力から逃れる自由を買う時だけ金銭の必要性を認めます。財政的な知識や経済的な手腕にも欠ける傾向がありますが、吉座相があれば外交能力を物質的な目的の達成のために生かせます。収入は直感や想像的・感覚的な職業から得られます。凶座相があると、詐欺にかかったり欺瞞によって財産を失います。

冥王星　富への熱望を示し、金銭がこの生れの人の意識の焦点となります。経済的可能性に対する鋭い洞察力があり、吉座相があれば利益集団への接近か、その権益を握る人物との接触を通して有利な経済環境を築けます。金銭取得については手段を選ばないため、一時は巨億の富を築くことが可能です。凶座相があると、正当な方法によって得られた財産でない限り、一切の財力を失います。

ドラゴン・ヘッド　他人を通して個人的に進歩しようとする願望を持ちます。永久堅固な結合を求め、共同や同盟を強化したり保存することに努力を傾けます。地方自治体などの公共団体の建設と展開をまじめに助成しようとする意欲を持ちます。

ドラゴン・テイル　財政的には不運であるという前提に置かれます。負債を背負わされる傾向があり、財産についても損害を受けやすく、とかく金銭に関する限り困難や失敗が多いでしょう。

パート・オブ・フォーチュン　地所や私有財産に恵まれやすく、それらを通して幸運がやってきます。仕事運も良く、職業上の友人や事業仲間からさまざまな援助や利益保護が与えられます。

第3室「知識の室」にある惑星

太陽　知識の普及と教育を改善しようとする抱負を持つことを示します。観察力が鋭く研究好きな精神を持ち、科学や文学の分野に才能を生かせます。吉座相があれば文筆上の名声が期待できるでしょう。高級な人物との知的接触に成功しやすく、精神的支持を得ます。兄弟や近親者との関係は親密で、思想的同調者も多くその中から現れます。凶座相があると、交際に関して誤解や心配を生じます。

この生れの人は、自分自身を評価する時、とかく知識に重みを置き、信頼しすぎる傾向があります。言語、これが教える時でも学習する時でも最も重要で、適性から言っても自分の生き方を語ったり著述することに才能があります。

月　空想的な心を持ち、新奇な知識や経験を求める気持ちが強いことを示します。特に人生の初期に移転や旅行が多いようです。気まぐれな思いつきが多く、仕事や研究を変えやすいことが人生上で回り道をする結果を招きがちですが、天性の楽天主義とユーモア精神でよく困難を切り抜けます。凶座相があると、初等教育に支障が生じたり、旅行に際して妨害が起こります。

この生れの人の心の健康は、多くの人々と語り合い、学び、教えるコミュニケーションによって保たれます。従って、孤独な立場を避けなければなりません。好奇心が強く詮索好きでもあり、限定すれば落ち着かない人柄となっていくようです。

水星　この位置の水星は、頭脳労働に対する優秀な能力を授けます。多角的な知識欲と研究心があり、宣伝・情報・報道関係のニュースに旺盛な興味を示します。能弁で忙しい心質ですが、動的な技能があり、それが実際的な業務に役立ちます。座相次第では教育関係の仕事にも適するでしょう。凶座相があると、精神的な疲労が神経系統に悪い影響を与えます。

金星　良い趣味と調和のとれた感覚を与えます。洗練された知力が正しい評価と社会的向上をもたらします。文学・音楽・美術の研究が文学的・芸術的な仕事に役立ちます。吉座相が多ければ、談話と著述に非凡な才能を持ち、それが交際上に利益を招きます。訪問や外出を好み、社交の機会を作って楽しみます。兄弟仲は円満で、特に同年輩の親族と調和しやすいでしょう。凶座相があると、親しい人から反対を受けたり、異性の友人に対して友情と恋愛の区別がつきにくくなります。

火星　闘争的な精神といくらかの利己主義を与えます。着想は大胆ですが、議論を拒まず自分の所信に熱心なため、これが紙上論争や訴訟問題にまで発展することがあります。

この生れの人は悪に打ち勝つ善の力を信じます。青年期は権力に反抗しがちですが、年齢とともに現実の法則を認めるようになります。親戚関係は順調でなく、近親者との争いが多いでしょう。凶座相があると、高貴な性質と低級な性質との間に葛藤を生じたり、旅行中に事故を引き起こしやすくなります。

木星　健全な洗練された精神と哲学的な気質を与えます。この生れの人にとって、高度の学識と教養を修得することは、精神的才能の発展と人間性の完成のために大きな要素となります。言葉数を惜しまぬ親切な説話者となり、教育・文筆・マスコミの分野での成功が望めます。旅行は安全で、近親者とは愉快で利益のある関係が結ばれます。凶座相があると、誇張癖のために友人の信頼を失います。

土星　優れた精神集中力と純粋な思想を与えます。心は瞑想的で統一がとれています。言葉は簡潔でよく沈黙を守る人となります。この生れの人が先生であれば公平でかわいた性格であり、学生であれば熱心な勉強家で、真面目な努力によってよく困難な試験にパスしていきます。親族関係は冷たく、兄弟による苦労もありがちです。凶座相があると、初期の教育や経験のチャンスが不足したり、旅行中の病気や損失を招きます。

天王星　直覚的な知力とエキセントリックな思想を与えます。奇行癖があるとも言われ、突飛な言動の多い人となりがちですが、教育によって調整が可能です。ドラマチックな口演家となり、文章にもオリジナリティがあります。考案と発明の才があり、研究も異常な題材を好みます。血縁者とは気が合わず疎遠になりがちです。凶座相があると、以上の事柄に関して紛争を生じたり、旅行中に奇妙な事件に遭遇します。

海王星　敏感な性質と直感的な知力を与えます。情緒を理解し即興的な話術に巧みです。神秘や霊的な事柄に興味を持ちやすく、虚偽や策略に通じる才能もあるようです。吉座相が多ければ、たくましい想像力が空想的な著述に生きるでしょう。兄弟や親戚は失望をもたらす場合が多いようです。凶座相があると、妄想的な心理を生じたり、自分の考えを明確にする能力を失います。

冥王星　創意とアイディアマンとしての並々ならぬ才能を与えます。知識の評価力があり、他人の思想に対する分析的な関心が旺盛です。攻撃的な心を押し殺した冷静な聞き手となり、秘密主義的な面もあります。吉座相があれば、建設的な意図に添った仕事や研究での成功が見込めます。血縁者とは接触がなくなりやすいでしょう。凶座相があると、激情のままに人をけなすことから交際に断絶を生じます。

ドラゴン・ヘッド　多芸多才な集団との接触を通して有望なアイディアを探したり、兄弟や親戚・隣人との交流を通して教養を得られます。短期間ながら他人と連合したり共同するチャンスに恵まれます。交際は概して表面的な付き合いとなりやすいでしょう。

ドラゴン・テイル　他人との交流に精神的な心配が伴うことを示します。兄弟や親戚・隣人を通しての苦労があります。旅行に出れば、多く不適当なことが起こります。

パート・オブ・フォーチュン　知的な事柄を通して幸運が訪れます。旅行による利益があります。人好きのする性質を持ちやすく、正直で誠実な人柄が存外、人に買われるようになります。

第4室「家庭の室」にある惑星

太陽　家督の相続人として一家の中心的存在となることを示します。成長期には両親との関係が順調でなく、若い時代に多くの志望を持ちますが、現実の社会生活には挫折しやすいでしょう。父親は財産の有無にかかわらず立派な生き方をしていることが多いようです。吉座相があれば、両親の片方から固定した収入を得られますし、晩年に名誉を得、平和な生活が実現します。凶座相があると、自分の資本を増やしたり相続財産を守る能力を失います。

この生れの人は、自己の存在理由を家庭や家族との関係に求めます。女性は優秀な主婦となり、一生の間、家族の中心に太陽のように輝きます。男性の場合は、家庭生活に生き甲斐を見出しやすく、晩年の安定を考えて働くと良い結果を得られるでしょう。

月　幼少期が母親の大きな影響で占められていることを示します。人生の初期に住居の変化や家族の離散を経験することが多く、早くから独立して生活します。その一方では、心深く両親に対する愛着や郷土愛を持ち、家系や先祖に関した事柄に興味を覚えます。吉座相があれば、土地や建物による幸運が期待できます。凶座相があると、母親についての心配を生じたり、予想しない人々から物を盗まれたりだまされます。

この生れの人の生活は、情緒的にも家庭に中心が置かれているようです。家族みんなに居心地の良い住居と豊かな食事を提供しようとし、そのために働くことに幸福を感じます。最終的には自分のルーツの近くに留まることによって心の安定を得るでしょう。

水星　この位置の水星では、職業上の理由によって住居を変えやすいことが上げられます。特に子供時代に家庭環境の変更が多く、この記憶が成長後も移動したい欲求として残ります。一般に物を集める商売や外国との商事に良く、家庭内で実行できる頭脳的な仕事に利があります。吉座相があれば、自分の財産を管理することから最終的に利益を得られます。凶座相があると、自分の探し求めるものを発見できず、どこにも平和はなく、家庭内に精神的な苦痛を持ち込みます。

金星　子供時代の幸福を示します。母親か、それにかわる人の愛情がこの生れの人の人格の形成に貢献していることが多く、この記憶から自分の愛の対象となる人を暖かくもてなすことに喜びを覚えます。家庭環境を美しく飾ることを好み、室内装飾に良い才能を持ちます。家族関係は概して円満で、吉座相によって強化されていれば親族から遺産を相続できるでしょう。晩年も楽しい追憶に満ちた余生を送ります。凶座相があると、報われぬ愛情を抱き続けます。

火星　家庭生活の不和と苦労を示します。心理的傷痕を残すような無情で苛酷な家庭に育ちやすく、そのために若い時代に生家を離れ、世間に出ていこうとする意志を持ちます。不動産の損失や、火災や盗難による損害もありがちです。良い意味としては、土地や建物の投機的利用が上げられます。生涯の希望は終局になって達成されます。老年になってもなお活動的な人生ですが、凶座相があると、晩年にトラブルを生じたり災難に見舞われます。

木星　過保護気味の家庭環境とは言え、両親からの精神的・物質的恩恵は十分に期待できます。概して大家族を持ちやすく、必然的に広い住居を求めます。また、この位置の木星では故郷における成功と不動産による繁栄が見込めます。晩年も裕福な生活を送りやすく、宗教によって精神的な満足を得られます。凶座相があると、財産を浪費するか、家族に関した事柄で法的な紛争を生じます。

土星　家庭から起こる困難を示します。厳格で束縛の多い家庭環境で育ちやすく、両親から過重な負担や責任を負わされます。少なくとも若年期は意気消沈することが多く、なかなか人生の意義を発見できません。成長後の家庭生活も冷たいものになりがちです。晩年期の不安と苦労もありがちですが、吉座相によって強化されていれば土地や家屋による利得が望めます。

天王星　家庭内の紛争と家庭環境の急変を示します。異常な家庭的情緒の中で成長期を送りやすく、両親は離婚している場合もあります。本人の性格に原因して相続を破棄したり、家族と別居することもありがちです。吉座相があれば、異常ではあるけれど魅力的な家庭的背景を持ちます。凶座相があると、人生の終末期になって生活の困難や貧苦など予期しない不幸の兆しが現れます。

海王星　家庭が複雑か、家系の中に秘密の背景があることを示します。代理の家庭を持ったり、養父母に育てられることもありがちです。孤独で夢見がちな少年期を送りやすく、この記憶が成長後も放浪生活に憧れる心情を残します。吉座相があれば、強い心の絆で結ばれた理想的な家庭を持てるでしょう。晩年期は収容されるか世間から退いた隠遁生活を送ります。

冥王星　家庭の破壊を示します。わがままで残酷な親を持つか、両親の争いか、いずれにしても情緒的な嵐の吹き荒れる家庭環境で育ちます。成長後も感情的な犠牲を余儀なくされた家庭生活を送ります。凶座相によって甚だしく損なわれていれば孤児になることもあり得ます。不動産や相続権なども奪われがちですが、吉座相があれば失われたものを取り戻し、家を再興できるでしょう。晩年は権力を得たとしても、孤独の心境が募ります。

ドラゴン・ヘッド　生れ故郷に縁があり、両親を扶養する義務を負います。家族との間に強い霊的・精神的な共鳴があります。現実的には、家督や相続の問題を通して親戚たちと不仲に導かれやすいでしょう。

ドラゴン・テイル　土地や建物についての紛争を持ちやすく損失することを示します。他人の尊敬や信用に危険があり、家督を蕩尽《とうじん》したり被相続人の生活についての騒動がありがちです。結果として、家族との仲にも不和を持つことになります。

パート・オブ・フォーチュン　地球から生産されるものや、大地に隠された財宝（金属や鉱物の意味）によって幸運がやってきます。相続による物質運があり、安定した家督運に恵まれます。

第5室「創造の室」にある惑星

太陽　人生の感動的な体験を求める願望と、娯楽を愛する性質を持ちます。パーティやステージ活動を好み、社会的な祭典や祝賀行事に強い熱意を示します。投資の対象としては、演劇・舞台・ショウビジネスが魅力ある分野となります。豊富な恋愛体験を持ちますが、真剣に愛するというタイプではありません。凶座相があると、投機や情熱に関して時期を早まったり、子供を持たない結婚を示します。

この生れの人は、自己の存在理由を創造的な人生活動に求めます。従って、冒険的な企業やリスクを伴う投資に人生の焦点が当てられます。ロマンスや情事に有利とされる太陽位置ですが、反面、子宝には恵まれにくいでしょう。

月　大衆社会に接触する職業を持ちやすく、子供の教育や女性に関係した事柄で世間的な成功を収めます。吉座相が多ければ、投機や勝負事にも運があります。月の星座が牡牛座か天秤座であれば、芸術的な創造活動に個人的な才能を生かせます。移り気な性質を持つため、恋愛遍歴が多くなりがちです。子供のうち誰か一人は有名人となるでしょう。凶座相があると、他の人々に軽率な愛着を持つことから失望を招きます。

この生れの人は、情緒的な喜びに楽しみを覚えます。この生れの人の愛は涙によって揺り動かされ、高揚します。幸福は愛情・恋・子供に関してで、人生は異性を愛し愛されたい願望で貫かれていると言えるでしょう。

水星　精神的な喜びを味わうこと、快楽・賭け事・遊びに心を奪われることを示します。言葉や文字に対する感覚が強く、吉座相によって強化されていれば演劇や創作に良い才能を持ちます。投機については当てになりません。むしろ失敗のほうが多いようです。不安定な恋愛をしやすく、凶座相があると常に恋愛事件が絶えません。聡明な子供を持ちますが、凶座相によって損なわれていれば子供に難問が生じます。

金星　芸術的な趣味や教養的娯楽を愛好することを示します。社交界に進出しやすく、劇場や娯楽場に出入りして楽しみます。この生れの人は、芸術的・音楽的な仕事に携わると幸福を感じ、創造性を発揮できます。異性から楽しみを与えられやすく、吉座相があれば恋愛は幸福と成功をもたらします。奇麗で可愛らしい子供を期待できるでしょう。凶座相があると、仕事に心から熱心に取り組まない人となったり、恋や投機に関して健康と金銭を失います。

火星　スポーツ競技や闘争的な娯楽を好みます。快楽の追求によって精力を浪費したり、投機で財産を失います。良い意味では、新しい可能性に対して明敏な洞察力があり、企業の開始と実行に際して強い胆力と勇気を持ちます。吉座相があれば、積極的な企業活動によって高度の経歴を得られます。また、若い人達に対して優秀な指導精神を持ちます。異性問題については不幸な予兆があり、邪恋となったり不義の異性関係を生じやすいでしょう。自分の子供とは不和になりやすく、子供に関して家庭的な紛争を招きます。

木星 この位置の木星は、一切の創造的な活動に喜びと幸運を授けます。イージーな娯楽や戸外スポーツを愛好し、文化や芸能に対する良い理解力もあります。吉座相があれば美術や文学の分野で成功し、幸福になれるでしょう。社会的に発展しやすく投機による利益も期待できます。求婚に成功しやすく、多くは宗教を同じくする人と結ばれます。子供は健康で温順な性格を持ち、子供達によって繁栄を招きます。凶座相があると、すべてに度を過ごすことから危険を招きます。

土星 勝負・娯楽・運動についての失敗と、恋愛事件での失意を示します。企業や投機も多くは逆運に遇いがちですが、吉座相があれば慎重に考慮したうえでの出資に限って成功を望めます。また、土地や鉱山・不動産に関係した事柄には官公庁の支援があります。年上の人に愛着を持ちやすく、また年上の人々に好かれやすいでしょう。恋愛や子供に対しては真面目な態度と責任を持ちます。凶座相があると、不幸な障害による恋愛の挫折や、子供を失う悲嘆もあり得ます。

天王星 通常月並みなことには興味を示しません。相当な発明の才能と創造能力もありますが、風変わりな道楽を持ったり、倒錯的なアバンチュールを求めやすいでしょう。社会生活に対して自由奔放な見解を持つため、それが家庭生活にも微妙な影響を与えます。インモラルな愛情関係に惹かれやすく、情事に関して危険なこともありがちです。凶座相があると、恋愛は突然に終わります。良くも悪くも異常な子供を持ちやすく、子供の出生についての苦労や子供との別離もあり得ます。

海王星 趣味に独特の好みを持ちます。精神性の強い審美的な雰囲気を愛し、芸術・音楽・演劇に対する鋭い鑑賞力もあります。吉座相があれば、海に関した事業や、酒・オイル・芸術に関した投資で利益を得られます。秘めた情事もしばしばですが、恋人を実際以上に理想化するため、愛情問題での失望が多いでしょう。凶座相があると、恋愛事件で混乱を生じたり、子供に関して奇妙な出来事が起こります。

冥王星　死と隣り合わせになるような事柄に生きる喜びを見出しやすく、趣味・娯楽・恋愛についても危険が大きいほど楽しみを増すようです。実験精神とともに演劇的才能があり、ステージ上でも社会的にも別の人格を創造することが可能です。良い意味では、投資信託に対する鋭い観察力があり、吉座相があれば非凡な投資能力を発揮できます。凶座相があると、投資に関して一挙に幸運を失ったり、愛する者に対して変質性を生じます。

ドラゴン・ヘッド　大きなパーティや宴会・祭りに招かれる機会が多く、本人もそうしたものを好みます。社会的な人気を勝ち得る能力と組織力に恵まれています。反面、華美を好み浪費したり、他人とともに投機や勝負事を楽しむことに熱中しやすいでしょう。

ドラゴン・テイル　すべてにおいて否定的な結果を暗示し、突如として不可抗的な欠乏が訪れます。生涯を通して逆境に遇いやすく、生れついての十字架を背負わされます。極端に不規則な生活や快楽好きな性質が非常な害を与えます。

パート・オブ・フォーチュン　投資や子供によって幸運を得られます。年若い人々から楽しみを与えられやすく、子孫によって人生上の繁栄が築かれます。凶座相がある場合は、娯楽や投機によって損失を招いたり、幼少期に幸運を失いやすいでしょう。

第6室「勤務の室」にある惑星

太陽　他人の監督下で働くことに適した性質を持ちます。適性としては、官公吏や公職、会社実務、保健衛生関係の仕事が上げられます。吉座相があれば、本人が支配できる範囲で経営力を発揮できます。凶座相があると、上位者の嫉妬や目下の非協力を招きます。健康上には不利な位置なので、凶座相によって損なわれていれば病気の回復力が弱いでしょう。身体的には、心臓と循環器系統の病気に注意が必要です。

この生れの人は、自己評価を、自分がどれだけ有用で現実に役立つことをしたかによって定めます。自分が所属する組織社会に貢献しようとする奉仕精神が、きわめて強い性格とも言えます。従って、この生れの人にとって自分自身が怠慢であることは、狂気に追い込まれるほどの挫折感を与えられることになります。

月　奉仕的な職業や公共性のある仕事に適した性質を持ちます。吉座相があれば、保健衛生に関した世間的な仕事で利益を得られます。全体が弱いホロスコープであれば、人に使われる立場のほうが安全でしょう。健康については順調でなく、特に幼年期は身体が虚弱です。凶座相があると、目下や使用人の移動が激しくなりますし、本人の体調も不安定になります。身体的には、胸部疾患や胃腸障害に注意を要します。

この生れの人は、自分自身の幸福を仕事に置いています。女性であれば、その必要がなくても自発的に職業を持つことによって自分の能力を伸ばしたいという欲求が、きわめて強い人と言えるでしょう。男性の場合は、特に女性との共同作業を好みます。

水星　頭脳労働者としての優れた能力を与えます。職種としては経理や文書事務・秘書・研究助手など、知的熟練を生かせるほとんどの業務が上げられます。会話に説得力があり応対に巧みなため、セールス関係にも向くでしょう。凶座相があると、仕事に意味を失ったり、目下の者から迷惑を被りやすくなります。身体的には、心労から起こる神経的な失調や、腸疾患に注意を要します。

金星　自分の趣味や好みに合った仕事であれば、働くことに喜びを見出せます。人を援助する用意があり、他人との調和を考えて働くため、雇用主とも使用人とも円満な関係を保てます。職種としては、服飾・装飾・美容・金融関係など、豪華で豊かなムードのあるものが上げられます。健康はだいたい順調ですが、凶座相があれば病気の再発に注意を要します。身体的な弱点は、咽喉と腰部・腎臓です。

火星　勤勉かつ熱心な働き手となることを示します。物事の処理に巧みで相当な管理能力もありますが、主従関係については紛争が多いでしょう。10室にある惑星から吉座相を受けていれば、大企業に関係するより中小企業でヘッドの位置に就くか、独立したほうが有利です。職種としては、金属・機械工業、あるいは直接的に肉体を駆使する重労働が上げられます。凶座相があると、人扱いが苛酷なことから使用人の盗意や目下の反抗を招きます。身体的には、過労や作業中のけが、熱病や炎症性の病気に注意を要します。

木星　主人としても使用人としても幸運で、信頼できる雇用主、忠実な使用人に恵まれます。この生れの人は、苦汁を伴う困難な仕事でも責任感をもってやり遂げます。仕事は常に豊富にあって儲かります。職種としては、地方回りの仕事や戸外で働く職業が上げられます。また、座相次第で治療家としての素質を持ちます。健康は概して良好ですが、遊びや飲食が過剰になりやすく、節制しなければ肥満や痛風、肝臓疾患に悩みます。

土星　職務に対して熱心さと強い責任感を持ちますが、独占的でもあるため他人との共同作業に向きません。部下や使用人の扱いかたが下手なため、雇用関係に困難な問題が起こります。この位置の土星は、忍耐強く長期の事柄に取り組む場合のみ良い結果を得られるとされます。吉座相があれば、最終的に管理職や責任者の地位を得られるでしょう。身体的には風邪から起こる慢性病や、皮膚・骨・関節の疾患に注意が必要です。

天王星　特殊技能や専門知識を生かせる職種に適します。鮮明なプロ意識もありますが、妥協を知らないために企画の段階で困難を生じることが多いようです。孤立した環境で独自の考えで進めていける仕事のほうが有利でしょう。吉座相があれば、考案や科学的な発想が仕事に役立ちます。凶座相があると、人に使われることに適さず、転職が多くなりがちです。健康の調子は乱れやすいでしょう。診断困難な原因不明の病気に悩まされやすく、神経的な不調にも注意を要します。

海王星　この生れの人は、犠牲的な奉仕を必要とする職種に適します。仕事に怠慢なことや、物事に対して具体的な計画を持たないことが失敗を招きます。吉座相があれば、直感や想像力を生かせる感覚的な仕事で成功を望めるでしょう。凶座相があると、使用人の不正や背任、あざむきに悩まされます。身体的には、化学療法を要する感染疾患に弱いようです。中毒症や消耗性の病気にも注意を要します。

冥王星　この生れの人は、十分な報酬を期待できる限り、危険を伴う職業や人が忌避するような仕事にも従事できます。仕事に対しては強烈な奉仕性を持ちますが、社会的には人知れぬ形で貢献することが多いでしょう。良い意味では、人間性に対する優れた判断力があり、心理操縦に巧みな能力を持ちます。凶座相があると、使用人の失踪や持ち逃げに遇う怖れを生じます。身体的には職業病や公害病、生殖器や泌尿器系統の病気に注意を要します。

ドラゴン・ヘッド　他人と共同して働くことに恵まれます。科学的な団体を通して、教授することや研究課題を探求することに関係を持ちます。余計な批判や口やかましさによる不和不仲を起こしやすいでしょう。

ドラゴン・テイル　生れつきさまざまな肉体的な悪影響に苦しみます。使用人や部下に悩まされたり、小動物によって傷害を受けます。虫に刺されたり、動物に咬まれることから病気にかかる危険があります。

パート・オブ・フォーチュン　雇用される仕事や雇い人、小動物によって幸運を得られます。健康と正しい生活習慣が幸福のもとになります。伯父伯母から保護や援助を与えられやすいでしょう。

第7室「協同の室」にある惑星

太陽　結婚や協同事業による財政的繁栄を示します。協力者やパートナーの多くは第一級の社会に属する人々で、陽気で快活な性格の持ち主です。この生れの人は、局外者に対しては権力を示威する態度や、表面的な礼儀正しさの中に彼らの感情を隠します。凶座相があると、嫉妬心を持つ競争相手が現れたり、権力者を敵に回す危険を生じます。配偶者や共同相手の利己主義のために、結婚生活は失敗し、協同事業も衰亡を招きます。

この生れの人は、他人との協力関係を通して自己の存在を証明しようとします。この生れの人にとっては、離婚を人生の敗北と考えるほど、結婚が重要な意味を持っています。男性にとっては社会生活が本来の結婚生活よりも重みを持ちますが、世間に誇示し得るような結婚が、本人の社会的地位の向上に役立つことも事実です。女性の場合は、特殊な才能の持ち主であれば独身でいたほうが有利とされます。結婚すると、女性としては最高の栄誉を得られても、人間としての能力は夫を有名にし、成功させるためだけに捧げられてしまうからです。

月　世間一般からの人気に敏感な性質を与えます。対人関係は密接で、吉座相があれば、人望によって広く一般的な取引に成功するでしょう。凶座相があれば公共上の敵を持ちます。結婚相手の選択には気難しく、結婚生活そのものも不安定になりがちですが、吉座相があれば良好で利益のある結婚に恵まれます。凶座相があると、第二の結婚のために第一の結婚を解消しなければならない、などの複雑性を生じます。

この生れの人にとって結婚は情緒生活の中心にあり、最大の幸福の源であるとともに最大の悲しみの源ともなるでしょう。これに比して、政治や結社についての問題は、人生でそれほど重要な部分を占めてはいないようです。

水星　他人との知的・精神的な交流が求められていることを示します。協力者の多くも知力のある人々で、相互に便益や恩恵を提供し合う気分で結ばれます。吉座相があれば、報道・出版・

運輸関係の仕事に成功を望めます。凶座相があると、教育や道徳に関した問題や、社交的な事柄で意見の相違を生じます。結婚相手には、若々しく機知に富んだ話好きな人を求めます。凶座相があると、無意味な小さい争いや苦情が多く、結婚生活に心痛と煩悶を招きます。

金星　この位置の金星は、他人と円満に生活していく能力を与えます。吉座相があればすべての協同関係に良く、争いの平和な解決と政治的な幸運も加わるでしょう。結婚相手は美しくて魅力的な人であり、結婚は夫婦の人間的幸福と物質的利益をもたらします。この生れの人の感情は強烈で忠実であり、自分の愛の対象となる人を惜しみなく賞讃し、尊敬します。また、愛情問題を通して人生に良い感化を受けます。凶座相があると、これらの献身も忘恩と裏切りによって報われることになります。

火星　闘争と反対を伴う、不幸な情熱的な結婚を示します。結婚相手は精力的な強い性格の持ち主です。女性は夫を支配しようとし、そのために結婚生活に口論が絶えません。男性の場合は、妻が家庭の中で主導権を握りやすいでしょう。皮肉と興奮が事態を悪化させやすく、凶座相があれば配偶者との離婚や死別もあり得ます。この生れの人は社交界や集団の中では活動的です。特に政治問題では情熱化していく積極性が見られます。職業上でも頑強な敵や法的な争いに悩まされがちですが、吉座相があればライバルとの協調が問題のすみやかな解決に役立ちます。

木星　相互協力し合うパートナーとして、すべての協同関係に成功と利益を招きます。社会的勢力のある友人や知人の助力によって職業上の成功を得やすく、また争いの後にも友情を保てる幸運があります。政治的な問題は有利に作用し、法律的な争いでも勝利が望めます。結婚相手は善良で忠実な性格の持ち主であり、結婚による社会的認知と富の獲得も期待できます。凶座相がある場合は、共同相手から損失を受ける怖れを生じます。時には配偶者に先立たれたり、数度の結婚を示します。

土星　協同事業や実業関係における失望と逆運を示します。結婚やビジネス上のパートナーは、この生れの人に重い責任と損失を持ってきます。政治や法廷における論争にも有利な展開を望めません。強い性格の人であれば、独力ですべてを遂行する実力を築き上げることによって困難を克服できるでしょう。この生れの人の結婚観の深刻性から、結婚も概して遅れる傾向があります。結婚相手は年齢や社会的階級が隔たっている場合もあり、配偶者の永続的な冷淡さから結婚生活も悲哀に満ちたものとなりがちです。吉座相があれば、相互の理解と信頼が、恒久的な絆を結ぶことを可能にするでしょう。

天王星　結婚生活や協同事業における予期せぬ急変を示します。対人関係にも永続性が見られません。敵対関係にある人から論争を挑まれたり、訴訟問題の相手と大騒動を起こしやすいでしょう。多くの場合、相手の異常な性格が本人を激昂させることになりがちです。この生れの人は、非公式結婚のような配偶者との間に情緒的自由のある結婚を求めます。吉座相があれば、環境の変化はむしろ快適で、パートナーは異常ではあっても魅力的な人です。凶座相があれば、夫婦の仲違いや、軽率な結婚による離婚の危機に注意を要します。

海王星　協同関係や結婚生活に奇妙な状態を持つこと、不自然な密約や隠された取り決めがあることを示します。すなわち、正体のはっきりしない相手との協同や契約に際しては十分な調査が必要です。この生れの人は、精神的・芸術的な人をパートナーに求めます。理想的な結婚を夢見ますが、現実には幻滅を味わうことになりやすいでしょう。凶座相があると、結婚の義務に対して怠慢なことや、背徳的な愛情関係によって結婚生活に危機を招きます。

冥王星　他人との協調と利害の衝突に対して優れた洞察力を持ちます。どのような相手とも交渉可能な外交手腕は、一種の政治的パワーとして働きます。結婚は相手の強引性や性的魅力に惹かれたものであり、従って、若い年齢での出奔や駈け落ちもあり得ます。結婚や協同のパートナーによって国籍や宗教・風習を変えられやすいようですが、吉座相があれば環境を支配する力を持ちます。凶座相があると、配偶者から故意に遺棄されたり、パートナーが理由なく消え去るなどの危険を生じます。

ドラゴン・ヘッド　社会的センスに優れ、他人との共存に適した共同性を持ちます。公衆の福祉や福利に関したチームワークにおいて、特別な表現がとれます。友情に恵まれやすく、公的な会合や宴会を通して人気を得られます。

ドラゴン・テイル　多くの圧制者を持ちやすく、競争者によって中傷が起こります。共同に困難を生じやすく、仲間との口論に悩まされます。敵によって破滅させられる危険があります。

パート・オブ・フォーチュン　異性との交際が成功につながりやすく、結婚や協同・契約によって幸運が訪れます。争いに打ち勝ち、敵を征服できます。凶座相がある場合は、すべての事柄は反対の結果を招きます。

第8室「遺産の室」にある惑星

太陽　人生上の栄達に精神的・物質的な遺産の力が加わることを示します。結婚後に財力が増すことが多く、吉座相があれば配偶者の才能によって発展したり、他人の財産の所有権を支配することに成功できます。凶座相があると、それらの望みも主張の根拠を失うことによって妨害されることになります。性的な事柄や死後の問題に対しては真面目な関心を持ちます。凶星によって損われていれば、惜しまれる死か、将来を期待した子供を失う危険を生じます。

この生れの人は、ある意味で宿命論者であると言えます。従って、戦って自分の目的を遂げるより、相続による地位や財産を期待する気持ちを持ちます。本人が自覚しない性的魅力を与える太陽位置でもあり、これを本人が武器としない場合は社会改革者として生きる運命にあります。

月　友人や近親者による遺産や形見を期待できることを示します。結婚後に生活が不安定になりやすく、配偶者や協力者の財政状態にも大きな変動があります。特徴としては心霊への興味と死後に関する思索を持つことで、ある人は人知れぬ神秘思想の持ち主となるでしょう。凶座相があると、これらに関して心理的パニックを生じます。死は公共上に関係し、旅行中の客死の場合もあり得ます。

この生れの人の情緒は、本能的・肉体的なものに限定されているようです。たとえば、死の危険を伴う冒険やスポーツ、セックスもこの中に入ります。それどころか、これなしには狂気になってしまうほど、単調な日常生活の繰り返しには耐えられない性格と言えます。

水星　霊魂の再生や心理分析に関したこと、古い書籍や文献研究に興味を持ちやすく、科学的・哲学的探求を好みます。この生れの人は不可視の世界に知性の光を注ぎます。吉座相があれば、科学的な研究団体に関係して利益を得られます。性的テーマについては、カウンセラーの素質を持ちます。特殊な意味では、若い人達に注目されやすいことが上げられます。凶座相があると、結婚後に小さい財政上のトラブルに巻き込まれたり、遺産や遺言に関して細かい面倒を生じます。死は多くの場合、病死です。

金星　富裕家の配偶者や共同者に恵まれやすく、結婚を契機に財政状態が改善される見込みがあります。また、財産の相続や引き継ぎは円満に行われます。この生れの人は、深刻で純粋な愛情に対して高い感受性を持っています。肉体による愛情表現を好みますが、純化されれば精神的な快楽が喜びとなるでしょう。趣味的に心霊術や降神術をもてあそぶ傾向もありますが、これらは神経組織に良くない影響を与えますので避けなければなりません。死の状態は通常死です。

火星　他人の財産や所有物を投機的に利用する才能を持ちます。共同者や配偶者の浪費もありがちですが、吉座相があれば失敗者の後を継ぐか、遺産を相続することによって自分の財産を増やせます。霊的・精神的な研究に熱中します。感情が強く、性について煽情的になりやすいでしょう。凶座相があると、近親者の不幸と故人の財産に関する争い、盗難や火災による消耗を招きます。思わぬ事故か負傷による早い死の暗示があります。

木星　結婚と遺産による所得の増加と、近親者や仕事上の協力者による幸運を示します。保険金や年金などの不労所得に恵まれやすいでしょう。生死の問題に対しては、人一倍大きな関心を示します。吉座相があれば、神秘学や心霊学の研究が人生を助けます。豊かな情熱を持ち、富と自由とが性生活を祝福してくれます。凶座相があると、以上の事柄に関して楽天的な気分を生じます。死はゆっくり平和な状態で訪れます。

土星　結婚後の財政的な心配を示します。他人の事件に責任を持たされるか、死によって損失を受けやすく、凶座相があれば名義を貸したり保証人になることなどは避けたほうが無難です。

吉座相があれば、激しい努力の結果、求める利得を得られます。この生れの人は若い時は霊的な事柄を認めませんが、年をとるに従い、死後の世界や死についての思想に真面目な関心を持つようになります。性については断念するか、抑制する気分が働きます。死は自分が望む以上に遅く訪れます。

天王星　結婚後の財政の激変と、相続が原因で起こる紛争を示します。多くの場合、第三者の干渉によってトラブルが発生します。この生れの人は、異常な方法で他人から金銭を貰います。パートナーは物質的には貧しいようですが、吉座相があれば結婚や協同事業によって予期せぬ利得を得られます。性については風変わりな趣向を持ちやすく、生死の問題や人生に対しても変わった思想を持つ傾向があります。死は突然に訪れます。

海王星　経済的な見通しについては相当な波乱があります。すなわち、財政的な取り決めに際しては相手の所得力に十分な調査が必要です。遺産や配偶者の財産についても確かな期待は持てませんが、吉座相があれば意外な所からまとまった金銭が入ります。性については思慮深く、性的な神秘主義を好みます。霊的な事柄に強い感受性があり、精神的なことに対する理解力を持ちますが、凶座相があると、それらに対して危険なことがありがちです。中毒性の高いものに陥る怖れがあり、死は昏睡状態で訪れます。

冥王星　集団の資力や公的基金に対する鋭い分析的関心があり、その活用に巧みです。全人生を性と金銭によって規定されやすく、配偶者や協力者からの利得は期待できませんが、吉座相があれば影で援助してくれる人に出会います。この位置の冥王星は、危機的状況において的確な力量を発揮することが可能となりますが、逆に死をも否定する無法者ともなりかねませんので注意が必要です。死は不自然な状態で訪れ、不審死の場合もあり得ます。

ドラゴン・ヘッド　同一の目的物に向かって励む人々との共同を示します。共同作業によって掘出し物を得ます。周囲の情勢によって協力の必要が生じやすく、人生における内在する危険を一致協力することによって乗り切ります。

ドラゴン・テイル　詐欺や陰謀にかかって多くの良いものを喪失する怖れがあります。危機管理の能力に欠け、運命的に暴力による死の危険にも見舞われやすいでしょう。

パート・オブ・フォーチュン　財産相続によって利益を得られます。他人の資力や信用を利用できます。誰かが死亡すると、この本人に利得がもたらされます。

第9室「意識の室」にある惑星

太陽　高尚な野心と人生の謎を解明しようとする願望を与えます。この生れの人は知識の満足を求め、真理を尊敬し、虚偽を排斥しようとします。吉座相があれば、聖職か法律を通して名誉を得るか、国外において栄達します。生涯には海外移住を考えたり、外国企業と関連した職業を持つこともあるでしょう。凶座相があると、以上の事柄に関して熱狂性が現れます。

この生れの人は、哲学的・予言的な性格の持ち主です。信じるものは自分自身の内的宇宙の中心であり、自分自身を研究し、また瞑想に耽ることを自らに課して満足するといったタイプです。自己発見のための「心の旅」こそ、この生れの人の人生テーマと言えます。

月　旅行を好み、多くの旅行をすることを示します。空想的な心を持ち、探検や航海に憧れます。外国生活をしたり、運命的に未知の環境に突入しやすいでしょう。不思議な幻想に導かれたり、予言的な夢を見ることもあるでしょう。形而上学に対しては真面目な関心を持ちます。学問としては、特に心理学や家政学の分野に適性があるようです。吉座相があれば、これらの事柄に関して成功を得られます。

この生れの人は、多くの人々との情緒的接触を、世に出る道すがら経験する人生勉強であると考えます。生涯には、哲学的・宗教的な側面から人生観が変わることもあるでしょう。宗教的な洞察をもって自分の愛を表現しようとするため、これを真に理解して愛し合う相手は極めて限られているようです。

水星　深く抽象的な考えと、哲学的・宗教的な主題についてもこれを明確にする洞察力が与えられていることを示します。良き知識人たり得る素質が十分にあり、知能職に良く、吉座相があれば文筆界や出版界に力を持つでしょう。学問については、大学講師のレベルの講義や執筆ができるほどの学識を持つことが可能です。凶座相があると、人生の意味を発見しにくくなります。

金星　宗教的・哲学的見地に同情と思いやりがあり、慈善事業や宗教的な仕事を重んじます。人生の詩を愛し、文化的な教養を好み、芸術にも深い関心を示します。明快な構成力があり、結合や結論はこの生れの人のもとに容易に作られます。学問としては、美学・経済学・法律・民法の研究が適しています。吉座相があれば、海外との商業や協同事業に成功しやすいでしょう。外国人と結婚したり、結婚後に海外に住むこともあります。凶座相があると、以上の事柄に関して失望を生じます。

火星　熱狂的な精神と夢乱れた野心を示します。多方面に活動したい願望と自分の勢力を遠隔地に拡大しようとする欲があり、行動のための旅行を好みます。宗教・哲学・法律については伝道主義の立場をとりやすく、宣伝や討論に熱中しがちです。凶座相があると、海外において災難に遇ったり、法的な紛争を起こします。この生れの人は多くを望まず、手近な仕事に自信をもって努力すれば、それが間接的に希望達成に役立ちます。

木星　聖職による栄誉と学問の完成を示します。宗教的な環境にも学術的な雰囲気にも恵まれやすく、深遠な学問を好み、またその研究に成功します。吉座相があれば、高度の先見力があり予言的な性格が強化されます。哲学的な考えと慈悲心とが人格的な力を強化し、この生れの人を至福の精神的境地へと導くでしょう。外国資本による仕事や海外との取引から利益を得たり、外国団体に籍を置くことから幸運がもたらされます。

土星　真面目な哲学的精神を持つこと、深刻な研究課題に取り組むことを示します。この生れの人は、抽象的な事柄に対しては初めは用心深く疑問視する立場をとりますが、一度信じた後は熱心に信仰を堅持する人となります。吉座相があれば、長期の持続的な努力によって有終の美を飾ります。旅行は楽しみと言うより、何らかの任務のためか、自分自身の体験のためでしょう。凶座相があると、以上の事柄に関して狂信的となったり、旅行計画の失敗を招きます。

天王星　進歩的な独立心があり、非正統的な考えを好むことを示します。風変わりな知識への興味があり、科学を高く評価する一方で神秘学や形而上学にも惹かれます。一生の間に宗教上の信念を幾度か変えます。科学・文学・芸術の分野に良い天分を持つものの、その成功はしばしばの目的変更のために不確実となりやすいでしょう。凶座相があると、海外で思いがけない奇禍に巻き込まれたり、旅行中に刺激的な事件に遭遇します。

海王星　高度の直感力があり、かなりの神霊的能力を持ちます。神秘主義的な宗教に惹かれやすく、霊的・神秘的な経験によってすべてを指向しがちです。高度の感受性のゆえか、精神病の危険もありがちです。想像力とともに心理的な才能もあり、吉座相があれば鋭い直感が真面目な研究や著作の分野に有効に生きるでしょう。水路や海路など、水にかかわる旅行を好みます。凶座相があると、海外で紛争を生じたり、物質的な損失に見舞われます。

冥王星　帰依する宗教や思想によって全人格を支配される傾向を持ちます。異教や魔術に惹かれやすく、死後の世界や霊魂の再生といった神秘学にもかなりの興味を持ちます。政治や思想上の確執が生じやすく、これらが原因で異郷に落ちることもありがちです。凶座相があれば旅行は安全とは言えません。自分の祖国にはあまり愛着がなく、終局的な死が訪れるとすれば、それは生家から遠く離れた土地においてでしょう。

ドラゴン・ヘッド　心からの親切をこめた共同性があり、法人組織や会社経営などの人生の特殊な外観において高揚される社会性を持ちます。さまざまなグループの人々に加わり、主唱されるユートピア的計画を描くこともあるでしょう。

ドラゴン・テイル　純粋な信仰心に欠け、そのために悲惨な出来事や不運を招きます。奇妙な夢を見たり信頼できない予感に悩まされます。旅行中に苦難に遇ったり、海外で投獄される危険があります。

パート・オブ・フォーチュン　海外旅行や外国に関した事柄から成功のチャンスをつかみます。教会に属する事柄や教育的なこと、著作や発明によって幸運が訪れます。

第10室「職業の室」にある惑星

太陽　社会的な成功と職業上の名誉に恵まれることを示します。支配階級に進みやすく、力量的にも指導者の素質を持ちます。吉座相があれば中年期にゆるがぬ地位を築くでしょう。この生れの人は、偉大な個性や意志の力といった美点で家族や生徒、部下に対して模範を示そうとします。思想は自己の観察に基づく平和で建設的な人生哲学です。人格の高い人であれば、愛と信頼以上のものを人々から得られます。凶座相があると、横柄で尊大な態度から部下や目下の信望を失います。

この生れの人は人生を戦いの場と見なします。この生れの人にとって経歴こそが人生であり、それは、この生れの人が成功せずに人生上の戦いに敗れたどの場合でも、自己の存在理由を失わしめるものです。極めてバイタリティが強いことを示す太陽位置でもあります。

月　変化の多い職業生活を送ることを示します。職業や住居を変えやすく、一つの地位に長く留まることも少なくなりがちです。生涯には女性との共同作業が多く、公共職にあっても、女性もしくは大衆の社会と関係を持ちやすいでしょう。吉座相があれば、一般商品の販売や大衆に関連した職業で成功を収めます。凶座相があると、本人自身の不安定な性格から運の浮沈が激しくなります。

この生れの人の人生は、公的生活より私生活が重要視されているようです。にもかかわらず、この生れの人の社会的経歴は、ある意味で人気と名声を達成できる幸運に恵まれていると言えるでしょう。これに比して情緒的な経歴は、ややトラブルの多いもののようです。

水星　既得知識を活用する能力と、仕事を組織化する実際的な能力を与えられていることを示します。この生れの人は、自分自身の仕事への研究的興味によって、よく人生の偶然性に打ち勝ちます。多くの事柄に従事できる才能があり、吉座相があれば、通信・情報・流通・運輸に関連した職業で成功が望めます。凶座相があると、無分別に改革を求めることから不運な結果を招きます。器用ではあるけれど、何も完成したものを持たない人となりがちです。

金星　職業上の幸運と幸福を示します。指導的地位にある人から後援されやすく、教養ある人々からビジネス上の良い感化を受けます。異性から敬愛されやすく、身分以上の結婚に恵まれます。この生れの人は社会生活をすることに幸福を感じます。職業は人生を飾ったり楽しくすること、金儲けになる職業を持ちたいというムードで決められます。芸術・音楽・ファッションに関しての経歴に引き込まれやすく、吉座相があればその分野での成功が望めます。凶座相があると、人生の方向を正しく発見できず、幸福より失望が先に来ることになります。

火星　人生に対する不屈の闘志があり、進歩と向上に多大な活動力を注ぐことを示します。企業を好み、仕事を愛し、管理者としての適性もあります。外科的・工業的な職業に経歴を持ちやすく、職業上の危険と紛争もありがちですが、もしこの生れの人のエネルギーを建設的な目標に向けることができるならば、困難を克服しようとする努力がおのずと勝利への道を開くでしょう。凶座相があると、過度に好戦的な性格が災いしたり、労働界に信を失います。

木星　社会的声望と世間から尊敬される一生を示します。この生れの人は、どのような地位や立場にもたやすく順応できる柔軟性の持ち主です。適性としては教育的な専門職や公職ですが、吉座相があれば、大実業家となったり政財界の大立て者となる素質を持ちます。本人が従事する職業や現世で果たす役割に従い、成功し裕福となるでしょう。凶座相がある場合は、失敗が連続して起こったり、幸運が消え去ることを示します。しかし、この生れの人の安全を脅かすほどではありません。

土星　実業や人生に対して責任と真面目な態度を持つことを示します。健全な事務能力と政治的手腕があり、多くは〝地〟に関した職歴を持ちやすいようです。成功は遅れやすく人生も平坦ではないようですが、注意深い観察と将来に対する賢明な考察が最後の成功に導くでしょう。吉座相があれば、絶えざる努力と任務に対する貢献が、社会的な高い理解と昇進をもたらすことになります。凶座相がある場合は、地位からの失墜や政治的な敗北を示します。しかし、その後も生活を向上させる忍耐力があります。

天王星　職業生活の激変を示します。生涯に幾度となく職種を変えやすく、突然に成功者となったり一転して没落するなど、予想外の変化に富んだ人生となりやすいでしょう。相当な改革力と指導者としての素質もありますが、権力を持つとかえって危険なことがありがちです。職歴としては、先端産業の分野や科学技術に関連した経験を持ちやすいようです。凶座相があると、指導的地位に対するためらいが悪い結果を招きます。

海王星　個人的な名声に対して理想を持つことを示します。特殊な職業を選ぶか、独特の功績によってユニークな地位に昇りやすく、吉座相があれば芸術的・創造的な分野での成功が望めます。しかし、公務では無秩序と無責任な性格から職務をまっとうすることが難しくなります。ビジネスとしては、アルコール・オイル・薬品に関した業種が良いようです。凶座相があると、成功に物質運が伴わず、また成功の望みも空想で終わります。

冥王星　特異な職業的天分を与えます。多種多様な職業に精通できる能力があり、特殊分野のエキスパートにふさわしい生れです。上位者の嫉妬や偏見を通してのトラブルもありがちですが、大規模な計画についても公共の支持を得やすく、吉座相があれば権能と権限を伴う地位に就けるでしょう。凶座相があると、世間から正当に評価されることなく退去することになりがちです。

ドラゴン・ヘッド　指導的な地位に対しての良い責任感覚を持ちます。明確な目的意識があり、それを具現するための的確な共同体を建設しようと努力を傾けます。社会的には相当な地位に昇りますが、反面、自分のことばかり話したがる傾向を持ちます。

ドラゴン・テイル　詐欺や裏切りによってせっかく築いた地位や職業を失う危険を持ちます。社会的な条件が極端に悪い場合には、突然の不況に見舞われたり、破産の変兆も起こり得ます。

パート・オブ・フォーチュン　社会的な活動範囲が広がることによって好機が増えます。職業上の環境に恵まれやすく、人生上のすべての幸運な出来事は名誉と賞讃を伴ってやってくるでしょう。

第11室「願望の室」にある惑星

太陽　高位の人々や知友の援助による社会的・物質的成功を示します。共同計画や他人との交際に有利な配置で、有力者や著名人と知り合うことから人気が増大します。従って、チャンスがないと思われるような企業も成功することになります。また、上級の人々から高い教養を得、上ます。流社会の礼儀作法を身につけるでしょう。凶座相があると、それらの交際がかえって重荷となります。

この生れの人は、自分自身が一人の誠実な友であることを理由に、自己の存在を証明しようとします。また、そうであるからこそ多くの優良な友人を持つことになります。適性としては顧問や相談役といったポジションですが、その貢献は政治的な目的からでなく、それをやり遂げたいという純粋な動機が結果として成功をもたらすことになるでしょう。

月　交友界に人望を持つこと、および多数の関係者と女性の後援者を持つことを示します。この生れの人は、あらゆる種類の社会やグループに合同して目的を追求しようとします。吉座相があれば、地域サークルや組合・クラブに関係して成功を収めます。凶座相があると、感情的なトラブルが原因で交友界を割ることになりがちです。特に男性は、女性の知人との愛情問題でスキャンダルを持ちやすい傾向に注意を要します。

この生れの人の心情的な焦点は、友人、および交友関係にあります。たとえば相談相手になったり、何か感謝されるような行為をしている時ほど幸福感を覚えることはない、といったタイプです。この生れの人の友情関係は情緒的であり、それだけに強固です。また、友情と愛情とはほとんど区別できない関係にあります。

水星　感情を基礎としない精神的な結合に基づいた交友関係を示します。この生れの人は、知識人や著名な人々との間に友情を持ちます。組織的な考えと明快な意見を持ち、行動は適切です。吉座相があれば、団体に所属して能力を認められます。また、これらの交友を持つことは職業上に有利となるばかりでなく、本人の性格発展の助けにもなります。凶座相があれば、自分や他人の感情に対して嘲弄的な気分が現れます。

金星　友情による利益と繁栄を示します。この生れの人は楽しい社会を求め、本人が所属するグループやクラブで幸福な時間を過ごします。また、この金星位置では組織や団体の円滑な働きをつかむことに成功しやすいでしょう。知人や友人はおおむね教養に富んでいて趣味も良い人々です。吉座相があれば、奉仕性に富む誠実な友人の援助によって、容易に目的が達成されます。そのうえ企業の幸運も伴います。凶座相があると、嫉妬や不公平などの障害を生じます。

火星　社会的な指導力があり、これが活動的な行動を好む人々を引きつけます。友人の多くは素直ですが短気な性質を持っています。友人と争論しやすいが仲直りも早いでしょう。この火星の位置では、しばしば党派を組んだり扇動に熱心になりますが、利己的な動機が先に立つため、人望を得ることは難しいようです。生涯の願望は、本人自身の活動力と内面的な意志力によって達成されます。凶座相があると、友情の問題で暴走したり、悪友のために損害を受けます。

木星　幅広い交友と友情に支えられた幸運を示します。友情は誠実さと真実の伴うものです。社交家で第一級の社会に接近しやすく、友人の多くはこの生れの人に利益や名声をもたらす地位にいてくれます。望みは大きく最初から大望と言えますが、吉座相があればこれらの人々の援助によって人生上の目的を完成させることができるでしょう。凶座相がある場合は、過大な期待によって抱負を裏切られます。

土星　少数ですが忠実な友人を示します。この生れの人は、経験豊かな年長者の友人に価値を認める傾向があります。また、相互に独立し合っていて、しかも時を経ても不変であるような友情関係を求めます。それにしても友人から恩恵を受けることは少なく、人生上の抱負も物質的なものか、実際的なものに限られているようです。凶座相があると、不実な友人から損害を受けます。人生上の目的に対しても、真の友情と意欲を欠くことから達成を妨害されがちです。

天王星　風変わりな友情体験を示します。この生れの人はユニークな個性の強い友人に価値を認める傾向があり、友人の思想的な影響によって人生観を変えやすいでしょう。偏愛・怨恨・気まぐれなどの極端な感情が交友関係を裂くことになりやすく、友人との離反も多いようです。進歩的な主張を持った団体に合流するセンスもありますが、人生上の目的も概して異常なものになりがちです。凶座相があると、友人を突然に失ったり、所属する団体の解体を招きます。

海王星　特異な社交性と魅惑力があり、取り巻きに囲まれることを喜びます。過度に人を惹きつけるため、かえって欺瞞や背信を行うようになりやすいでしょう。人生上の抱負は精神的なものであり、直感によって与えられた目的は正しいようです。吉座相があれば、純精神的な分野の仕事に携わる人々から援助を得られます。凶座相があると、友人との間に真の信頼関係を欠くことから失敗を招いたり、友情が幻滅に終わります。

冥王星　非凡な友人作りの才能とともに、集団勢力に対する鋭敏な洞察力を与えます。公私ともに目的や利益を同じくする団体にいきやすく、人生のさまざまな局面で政党や派閥に関係します。交友環境の激変もありがちですが、吉座相があれば友人の栄達が自分の目的達成に役立つでしょう。凶座相があると、かつての友が敵に回ったり、友人によって社会的に抹殺される危険を生じます。

ドラゴン・ヘッド　新機軸や刷新に関しての人々の協力への永久的な願いを示します。社会的な接触への愛があり、多くの側面を持った同志的な結合に恵まれます。広範囲の分野への多様な興味があり、革新的な目的を持ちやすいでしょう。

ドラゴン・テイル　友人や友情についての失望を示します。悪友から無益な忠告を受けたり、良くない暗示にかけられる怖れがあります。好機が訪れても見逃したり、希望を挫折させられやすいでしょう。

パート・オブ・フォーチュン　良い地位にある友人を通して幸福と快楽を得られます。友人の援助によって、それまで希求していた事柄や願望を実現させる好機が訪れます。

第12室「障害の室」にある惑星

太陽　世間的名利から独立した生活方針を持つことを示します。孤独な仕事を好み、閉居した生活を求めます。また、子供時代に学んだ宗教的信念に背くような神秘思想に興味を持ちます。若年期には制約の多い人生を送り、成人後も家族から離れた生活を送りやすいでしょう。吉座相があれば、時に応じて高位者から援助を受けます。凶座相があると、この生れの人の運命の鍵を握る人が敵に回ります。

この生れの人は、世俗的な成功より内面的な自己向上を尊びます。そのためには、まず理想を持ち理念を高めて、自分自身がこの目的に献身できるように自己を訓練しなければなりません。自己犠牲こそ、この生れの人に与えられた使命と言えます。

月　孤独な生活方針を持つこと、空想の世界に生きることを示します。世間から隔離された職業や慈善的な仕事に惹かれやすく、家庭的な性格の人であれば里子を養育することもあるでしょう。吉座相があれば、本人の能力に応じて人生に昇進と成功を招きます。凶座相があると、海のように変化の多い不安定な人生を送ります。

この生れの人は、情緒的な心配や悲しみを経験するでしょう。この生れの人の愛する人が、感情的な犠牲を強いるからです。性格的にも精神性の強いタイプであり、この生れの人にとって幸福とは、自分自身の心の中にある偉大な才能を発展させることによってのみ、得られるもののようです。

水星　知的劣等感を持つにもかかわらず、潜在的な精神的才能があることを示します。中傷や悪意の文書に悩まされやすく、自分で自分を罰する傾向があり、心の葛藤が消えません。凶座相があると、トラブルの渦中にあってその引き起こされた原因を理論的な方法で解明することができなくなります。吉座相があれば、超自然的なものに導かれた霊感が、論理以上の働きをするでしょう。仕事は静かな環境で精神を集中して行うのがベストです。五官（視覚・聴覚・臭覚・味覚・触角）の一つに弱点を持つこともありそうです。

金星　デリケートな運の困難を示します。この生れの人は自分の恋愛事件を隠しておきたがります。神秘的な事柄に惹かれやすく、心霊学を好みます。また、その問題が異常であり扇情的であるほど魅惑されるため、心を鍛練することによって感情を浄化する必要があります。この生れの人は孤独でいるか、閑静な場所に住むと幸福を感じます。趣味は物言わぬ動物が安らぎをもたらすこともあるでしょう。凶座相があると、女性の敵意を招いたり、親しい友人が敵に回る危険を生じます。

火星　本人の短気な性格や激烈な感情が自分自身の敵となることを示します。敵対関係にある人から迫害されたり危難に遇うこともありがちです。しかし、この火星位置は、この生れの人がこのような危険にもかかわらず、剣のような鋭さで困難を切り抜けていくことを示します。吉座相があれば、優れた経営管理の能力を生かすことによって成功を得るでしょう。凶座相があれば、夜間の難や自分自身の過失による負傷に注意が必要です。他人に対する同情と克己心を持つことが大切です。

木星　すべての不幸や災難にも最終的に打ち勝つことを示します。喜んで人を助けたり人に譲ることから良い報いを受けやすく、敵対関係にある人からすら利益を得ることがあります。慈愛への憧憬と英知に対する尊敬心があり、吉座相があれば形而上学の研究で成功を収めるでしょう。また、博愛精神に基づいた慈善的な仕事に関係することは良い結果を招きます。引退後の生活も平穏です。

土星　反社会的な事柄や不正行為に関係しやすく、精神的苦悩を招きます。また、不幸の原因が自ら作った秘密によるために後悔がより深くなります。不当な告発による非難や、他人の苦境に同情しての災難もありがちです。凶座相があると、厭世観や病的な内省にとりつかれます。吉座相があれば、独居するか、閑静な環境に住むことによって心の平安を得られます。

天王星　運命の逆転が多く、予期せぬ敵によって一身上に危機を招きます。他人の紛争に巻き込まれての難がありやすく、友人の裏切りや嫉妬・羨望などによる災難にも注意を要します。また、この天王星の位置は、通常とは異なる静かな生活方針に心を惹かれやすく、隠された事柄に密かな楽しみを感じます。凶座相があると、社会的な追放や拘禁などの難を招きます。吉座相があれば、心理的洞察力の確かさをフルに生かすことによって危機を回避できます。

海王星　陰謀や欺き、正体のはっきりしない敵に脅かされやすく、漠然とした不安や恐怖に悩まされがちです。調査・諜報・産業スパイなど秘密の手段によって仕事をする能力があり、吉座相があれば大企業を通じて利益を得られます。隠れた役目を通しての殉難もありやすく、凶座相がある場合は、以上の事柄から破壊的な影響を受けます。また、アルコールに依存したり、幻覚作用のある薬品を常用するのは危険です。

冥王星　吉事・凶事いずれにも奉仕する運命を負います。潜在する危険に対しての本能的な洞察力があり、密かな手段で敵を倒す能力を持ちます。吉座相があれば、警察・暗黒街・闇取引などに関連して利益を得られます。凶座相がある場合は、他人に対して行った行為から復讐を受けること、敵によって亡ぼされることを示します。概して自己中心主義に陥ったり、物質主義に傾いた時に破滅が訪れるため、精神的な境地を高める努力が必要です。

ドラゴン・ヘッド　哲学的な興味を他人と共有したり、同じ信仰を保持する人々との共同を示します。秘密結社など隠れた会合を持ちたい願望があります。大局において共和を傷つけるような自由気ままな行動に対しても、容易に一致しやすいでしょう。

ドラゴン・テイル　隠れた敵の陰謀にかかってしばしば悩まされます。生れつき健康が思わしくなかったり、あるいは禁固や拘束など、抑制される不運に遇《あ》いやすいでしょう。極端な場合には、自己破滅を招いたり、自ら零落の悲運に追い込まれることもありがちです。

パート・オブ・フォーチュン　秘密の種類の仕事や、予想もしなかった事柄から思いがけない幸運が訪れます。年齢とともに貯蓄の所有額が増えます。〝九死に一生〟といった際どい運の良さを持ちます。凶座相があると、隠れた敵によって一朝にして栄華を覆《くつが》えされるような予期せぬ逆境に出会います。

カルミネートする惑星

「カルミネート」とは、ホロスコープの最も高い位置、すなわち最もMC（南中）に近い位置にある惑星をさして言います。カルミネートの範囲は、限定すれば9室と10室となりますが、9室と10室に惑星が1個も入らない場合は、エレベートする惑星のうちで最も高い位置にある惑星をカルミネートと見なします。

カルミネートする惑星は、ホロスコープに最も決定的な影響を与えます。従って、ホロスコープを読む時は、まず最初にカルミネートに注目することになります。カルミネートやエレベートする惑星はマレフィック（凶星）よりはベネフィック（吉星）であることが望ましく、そのうえ優勢（格式や座相が良いこと）であればより有利であることは言うまでもありません。凶星が優勢となるためには、少なくとも格式が良く、さらに他の惑星から吉座相を受けて強化されていることが必要です。カルミネートが凶星であって、しかも他の惑星からの凶座相によって損われているようなホロスコープでは、人生における本人の努力を妨げられやすくなります。

カルミネートする凶星を取りあげて、直ちに〝運勢が弱い〟と断じることはできません。それはただ成功するためには苦闘が伴うことを示すだけであって、本人の成功しようとする意志までを妨げるものではないからです。しかし、カルミネートがホロスコープに与える影響は、常に他の惑星より強力であることを覚えておいてください。

太陽のカルミネート

この生れの人は、人生に対して明確な目的意識を持ち、自分の人生は自分で切り拓く、といった自主独立の精神の持ち主です。自力決定をモットーとし、他人に制肘されることを嫌うワンマンタイプの人でもあります。権力を志向し、栄光を望み、自力で社会的地位を固めようとする守備本能も旺盛です。気位が高く被支配の立場を好まぬため、自分の裁量で自由に采配できる独立事業や指導的立場で真価を発揮します。ですから、この生れの人にとって、個人の力で到達し得る最高の境地を極めた時が最も満足できる人生と言えるでしょう。

月のカルミネート

この生れの人は、協調と和合を尊び、周囲の状況や他人との関係次第でどのようにでも自分を変えていける人です。大勢迎合をモットーとし、集団とともに歩むことを好みます。上下意識はあまりなく、どのような人物とも対等の立場で付き合うといった横社会の感覚を持っています。交際や交渉に巧みで物事のとりまとめもうまいため、共同計画や、団体やグループの結成時に真価を発揮します。ですから、この生れの人にとって、多くの人々と出会い、他人とのかかわりの中で自己の存在を確立できた時が、最も満足できる人生と言えるでしょう。

水星のカルミネート

この生れの人は、自分が習得した知識を武器とし、自己の才知を生かして社会に参加するタイプです。未来や過去よりも現在という目前の現象や直接的な利害を重視する現実主義者でもあり、そのため、世渡りの要領や生活力のたくましさには群を抜くものがあります。社会奉仕をモットーとし、社会との接触欲を持つため、代理業や仲介業など人と世間を結ぶ仕事で真価を発揮します。ですから、この生れの人にとって、自己の全知全能を傾けて目前の問題に取り組み、〝今〟という瞬間を生きている時が最も充実している人生と言えます。

金星のカルミネート

この生れの人は、平和で穏やかなやり方で自分の目的を遂げるタイプです。堅実と誠実をモットーとし、富と信用の蓄積を重んじ、すべてに調和を計りながら無理のない方法で物事を進めていくため、信頼されて着実に前進していきます。そのため、信用と手堅さを重んじる実業や金融ビジネスの分野で真価を発揮します。本能的に優良な環境を選んで進むため、世間の引き立てや贔屓に恵まれることも多いのです。ですから、この生れの人の人生は、人の愛に浴し、世間の恩恵に感謝しながら生きるような人生と言えます。

火星のカルミネート

この生れの人は、社会的向上の意欲を持ち、闘争的な世渡りをするタイプです。義理人情を尊び、強者に屈せず弱者を庇うことをモットーとし、決断力もあり、自分の決心を推進していくことを好みます。常に新しい業務を開拓し、自ら率先して働くばかりか、他人を自分の意志通りに動かすことができる人でもあります。そのため、競争社会の最前線や現場指揮などの仕事で真価を発揮します。ですから、この生れの人の人生は、自分の憧れに向かって激しく活動し、全精力を投入している時が最も生きがいを感じられる人生と言えます。

木星のカルミネート

この生れの人は、自分に適した環境を楽しみ、ゆったりとした鷹揚な気持ちで成功を持つタイプです。自然の流れに逆らわず、人生を急がぬことをモットーとし、常に希望を失わず未来に対して不安を持ちません。立派な精神的特質という点において重要人物になろうとする抱負を持つため、万人が善と認め、社会福祉に寄与するような仕事で真価を発揮します。ですから、この生れの人の人生は、社会全体が裕福になることを理想として働くことが、自分自身の財宝獲得につながるような人生と言えます。

土星のカルミネート

この生れの人は、信義と名誉を重んじ、実よりは名を取るタイプです。律義で潔癖な生き方をモットーとし、責任感も強く自分の義務に対して忠実です。体制を擁護し、規律を尊び、集団組織とともに歩むことを信条とするため、組織人として生きる時や官公職で真価を発揮します。さらに、難事にひるまず、目的を達成するまではあらゆる苦難に耐え抜く勇気を持っています。ですから、この生れの人の人生は、重荷を負いつつ長い道を歩みながら、後世に確かな業績を残すような人生と言えます。

天王星のカルミネート

この生れの人は、自分の能力の限界に挑戦し、自己の専門を極めていくタイプです。完全と完璧を望み、たやすく世間と妥協せず、孤立を怖れない反抗精神に支えられた生き方をモットーとしています。そのため、個人の特殊な才能や専門技術を要求される分野で真価を発揮します。現実に対しては懐疑的でもあり、体制批判の気持ちも強いのです。ですから、この生れの人の人生は、自らの疑問への挑戦が、社会全体の進歩に貢献するような人生と言えるでしょう。

海王星のカルミネート

この生れの人は、社会的な規約や過去の一切の出来事に拘泥せず、新しい事態に素早く順応していけるタイプです。臨機応変な世渡りをモットーとし、夢とロマンに支えられ、常に古いものを壊し新しいものを追い求めて生きるため、その行動は不確定であるとともに創造的であるとも言えます。そのため、プランメーカーとしての素質やアイディアを駆使できる分野で真価を発揮します。ですから、この生れの人の人生は、新しい時代の潮流を誰よりも早くキャッチし、次々と新しい舞台に飛び移っていくような人生と言えるでしょう。

冥王星のカルミネート

この生れの人は、精神世界の探求や学問研究によって自己を形成していこうとするタイプです。権威を尊び、伝統継承をモットーとし、社会的認知を重んじるため、反主流より世間の主流に入って立場を得ます。他人への思想的影響も強く、学術や技芸の修得力も優れているため、学位や特殊な資格がものを言う分野で真価を発揮します。ですから、この生れの人の人生は、自分自身を発見しようとする努力が、社会全体の意識の水準を高めるような人生と言えるでしょう。

実技編　ホロスコープ解読

第三章　惑星座相の意味

本章では、座相の意味について解説します。すなわち、ある惑星が他の惑星と何らかの座相を作ると、そこにどういう意味が生じるかということの説明です。惑星座相の意味は、それぞれについて**合**（コンジャンクション　０度）・吉座相・凶座相の３種に分けて説明します。**吉座相**はトライン（１２０度）・セキスタイル（60度）・１４４度・72度・30度を、**凶座相**は衝（オポジション　１８０度）・スクエア（90度）・１５０度・１３５度・45度を含みます。

太陽の作る座相

太陽と月

合　サイン（宮）とハウス（室）の特徴を強調するため、いくぶん性格的な偏りを生じます。体面を気にしやすく虚栄心が強い。視野が狭く、環境に対する適応力を欠きがちです。また周期的な憂鬱感を持ちます。同僚や仲間からは孤立しやすいですが、新計画の実行や新生活の開始に際しては上位者から援助があります。男性にとっては有利な結婚を示しますが、女性は結婚すると自分の能力を伸ばせなくなりがちです。

吉座相　内面的葛藤の少ない穏やかな性格で、人気運もあります。育った家庭環境や若年期に受けた教育が必然的に成人後の人生コースを決定することが多く、家族の協力を得て行う自営業や夫婦共同の仕事に有望です。勤め人であれば上位者の引き立てや同僚の助力を得やすく、野心の達成が容易です。結婚は、社会的地位・家柄・年齢などの点で釣り合いのとれたものです。このような結婚は、一家の主人・主婦としての役割の調和から来る良さが含まれています。

凶座相　意志と感情との間に葛藤を生じやすく、荒々しく好戦的な性格から仲間から孤立しがちです。職業上の問題で父親と意見が対立したり、上位者の反対を受けることもしばしばです。性格の合わない人と結ばれやすく、男性は社会的に成功しても家族の不満を招きやすいでしょう。女性は夫の協力を得にくく、結婚後も仕事を続けると妻の座が不安定になりがちです。

太陽と水星

合　自己表現力に富む反面、何事も大胆に断言したがり、かなりの偏見の持ち主ですが、性格的には健全です。知的・合理的な精神を持ち、良い意味での実利性もあります。確かな設立のもとにある企業の実務、その他一切の知的・研究的業務に適します。女性は社会的地位はそれほど高くありませんが、若々しくて生活力のある夫を与えられます。

吉座相　優れた知力と記憶力の持ち主です。科学的・文学的才能があり、合と同じく一切の知的・研究的業務に適します。

※太陽と水星は28度以上離れません。従って、作られる座相は合と30度のみです。

太陽と金星

合　品性穏やかで情愛濃やかな性格です。優雅で快活な人柄ですが、男性はやや柔弱なのが欠点です。競争社会より美と快楽の追求に本質があり、演劇界や芸術の世界との接触に有望です。上位者から愛顧されやすく、また上流の社会に属する人々の間に友情を持ちます。男性は裕福な女性から援助を受けます。女性は風采の良い美男子の夫を与えられます。

吉座相　愛情深く温和な性格です。快楽を愛好し、知的教養や芸術への興味もあります。幸運で、職業を通し富を得ます。

凶座相　優雅ですが怠惰な性格です。安逸を求めやすく、安易な妥協で後悔します。概して真の忠誠心に欠けていて、組織や集団には向きません。愛情問題で社会的な拘束を受けやすいでしょう。

※太陽と金星は48度以上離れません。従って、作られる座相は合と30度・45度のみです。

太陽と火星

合　男性的な高貴な性格と肉体的たくましさを与えます。大胆で勇気があり、体力の続く限りよく働く人となります。企業精神があり、主導的立場に適しますが、短気で衝動的に行動しやすいことが欠点です。人生に対する意欲が旺盛なためか、意志と欲望との間に葛藤も生じます。

吉座相　強固な意志と精力に満ちた強い体質を与える座相です。勇敢で決断力に富み、指導力と支配力もあります。自己の意図するところを良く自覚しており、何事も主導的立場で采配処理していくことを好みます。勤め人であれば昇進が早いか、独立して事業を起こす人となります。

女性は、合とともに勇気と開拓精神に富んだ夫を与えられます。

凶座相　境遇に激しく抵抗する性質を持ち、上位者に対する不服従や同僚との口論が目立ちます。闘争心とともに強情さと軽率さもあり、無謀な計画や極端な判断が困難を招きます。冒険的事業や投機的ビジネスを志向しますが、破壊的な結果に見舞われやすいでしょう。女性は短気で乱暴な夫を持ちやすく、夫が原因で苦労を招きます。

太陽と木星

合　自分の人生に満足している人に特有の快活さと寛大さが見られます。陽気で楽天的な人柄ですが、健全な野心もあり、はっきりした主張や行動も起こせる人です。幸運で、人生上の好機や良友の援助に恵まれやすく、協同事業による社会的成功が期待できます。

吉座相　寛大で善良な性格で、礼儀正しく、信頼するに足る道徳的素質の持ち主です。優れた行政能力があり、声望と名誉を得ます。有力者から援助を受けやすく、社会的人気が成功への要素となります。女性は、合とともに誠実で立派な性格の夫に恵まれます。

凶座相　不用心そのものの楽観主義があり、そのうえ高慢で放縦な性格です。自己宣伝が多い割には約束事に忠実でないようです。野心的で冒険心が強く、向こう見ずに未知の環境へ突入しやすいでしょう。経営管理が放漫になりやすく、一獲千金的な事業に手を出し破財を招く怖れもあるため注意が必要です。女性は、結婚後に夫の道楽や浪費を招きます。

太陽と土星

合　独立独歩の成功者に見られる座相です。地味で控えめな性格ながら抑圧された野心と大望があり、厳しい人生経験を通して自己訓練を積みます。父親か年長者に束縛される傾向があり、人生上の好機を制限されがちです。忍耐力と節約心は十分ですが、人生が義務に従事するだけの味気ないものとなりやすいでしょう。女性は父親の愛情に恵まれず、独身を通す人も多いようです。

吉座相　実力以上に責任ある立場に立たされやすいけれども、困難を耐え忍ぶ力と持久力は十分です。思慮深く威厳があり、他人に落ち着いた影響を与えます。正直で任務に忠実な性格から年長者の引き立てを受けます。組織運用の才と経営能力があり、政界や実業界に適します。晩年の成功と安泰も約束されています。女性は晩婚になりがちですが、勤勉で真面目な夫に恵まれます。

凶座相　実力が十分であったとしても不運な障害に遇いやすく、人生上の発展を阻止されがちです。野心家である割には小心で、向かない環境が失敗の原因を作ります。過度の警戒心と他人への冷淡さのために人望を失います。義務観念に縛られやすく、社会的成功者となってもどこか人生に失敗感がつきまとうでしょう。女性は、夫が冷酷な性格か、社会的に不運な人であったりしがちです。

太陽と天王星

合　独創的な個性と自主独立の精神の持ち主です。革新的な思想に傾倒しやすく反逆的な素質もありますが、独自の才能によって社会的に顕著な存在となるでしょう。運の消長が激しく、劇的な人生を歩みます。女性は法律外の結婚に心を惹かれやすく、しばしば不義の異性関係を生じます。

吉座相　思想的リーダーとしての素質があり、自己の信念や主義に基づく行動によって独立した地位を得ます。公共の支持を得やすく、一切の公的・政治的活動に有望で、革新的な施策や新しい組織法の試みが成功をもたらします。団体の企画創立者としても優れています。女性は、特殊分野の専門家か、権威者と結婚します。

凶座相　自意識が強く反逆的な性格です。権威者と争う傾向があり、官公職には適さず、組織や団体においても孤立しがちです。他人に嫌われるような頑固さと傲慢さがあり、何らかの天分に恵まれているとしても、それを発揮するよりは自ら破壊する感があります。異端的な教祖的リーダーの素質もうかがえますが、突然の評判の悪化や運命の逆転に注意を要します。女性は不義の異性関係を生じやすく、離婚もあり得ます。

太陽と海王星

合　直感的・空想的な人柄です。創造的な才能と心理的表現力に富んでいます。現実感覚に乏しく具体性の欠如も見られますが、好きな仕事には純粋に熱中し、生涯を通し一身を捧げます。かなりの名声を得る反面、奇妙な醜聞の犠牲となりやすいでしょう。女性は独身を通したり、未亡人となることがあります。

吉座相　洗練された清潔な人柄と理想主義的な人生観を与えます。心理的・創造的な才能があり虚構の世界で成功しやすいでしょう。また、未来的可能性のある事業や企画を心の中に視覚化できるビジョンの力があります。公的権力を駆使する能力には乏しいけれど、相当の名声を博し大衆に慕われます。女性は、夫となる人は精神的なタイプの人ですが、物質面では頼りにならないことがあります。

凶座相　子供っぽい自己中心的な性格です。ある種の無関心があり、無定見な人生となりやす

生活や仕事には向かない性格で、協力者に恵まれない傾向があります。孤独癖があり、隠遁生活に憧れます。

太陽とASC　合　人生に対する自己の態度の決定を示します。自分の環境において尊重された り重要人物となりたい欲求があり、社会的認可を得るために努力を傾けます。**吉座相**　創造的な自己イメージがあり、雄大な計画を企てます。自己信頼の念によって人生上の野心や目標を達成させます。**凶座相**　自己認識を誤りやすく、自分を強調しすぎるために失敗します。人生に対する興味や理想を達成しようという意志が薄弱となりやすいでしょう。

太陽とMC　合　人生における自己の使命の自覚を意味します。明確な目的意識があり、自発的な行動による業績を尊重します。**吉座相**　人生に対する積極的な態度が身分や地位の向上をもたらします。職業を通して公の名誉を獲得します。**凶座相**　他人を攻撃する気持ちを持つため人望を失います。上位者を通して不利益を受けやすく、職業上の地位に関した失敗や損失もありがちです。

月の作る座相

月と水星

合　生き生きとした活発な知性と敏感な神経組織の持ち主です。知識の応用力と実用性に富み、変化の多い日常業務を機敏にこなしていく才覚があります。弁舌にさわやかな魅力があり、語学の習得が容易です。男性は若い女性に親しまれやすく、利発な妻に恵まれます。

吉座相　優れて知的な人柄です。他人の感情や環境に対する行き届いた注意力があり、よく切れる頭と察しの良い親切な性質の持ち主です。健全な日常感覚があり、変化に対する適応性もあります。通信・報道・放送分野の業務に適します。言葉や文章は真実味にあふれ率直です。男性は、人当たりの良い気転の利く妻に恵まれます。

凶座相　移り気な性格で、神経的な落ち着きのなさが目立ちます。視野が狭く、自分の習慣に基づいた偏見を持つこともありますが、自分に従ってくる人たちには親切です。無遠慮な好奇心と軽率な噂話が多く、自分自身も中傷や陰口に悩まされます。男性は女性との交際に軽率さがあり、妻の非難を招きやすいでしょう。

月と金星

合　清楚で気品があり、穏当な品行と平和な人生観の持ち主です。やさしく情緒豊かで、人に好かれやすく、特に異性から深く敬愛され厚遇を受けます。美と贅沢を愛し、優良な環境へと進みやすいでしょう。男性は美人で気立ての良い妻に恵まれ、快適な結婚生活を楽しみます。

吉座相　情愛深くやさしい性格で、穏健で正しい見通しと調和のとれた価値観の持ち主です。良い人的環境に恵まれやすく、本人ものびのびとした感性と洗練された社交感覚で周囲を魅了します。交際上の人気を博しやすく、広く愛好者を持つでしょう。男性は身も心も美しい妻に恵まれ、結婚生活の幸福を味わいます。

凶座相　若干の内気と気弱さが見られます。やさしさを他人に利用されやすく、評価判断力が弱いため憂愁を持ちます。情緒的困難があり、愛情表現が不安定になりがちです。愛情問題については諦観的であるにもかかわらず、案外、人気は高いでしょう。結婚について家族の反対を受けやすく、男女とも真に愛する人とは結ばれない傾向があります。

月と火星

合　短気で衝動的・活動的な性質を持ちます。向こう見ずに危険に突入する傾向があり、やりすぎとか早呑み込みも多いようです。他人事に干渉したがる性格のため、交際上、不和を招きやすいでしょう。強い脱サラ志向があり、新規の計画や新業務を好みます。男女とも、早く結婚すると後悔することになりがちです。

吉座相　大胆で勇敢な性格です。単刀直入で飾り気のない庶民気質にあふれ、感情的な行動が多いようです。制限や強制を嫌い、反抗的な素質もありますが、希望に向かって働くことを苦にしない性格です。積極的なビジネス活動に幸運で、困った時には助け舟が現れます。男性は働き者の妻を持ち、結婚後に財産を築きます。

凶座相　横暴で人と争う性質を持ち、怒りっぽさと気難しさが目立ちます。しばしば勤め先を変えたり新商売に手を出しますが、短気で忍耐力に乏しいことが原因のようです。取り戻しの困難な失敗や損失に遇いやすいでしょう。金使いが荒く、低級な交友や飲酒の習慣に赴く傾向もあるため自重が望まれます。男性は妻があまり役に立ってくれません。男女とも、この座相を持つ人は結婚生活に向かない傾向があります。

月と木星

合　楽観主義的な人生観を持ち、のん気で寛容な性格です。同情心が強く人をよく保護する性質を持ち、健全な実務能力もあります。社会的地位の高い友人から援助を受けやすく、富の獲得が容易です。良い住居に恵まれ、生涯を通し幸運な旅をするでしょう。男女とも、良い伴侶にめぐり合うことにより、より充実した人生を送ります。

吉座相　慈悲深く宗教心に富み、他人を寛大に扱い、またよく援助する性格です。なかなか抜け目のない実際的能力があり、ビジネス上の幸運が多いでしょう。良友の援助に恵まれやすく、投機による利益も期待できます。住居運が良く、家庭環境も良好です。男性は身も心も健康な妻に恵まれ、充実した結婚生活を営みます。

凶座相　不用意に物事を楽観視する傾向があり、それ以上に無頓着でともすると凡庸です。自由気ままで落ち着きがなく、無意味な浪費が多いでしょう。不誠実な友人のために損失を被りやすく、投機にも幸運は望めません。外国生活での不快事にも注意を要します。男性は、妻や母親との関係に円滑さを欠きがちです。

月と土星

合　質実一点張りとなりやすく、非感激的な冷淡さを持ちます。注意深い性質を持ち、陰気で臆病ですが、任務には忠実で秩序を大切にする人となります。義務に拘束されやすく、人生上の楽しみが少なく、金銭取得については一生を通し苦心するでしょう。男女とも、結婚生活に何らかの苦労がつきまといがちです。

吉座相　感情を抑圧する傾向があり、いくぶん憂鬱な人柄ですが、冷静で落ち着いた性格の持ち主です。真面目で責任感が強く、自分の義務や職分をよく弁《わきま》えた人となり、経営管理の才もあります。堅実な生活設計を持ち、事業存続の手腕も優れています。男性は晩婚になりがちですが、真面目で手腕に富んだ妻を持ちます。

凶座相　劣等感を持ちやすく、常に心に不満を抱えていて憂鬱です。取り越し苦労をしやすく、自信欠如のために好機を失います。悪友が困難の原因を作りやすく、他人の干渉に悩みます。満たされない寂しい人生となりやすく、男性は妻運に恵まれない傾向があります。

月と天王星

合　聡明で多才な人柄ですが、非凡な望みを持ちやすく、型にはまった考えを嫌います。感情的な緊張が強く、不安定な気分が突然に変化を起こさせます。思想と行動の独立性を守ろうとする気概が強いため、時には敵を作り孤立することもあるでしょう。この生れの人は、男女とも平凡な家庭生活を嫌う傾向があります。

吉座相　革新的な思想に調和する性質を持ちます。気分が変わりやすく、新奇な経験や新しい環境を求めます。明敏な知覚力を持ち、直感的な行動が多いでしょう。異常な方法によって願望を遂げやすく、人生上の目的については友人の支援があります。男女とも、結婚後のロマンスが多いでしょう。

凶座相　自意識過剰気味の傾向があります。頑固で喧嘩腰になりやすく、他人を見下す傾向もあるようです。反抗精神が強く、非常識な行動をとりがちです。共同生活には向かない性格で、友人の離反による精神的ショックもしばしばですが、原因はたいてい自分が作ります。男女とも既婚者と不義の異性関係を生じやすく、男性は離婚もあり得ます。

月と海王星

合　非常な感受性と空想がちな心、心霊的素質を持ちます。感情が高ぶりやすく、敏感すぎる心が現実に適応できず、隠遁生活を好むこともあります。競争社会には適しませんが、芸術的・創造的な仕事をする人には霊感の恵みを与える座相です。男性は、秘めた情事を持ちやすいでしょう。

吉座相　優れたインスピレーションと幻想的な才能を持ちます。同情心が強く慈善的関心もあります。大きな名声を得る反面、自己陶酔的な面があり、非現実的な望みを持ちやすいでしょう。実業関係には向きませんが、芸術家や芸能人には心理的表現力の豊かさを与える座相です。男女とも、秘めたロマンスが多いでしょう。

凶座相　自己欺瞞の傾向があり、偽りを言う性質と人気取り主義もあるようです。空想や幻想に溺れやすく、人間関係でも仕事の面でも期待を持ちすぎるため、失望が絶えません。定職に就かないか、本業を疎《おろそ》かにする傾向があり、極端な場合は夢うつつの放浪の人生となりやすいようです。男性は道徳的にルーズな面があり、異性関係で醜聞を起こしやすいでしょう。

月と冥王星

合　爆発的に気分が変わりやすく、極端な感情表示をする傾向があります。プライドの高さから人間関係の絆を破ることが多いようですが、不思議と人を惹きつける魅力もあります。人生において新局面を開く能力があり、時に応じて生活方針を刷新します。男性は自分と同じように野心家の妻を求めます。

吉座相　多情多感で爆発的な気質の持ち主とは言え、気位が高く自分でよく感情をコントロールします。肉親愛に富み、身内意識が強いでしょう。環境を支配する能力とともに、人間関係を政治的に利用する特殊な能力を持ちます。男性は人扱いに長けた妻を持ち、内助の功を受けます。

凶座相　気質的な反発性を持ち、虚栄と不快な自惚れもあるようです。自尊心を傷つけられたり侮辱されると人を許さないほうで、嫉妬と同種の感情の興奮に注意を要します。家族に対する関心が薄れやすく、肉親との絆を破る傾向があります。夫婦関係では、人に知られぬ悩みを持つでしょう。

月とドラゴン・ヘッドの合　他人との霊的・精神的な結合を示します。人間関係を穏やかに調整する能力があり、協調性があるため人気を得ます。母親や女性と調和的な関係を保ちます。

月とドラゴン・テイルの合　適応性に欠け、閉鎖的な性質を持ちます。自己中心的なため他人との折り合いがうまくいきにくく、親しい人と仲たがいしやすいでしょう。

月とASC　合　他人との交わりや変化を好む性質を持ちます。他人の影響を受けやすく、自己の主張が変わる欠点があります。人生における活動範囲が女性の影響下に置かれがちです。**吉座相**　親密な環境における女性との関係を示します。謙虚で親切なふるまいから人気を得ます。大衆との交わりに成功しやすく、世間的な引き立てを受けます。**凶座相**　対人関係が私的な感情に左右されやすく、くよくよとしやすい性質を持ちます。敵意を持つ人に関係して困難が起こります。

月とMC　合と吉座相　人間関係のコネクションによって自己の立場を強化できます。公的な業績より精神生活の豊かさを尊びます。家庭が人生における成功を支えます。**凶座相**　落ち着かない性質を持つため地位が不安定になりがちです。生活目標が変化しやすく、進路変更が多いでしょう。家庭的な問題に関して悩みが起こります。

水星の作る座相

水星と金星

合　快活な性質と愉快で気楽な態度を与える座相です。人付き合いが良くて如才《じょさい》なく、話術に魅力があり、楽しい遊びや社交を求めます。音楽・美術・文芸を愛好し、趣味感覚も年齢より若々しいでしょう。

吉座相　陽気な気分にあふれ、親切で調和的な人柄です。良い芸術的感覚とともに優れたデザインセンスがあり、手仕事や手芸を好みます。合とともに、芸術性を生かせる仕事、および若い女性を対象した一切のビジネスに有望です。若い男女との交際を好み、男性は自分より年下の人と結婚します。

凶座相　快楽に耽溺しやすく自惚れた趣味もあるようです。遊び好きで、何事にも真剣に取り組もうとせず、苦労や責任から逃げたがる傾向があるため注意を要します。軽率な恋愛遊戯も多くなりがちです。

※水星と金星は76度以上離れません。従って、作られる座相は合と、30度・45度・60度・72度のみです。

水星と火星

合　心的パワーの強さを示す座相です。鋭い機知と鋭敏な頭脳を持ち、決断が早く、物事の処理に巧妙な手腕もありますが、自分の利益追求のみに熱中するタイプとなりやすいでしょう。雄弁で討論に巧みですが、ともすると辛辣な批評家ともなりやすいため自重が望まれます。働きすぎと口論によるストレスに注意を要します。

吉座相　機敏な分析力と鋭い直覚力の持ち主です。機智縦横で物事の処理にかなりの独創性があり、作戦上手な知謀家タイプと言えるでしょう。機械技術に熟達しやすく、工学的才能もあります。討論に強く弁舌に巧みで、著述家であれば精力的な文筆活動による成功が期待できます。向上心が強く、勤め人は昇進が早いでしょう。

凶座相　利口ですが、それ以上に悪賢くて油断できない人物となりやすいでしょう。ある程度の利己主義があり、営利追求に熱心です。神経質で皮肉っぽく、議論好きな性質を持ち、攻撃的な心性を持って他人を批判するため、敵を作りやすいでしょう。人生の重大事に判断を誤る危険も生じます。ノイローゼの原因となるような神経的苛立ちと焦りに注意が必要です。

水星と木星

合　善良で楽天的な性質を持ち、そのうえ豊かな良識と健全な判断力の持ち主です。激しい社会活動より静かな学究生活を好み、読書によって多くを学ぶ人となります。知識過剰気味でやや独善的な傾向もありますが、一切の知的・文学的仕事に有望です。

吉座相　穏便で理知的な性質と構成的な知力を持ち、そのうえ広い視野と豊富なアイディアの持ち主です。知的な分野に興味を引かれやすく、博学多識な人柄ですが、常識も備えているため、世間的信用を得やすく社会生活も円満です。文学的才能があり、文筆上の仕事から名誉と高名を得ます。文学・医学・法律・教育・図書出版など、一切の知的専門職で成功を望めます。

凶座相　厚顔無礼な人柄です。大げさな判断をしやすく、都合の悪いことを見落とす神経的粗雑さもあるようです。知的偏見や固定観念にとらわれやすく、古い考えややりかたにこだわるために好機を失います。この座相を持つ人は、機転や緻密さを要求される仕事には向きません。金融や保険関係など法的・金銭的責任が伴う業務も避けたほうが無難です。

水星と土星

合　狭量ですが真面目な考えの持ち主です。意気消沈しやすく悲観的哲学を好む傾向もありますが、思慮分別に富み、精神集中力もあります。知的成長のプロセスが遅く、何事もスローテンポですが、努力して学問や資格を身につける人となります。

吉座相　統一のとれた精神と論理的な思考力を持ちます。律義で正直な人柄で、ある程度の野心と政治的洞察力もあります。計数の才能とともに簡潔な手腕があり、正確で無駄のない仕事をする人となります。合とともに、理論に添った学問研究や、官公務、その他一切の組織的業務に適します。

凶座相　疑い深く狭量な性格です。狡猾・不正直で奸計を用いる傾向もあるようです。悲観的な考えや恐怖心を持ちやすく、先見性に欠けるため好機を失います。他人から義務や面倒な問題を押し付けられる不運があり、業務なども苦労が多い割には納得の行かない結果を招くことが多いでしょう。

水星と天王星

合　才気煥発で聡明な人を作る座相です。カンが鋭く、優れた記憶力の持ち主です。独創的な発想と科学精神に富んでいます。話し好きで、革命的気分にあふれたエネルギッシュな口演家となり、友人にとても親しまれます。独立的な生活方針を持ち、独自の研究や発明によって世に知られます。

吉座相　革命的な精神を持ち、独立的で他人に制肘《せいちゅう》されない性格です。鋭い認識力があり、批判が的確です。発明の才能とともに技術的直観力もあります。特殊な分野に秀でた人となりやすく、特に自分の専門については抜群の記憶力の持ち主です。合と同じく、高度の専門知識や特殊技能を必要とする分野に適します。

凶座相　聡明ですが凝り性で、奇妙な研究癖もあるようです。皮肉っぽく無愛想で、何事にも反対する性質を持つため、人に疎《うと》まれやすいでしょう。かなりの技術的才能もありますが、神経的性急さとともに精神的エネルギーを多方面にまき散らす傾向があり、才能が惜しまれます。人に理解されにくく、社会的に追放される危険もありがちです。

水星と海王星

合　豊かな空想力と直感的な知力の持ち主です。繊細で感じやすい神経組織を持ち、音感・色感・語感など微妙な感覚に対する識別力もあります。また、他人の心情に対する同情的な理解力があります。詩的才能に富み、作家としての素質を持ちますが、精神的に混乱しやすいため、静かな時間と環境が必要です。

吉座相　豊かなイマジネーションとともにフィクションの能力を与える座相です。優れた直覚力と直感的な思想を持ちます。他人の心情や思想に影響されやすいのが弱点ですが、慈悲や慈善に対する良き理解力があります。合と同じく、作家や創作家、音響技術や映像芸術を含めたすべての創造的分野で成功が見込めます。

凶座相　精神的に散漫で、知覚が混乱したり思考が不鮮明となりやすいようです。即興的な話術や文章に良いセンスもありますが、虚言と作り話が多く、陰謀を好むことが人間関係を破壊します。公私混同の考えで失敗しやすく、漠然とした不安と恐怖が計画を不可能にするでしょう。

水星と冥王星

合　タフな思索力と知識の吸収力を持ちます。鋭敏な感覚と優れた神経集中力があり、高度の技術的熟練を必要とする職業に適した能力もあります。苦悩を放棄し、新しいアイディアに走るか、思想の転換を計ることによって精神的危機を乗り越えます。

吉座相　緻密な頭脳と疲れを知らぬ思索力を持ちます。知識と技芸の修得力に優れ、他人に対する知的優越感を誇りたがる傾向もあるようです。観察力と洞察力に優れ、特に他人の胸中を一目で見抜く能力は外交手腕に熟達させます。合とともに、調査・分析などの分野や、特殊な情報や機密を扱う仕事に適します。技術職も向くでしょう。

凶座相　知識に対するコンプレックスを持ちます。詮索癖があり、邪推したり悪い迷い心を持ちやすく、記憶に自信を失いがちです。考えすぎて頭脳が疲労し切ると破壊的になりやすいでしょう。この座相を持つ人は、過度の神経集中や緊張を避けることが必要です。秘密の漏洩や不利な暴露にも注意を要します。

水星とドラゴン・ヘッドの合　他人と思想や意見の交換をしたい欲求を示します。社交やビジネス上の交際や社交を楽しむ機会を積極的に求めます。共同の計画や、共通の興味を追求するための連合に成功します。

水星とドラゴン・テイルの合　他人を批判する性質を持つため、人に嫌われます。社会性に欠け、他人との相互関係に精神的な苦痛や心配を感じがちです。自分の考えを理解させるための努力が不足しています。

水星とASC　合　自分の環境の中での知能の開発を意味します。他人とともに考えたり、人との対話を通して人間関係を設定したい願望を持ちます。**吉座相**　他人と知り合う能力がビジネス上の好機をもたらします。知識を獲得したり、教育を受けるチャンスに恵まれます。**凶座相**　不用意に物事を軽視する傾向を持ちます。他人を批判したり、陰口を言いたがる性格のため敵を作ります。

水星とMC　合　自分の人生のはっきりした目標を設定したい欲求を持ちます。自分独自の見解や考察を明確にすることから社会的見通しが開けます。**吉座相**　自分の意見をまとめる能力が取引や交渉に成功をもたらします。良い商才があり、活発な商業活動に適します。**凶座相**　自己批判の能力に欠けるため、著述や通信・旅行に関した問題で悩みや困難が起こります。他人への軽率な批判から地位や評判を失います。

金星の作る座相

金星と火星

合　情熱的・官能的な性質を持ちます。いくぶん繊細さには欠けますが、愛する能力と美を楽しむ能力はたくましいものがあります。愛に起因した事柄によって闘争本能を刺激されやすいけれど、怒りを鎮めるのも早いほうです。女性は自由奔放なタイプとなりやすく、結婚前のラブ・アフェアが多いでしょう。

吉座相　暖かく情愛深い人柄です。人情を理解し、進んで人を助ける義侠心もあります。恋愛は激しい情熱と官能の興奮を伴います。勇敢で偉大な恋人となり得る素質があり、セクシャルな良い結婚に恵まれます。社交上手が金銭的利益をもたらしやすく、金銭の運用に熟達した手腕もあります。合とともに、絵画・彫刻・貴金属工芸に芸術的天分を持ちます。

凶座相　好色・多情な性質を持ちます。興奮性とひるがえって冷ややかな反動性もあるようです。暴力的な素質とともに愛する者と争う性質があり、無分別な恋愛事件が多いでしょう。不注意が金銭の浪費を招きやすく、激情に走るために協同事業に失敗します。

金星と木星

合　社交生活の満足と豊富な恋愛体験を示す座相です。美衣美食の愛好家となりやすいけれど、人生上の快楽を甘受する能力は十分です。他人との共同に成功しやすく、女性の社会での人気と成功も期待できます。結婚生活の幸福と繁栄も約束されています。

吉座相　優雅で温順な性質を持ち、優秀な人々から愛されます。自他ともに人気を作り出す能力があり、社交と共同に成功しやすいでしょう。愛情生活の満足と幸福な結婚も約束されています。良い美術的センスとともに芸術の総合能力があり、一切の〝美〟を扱う職業に適します。合とともに、女性を対象とした一切のビジネスに幸運です。

凶座相　極端に感情に走りやすい性質があり、世辞を喜ぶ感覚もあるようです。贅沢と派手好みが程度を越えて悪趣味となりやすく、衣裳や装飾品に金銭を浪費しがちです。誠実さに欠けるため、友情や愛情関係が長続きしません。道徳や法律を甘く考える傾向があります。これは結婚生活や社会生活に良くない影響を及ぼすので注意が必要です。

金星と土星

合　愛と調和への願いは妨害されます。愛情表現が下手なため苦悩を呼びやすく、結婚も概して遅れがちです。義務や責任のために自分の幸福を犠牲にする傾向を持つ反面、困難は緩和されやすいでしょう。年齢差のある人に愛着を持ちやすく、年長者との共同に有望です。

吉座相　不変で忠実な愛情を示します。愛する者に対して義務観念を持ち、結婚は世間や親の承認を重んじます。義務を喜んで果たす性格のため年長者から厚遇を受けます。協同事業を永続させる能力と堅実な経済手腕があり、蓄財に成功しやすいでしょう。美的・音楽的構成力があり、趣味は単純ですが強い責任感を持ちます。

凶座相　嫉妬深く厳格な愛情を持ちます。低級な色情に赴きやすく、素直な情愛に欠けるため異性から見捨てられます。財政的な苦労や物質的な心配が生じやすいでしょう。他人の冷遇に対し恨み心を持つため共同者を失います。結婚には束縛があるか、親の問題が障害となる傾向があります。

金星と天王星

合　ロマンティックな事柄に強い感受性を持ちます。刺激的・磁力的な魅力があり、ファッショナブルな感覚に富んでいます。エキセントリックな恋愛事件が多く、電撃的な結婚とそれに続く突然の離婚など、愛情生活に急変が多いでしょう。かなり頑固で気まぐれな面もありますが、若くして芸術的天分を認められます。

吉座相　ロマンティックな性質を持ちます。新しい思想に傾倒しやすく、流行に敏感です。愛情表現に異常な刺激と興奮が加わります。奇妙だが幸福な恋愛エピソードを多く持つでしょう。美術・音楽・演劇に天分があり、若くして成功します。共同社会に調和する性質とともに人間関係を機敏に調整する能力があり、不意の名声と予期せぬ利益が期待できます。

凶座相　流行感覚が度を越して挑発的な装いをする傾向があります。異性をうかつに性的に挑発しやすく、インモラルな恋愛事件が多いでしょう。性急な結婚が悲劇を作りやすく、離婚や離別が起こりやすいようです。自由気ままな考えとわがままな感情を持つため共同に失敗します。投機や投資に関した問題で損失を受けたり、苦境に立たされます。

金星と海王星

合　強い情緒的気質を持ちます。異性にたやすく影響される個性を持ち、センチメンタルな愛情に惑溺《わくでき》しがちですが、多くの場合は悲恋となりやすく、秘めた艶事が多いでしょう。快楽に対する感受性が強く、音楽・舞踊・リズムなど律動芸術に調和する性質を持ちます。無限に大きい空想力は、実社会では迷いを感じやすいでしょう。

吉座相　夢見がちな性質と魅惑的な個性を持ちます。恋愛は官能的・情緒的なムードを伴い、感覚的な快楽に夢中になりがちですが、魅力的な恋人となります。洗練された高尚な趣味を持ち、音楽や芸術への献身性もあります。実社会で戦う力には欠けますが、芸術家には有利に働く座相です。

凶座相　不安定な情緒と官能への耽溺《たんでき》性を持ちます。愛情を理想化しやすく、偽りの恋愛に陥りやすいでしょう。秘密結婚の魅力に惹かれやすく、結婚後のダブルロマンスも注意を要します。自己欺瞞が困難を招きやすく、偽りの世界に安住する性質もあるようです。性的な事柄か金銭的な事柄が原因で名声に傷をつけたり、非難を招きます。

金星と冥王星

合　蠱惑《こわく》的な性的魅力を与える座相です。恋愛は深刻な性的情緒を伴います。強烈な愛情が一転して憎悪に変わる傾向があり、愛に起因して性格や境遇の激変を招きます。冥王星の洞察力は金星の理想を打ち砕き、現実暴露を呼びやすいでしょう。共同ごとはどちらかが妥協するか隷属しない限り、やり直しは効きません。

吉座相　強烈な性的魅力と熱狂的な愛情を持ちます。並外れた生殖能力、恋愛は強い好色的・肉欲的願望を伴います。特異な芸術的天賦があり、優れた演劇的表現力は俳優や女優としての素質にも通じます。徹底的に恋愛すれば人生に良い一大変化が訪れます。

凶座相　社会的人気とともに異性を魅了する強烈なセックスアピールを持ちます。好色的熱望があり、抑制されなければ性的に過剰となりやすい傾向があります。理想と現実の相克に遇いやすく、分不相応な望みは後一歩のところで破綻しやすいでしょう。報われぬ愛を抱いたり、背徳的な恋愛事件を起こしやすく、愛情問題が原因で性格に影を作ります。

金星とドラゴン・ヘッドの合　愛すべき魅力的な性格を持ちます。他人に対して気持ち良くふるまう術を心得ています。かなりの順応性もあり、暖かく真心のある性質のために愛による結合に成功します。芸術家との交わりが教養の錬磨に役立ちます。

金星とドラゴン・テイルの合　気軽に他人と協調できない性質を持つため、交際が不愉快になりがちです。素直でないことが他人と情愛で結ばれることを妨げます。愛されるための努力が不足しています。

金星とＡＳＣ　合と吉座相　上品な人柄で、多くは美貌の持ち主です。他人への愛情あふれるふるまいも特徴です。かなりの社交性もあり、調和的な性質と、愛される性格のために周囲から幸福を受けます。良い趣味を持ち、芸術と多くかかわります。**凶座相**　愛情問題についての悩みを示します。周囲の甘やかしが人格を損ないます。贅沢や不節制によって損失を招きます。

金星とMC　合と吉座相　人生上での深く暖かい愛着の経験を示します。他人に対して思いやりのある性格が、援助的な強力な愛情を惹き寄せます。教養ある人々から良いビジネス上の感化を受けます。**凶座相**　自賛と自惚れから他人の同情を失います。思慮分別や慎重さに欠けるために損失を招きます。

火星の作る座相

火星と木星

合　エネルギッシュな体質と強い冒険精神を与える座相です。好戦的でともすれば貪欲な野心家となりがちですが、人生に対する欲望が多く、幅広い活動力を持ちます。投機的手段を好み、起業に熱意を傾けます。容易に財産を作りますが、蓄財能力には欠けるようです。

吉座相　積極的な人生観を持ち、寛大で勇壮熱烈な性格です。男性的エネルギーが強く、偉大で強力な創造力を持ちます。集団を指導統率する能力とともに規律に対する忠誠心があり、冒険的行為から名誉を得ます。所得力が強く、自分で自由に管理できる財産の形成に成功しやすいでしょう。社会事業・金融業・宣伝出版活動・自由思想運動などに成功を望めます。

凶座相　極端に急ぐ傾向があり、強く一方に偏した考えから判断の誤りを招きます。自慢と無謀が人格的な欠点を作りやすいようです。規律や保護に反抗したがる性格のため不利益を招きます。訴訟による損失と、投機や賭け事・不正行為による破財にも注意を要します。

火星と土星

合　精力を抑圧する傾向があり、意地悪く爆発的な気質を持ちます。運命的に試練の多い境遇に置かれやすいけれど、困難に耐え抜く抵抗力は十分です。不運な傷害に遇ったり頑固な疾患を持ちやすいでしょう。

吉座相　並々ならぬ忍耐力と不撓不屈の精神を与えます。質実剛健、用意周到な性格です。地道であるほど底力が発揮されやすく、老いて盛んなバイタリティを持ちます。同情を退け冷酷な見せかけをするのが唯一の欠点ですが、権威ある地位を維持し得る素質があり、長期の努力によって野心を達成します。

凶座相　活力を抑制されやすく、サディズムの素質と性的無関心もあるようです。多くは厳格さや苛酷さに傾きやすいでしょう。疑いと不信の念を抱くため、周囲の抵抗と敵意を招きます。力が尽きると破壊的になりやすく、何事も長続きしない傾向があります。無謀から起こる災難や、地位に関する不名誉な事件にも注意を要します。

火星と天王星

合　緊張性の自我を持つと言われる座相です。意志強固で、強制や圧力に強く抵抗する性質を持ちます。発作的な神経興奮にかられやすいでしょう。異常な行動をとりがちですが、ユニークな発明的創造力があり、科学技術や機械に対する興味と才能を持ちます。

吉座相　大胆で決断力に富み、自由と独立を強く求める性格です。革新的な着想と独自の発明的創造力を持ちます。偉大な建設的エネルギーがあり、予期せぬ方法によって目的を成就します。合と同じく、電気技術や航空技術、機械関係の技術者に適します。

凶座相　過度の興奮性の自我を持ちます。神経的な紛争が多く、些細な事柄にも激しく反発する性格のため、自ら闘争的な環境を作り出していきやすいでしょう。邪悪な行為に執心するため急激な破局を招きます。過労によるストレスや、機械による事故に注意が必要です。

火星と海王星

合　ダイナミックな感情表現と活動的なイマジネーションを与える座相です。海と神秘への強い興味があり、律動や流動するものへの親和性を持ちます。新しい形式を創造する力があり、新奇な方法での実験を好みます。非現実的な望みを持つため、夢破れる経験も多いでしょう。

吉座相　力強く熱狂的な性質です。主観が鋭く、理想を熱心に推進します。創造的なイマジネーションを持つ反面、芸術への興味は移ろいやすいようです。霊的・精神的大望のために感情と情熱をコントロールする気分が強く、寛大な性質が名声をもたらします。合と同じく、機関士や造船技師、その他一切の海に関した業務に有望です。

凶座相　不健全な空想に溺れやすく、迫害の異常な観念もあるようです。自己賛美と他人を疎《うと》んじる傾向があり、憎悪とわがままが人格的な欠点を作ります。非現実的な野望を持ちやすく、努力の方向を誤るため失望に見舞われます。官能への耽溺から精力を消耗します。飲酒や薬物の乱用など、一切の不健全な習慣を避けるのが賢明です。

火星と冥王星

合　尋常ならざるスタミナと非常なエネルギーを与える座相です。心理的には強迫観念を持つとされ、目的を達成するか、自分が完全に倒れるまで働く能力を持ちます。暴力的手段によって現状を終結させた後、再出発への道が開かれます。

吉座相　スーパーマン的体力と並外れたパワーを持ちます。力の表示を好み、強権を熱望します。強力な自信は必然的に偉大な野心を持たせます。これらはよく調整されれば、人生においてすべてを破壊することなく偉大な業績の達成が可能となります。原子力科学に適性を持つとされる座相で、警備や軍事にも適するでしょう。

凶座相　獣性と暴力的な素質を持ち、自ら危険に急接近しがちです。異常な精力を持つ反面、性的には倒錯傾向を持つとされます。他人への無慈悲な行為によって目的を達成しようとするため、非情な敵を作ります。仕事に対して強迫観念を持ちやすく、必要以上の犠牲を払うため、身体の酷使にも注意が必要です。

火星とドラゴン・ヘッドの合　共通の目的に向かって働く人々との連合を示します。仲間意識が強く、同僚の友情や援助に恵まれます。共同作業に成功しやすく、グループによる創造活動にも幸運を望めます。

火星とドラゴン・テイルの合　仲間と争う傾向があり、一匹狼になりがちです。単独の戦いを自らに強いるため、無駄に精力を使います。団体や組織の中での喧嘩と論争にも注意が必要です。

火星とASC　合と吉座相　闘争精神に富み、行動的な人柄です。他人に対して自己の意志を明確にしたい欲求を持ちます。人を指導し指図する能力に優れています。機械や技術職に適性があります。**凶座相**　喧嘩好きで、人と争う性質を持ちます。他人が原因で不人気を招きます。予期しない暴力や事故に遇いやすいでしょう。

火星とMC　合と吉座相　自我意識を持った行動を示します。仕事の成功が人生上の独立への道を開きます。良い決断が社会的評価を招きます。積極的な企業活動に成功を望めます。**凶座相**

早まった行動や、悪い立案が人生の方向性を誤らせる結果を招きます。病気や怪我が障害となりやすいでしょう。喧嘩や口論が原因で起こる損失にも注意を要します。

大惑星が作る座相

10個の惑星のうちで、木星・土星・天王星・海王星・冥王星は運行速度がきわめて遅いため、惑星間で座相を作る期間も長期にわたります。大惑星が作る座相は特定の社会的状況を作り出すため、その座相が作られる期間に生れた人たちに共通の社会的体験を与えます。従って、それらの人たちに個人的にと言うよりは世代的な影響を与えます。

木星・土星・天王星・海王星・冥王星が作る座相は、これらの座相を持つ人たちにとってごく一般的な効果を持ち、個人に関してはそれほど大きな意味を持ちません。しかし、個人のホロスコープでもこれらの惑星がＡＳＣの支配星か、太陽・月によって強化されていると、強い効果が現れてきますので、注目する必要があります。

大惑星が作る座相は、経済変動の周期と密接な関係があるため、大惑星の動きによって変動の時期を予測することが可能となります。以下、大惑星が景気や社会情勢に与える効果も含めて大惑星が作る座相の意味を解説します。

木星の作る座相

木星と土星

木星と土星の合は、特別に「**大合（グレート・コンジャンクション）**」と呼ばれています。合と衝は約20年周期で生じ、経済構造の転換期を示し、国民生活の形成に重大な影響を与えます。また、この時期には基幹産業（農業・電力・石炭・鉄鉱など）が見直されます。世界的な争論が起こる時期とも言われ、政治改革と軍事同盟とも関係の深い座相です。近年では、91年の木星と土星の衝のもとに「8月革命」に続く旧ソ連邦の解体と、ＣＩＳ（ロシア独立国家共同体）の樹立が起こっています。

合　重責を完遂する能力と偉大な業務執行力を与える座相です。質実・剛直な性格で、保守的な思想を持ちます。人生上の試練が人格の円熟化を促します。堅実な人生目標を持ち、真面目な努力によって世間の信用を獲得し、富と地位を築くでしょう。

吉座相　健全で真面目な目的意識があり、優れた実務能力を持ちます。政治的・財政的手腕があり、その成功を望めます。宗教や哲学に造詣が深く、賢明なやり方で人々を援助する人となり、偉大な社会的勢力を握るでしょう。法律上の保護を得やすく、幸福と繁栄による生活の向上も期待できます。

凶座相　唯物論的思想に傾きやすく、世俗的な野心だけは十分ですが、独創性に乏しく永続性にも欠けるため、成功が遅れがちです。性格は頑固で憂鬱で、ともすると任務を執行するだけの類型的人物となりやすいようです。法律の援助を受けにくく、財政上の失敗から資産を失うこともあるでしょう。

木星と天王星

木星と天王星の合は約14年周期で生じます。科学技術が飛躍的に進歩する時であり、エレクトロニクス・コンピューター・光ファイバー・レーザー機器などの先端技術産業が急成長して新時代が到来します。また、この座相下ではしばしば軍需景気が生じて好景気がもたらされます。政治的にはイデオロギー革命が起こる時期と言われ、近年では89年から90年にかけての衝のもとで起こった東西ドイツの統合と、東欧諸国の民主化が印象深い事件です。

合　独立的な生活信条を持ち、片意地に信念を固守します。革新的な思想に傾倒しがちですが、意識のレベルが高く、純粋かつ献身的な信仰心があります。秘学への興味と、その研究による成功も期待できます。ユニークな人生体験をしやすく、予期せぬ時に友情を得たり知的援助に恵まれるでしょう。

吉座相　楽天主義的な独立精神を持ちます。宗教や哲学への独創的な見解とともに、高度の知識や学術への理解力があります。幸福な理想と高い政治理念を持ち、新しい事物に対する先見力と予知能力もあります。予期せぬ時に利得を得たり至福の好機にめぐり合うでしょう。社会事業や公的な協同事業による成功も期待できます。

凶座相　誤った思想や信念に固執する性質を持ちます。純理論的な考えに傾きすぎたり儀式批判の傾向を持つため、権威者と争いを起こしやすいでしょう。独善的になりやすく、仲間を無視して自分だけが抜きん出ようとするため友情を失います。主義や見解の相違が協同事業を失敗に導きます。法的紛争や訴訟問題における敗訴の危険もあり得ます。

木星と海王星

木星と海王星の合は約13年周期で生じます。通貨の膨張と暴落によるインフレーションが発生し、通貨危機が起こる時と言われ、場合によっては通貨体制の変動も起こります。衝が生じる時期には、金融サイドからのオーバーローンが起こり、企業の経営内容が不健全な状態に陥りやすいでしょう。近年では、90年に生じた木星と海王星の衝による金融相場の暴落と、それに続くバブル経済の破綻がその好例と言えます。

合　理想社会への憧憬とともに博愛主義的人生観を持ちます。神秘と瞑想に心を惹かれやすく、神秘主義的な著作や芸術を好み、詩人や画家としての素質もあります。卓越した直感力と神秘能力があり、物質を支配する精神の優位性を確信します。情深く、口の利けない動物を憐れみ、自然と戸外の生活を愛するでしょう。

吉座相　人道的・理想主義的な人生観を持ちます。幸福なビジョンと積極的なイマジネーションを持ち、形而上学への興味もあります。豊かな情緒と感情表現は、芸術や創作の分野にも生かせるでしょう。物質的な願望は持たないほうですが、優れた財政手腕があり、慈善や福祉を目的とした事業で成功を望めます。意外な面ではスペキュレーション（投機）の才能があり、霊感が金運に結びつくことがあります。

凶座相　非現実的なアイディアを持ちやすく、具体性に欠けた計画や根拠のない信頼から人生を混乱に導きがちです。感情過剰になりやすく、異常感覚を感じたり、迷信深さとだまされやすさもあるようです。虚偽や偽善に傾きやすく、何事も曖昧にする性格から誤解を招きます。経済観念に乏しく、財務に無責任なことから信用を薄くするでしょう。

木星と冥王星

木星と冥王星の合は約12年周期で生じます。「確立した基盤」を表す座相と言われ、保守政権の樹立と財閥の強化に関係があるものと思われます。過去の例からは「金融恐慌」の時と言われ、国際経済の原理が転換する時に当たります。また、この合のもとではしばしば「核」にまつわる事件が発生します。81年の合では、レーガン米大統領が高金利政策とともに核軍備を軸とした軍事大国化構想を打ち出しています。94年の合では、世界的な核戦力の増強や核保有国の増加など、世界がまさに核問題で震撼した時となりました。

合　宗教的信念に基づき社会を改革・再生しようとする使命感を持ちます。カリスマ性とともに集団を導く能力があります。政治的にはプルトクラシー（金権万能主義）の傾向があり、最高度の権威を渇望します。本人の修養次第で純粋な精神的分野・物質的分野、いずれの領域にも無限に展開し得る能力を秘めています。

吉座相　宗教的な社会観を持ち、輝かしい組織力とともに集団を知的・精神的に指導する能力があります。また、学問の鑑賞力と修得力に優れています。政治的には財力と権力の中枢を掌握できる見込みがあります。偉業達成のためのオールマイティな力の所有に成功しやすく、確立した社会的基盤を築くでしょう。

凶座相　冒瀆的な宗教観を持ち、財力と金権力を渇望します。悪徳や不正に走りやすく、財政的な問題についてもモラルを問われがちです。また、政治的な権力抗争に関係しやすいでしょう。最悪の場合は、社会的勢力・地位・財産など、一切を失う不運に見舞われます。

木星とドラゴン・ヘッドの合　有望な良い人間関係、相互利益を伴う楽しい交際を示します。正しい社会的センスを持つため、人に信用され幅広い支持者を得ます。その他、一切の共同や連合に成功を望めます。

木星とドラゴン・テイルの合　非社会的な性質を持つため、交際に恵まれません。自分の利益に執心するため、人の信頼を失います。良い人間関係を築くための努力が不足しています。

木星とASC　合と吉座相　人気があって人に好かれる性格です。周囲の人々から好意的な影響を受けやすく、快適な環境に恵まれます。社会活動の成功が出世を早めます。自分自身のために楽しい家庭を創造します。**凶座相**　不実な友人や贅沢が原因で悩みを生じます。愚かな熱中や正しくない願望によって人生の道を誤ります。

木星とMC　合と吉座相　成功するために楽しく努力すること、人生における楽観主義を示します。柔軟で妥協的な性格が社会生活を広げます。上位者の引き立てによって着実に地位が向上します。**凶座相**　社会生活における困難を示します。権力者や有力者に関係した悩みが生じやすくなります。法的な紛争や財政的なトラブルが地位を危険にさらします。

土星の作る座相

土星と天王星

土星と天王星の合と衝は約45年周期で生じます。その中間期に生じるスクエアは、合と衝のほぼ10年から11年後に生じます。土星と天王星の合と衝、およびスクエアは、世界的な大戦争と大不況の時として知られています。また、この時期には世界的な異常気象によって穀物生産に重要な支障が起こり、食糧不足と、それに伴う物価高騰に悩む国が多くなります。65年の衝では、米国がベトナム戦争に介入。日本では物価高騰時代であり、不況対策のために赤字国債が発行されています。75年に生じたスクエアでは再び日本を大不況が襲い、大型倒産が続出。87年から90年にかけての合では、世界的な異常気象と暖冬異変の始まり。90年8月にはイラクによるクェート進攻。91年2月には湾岸戦争が勃発しています。次のスクエアは、99年から2000年にかけて生じます。世界的な食糧危機と経済破綻、最終戦争勃発が懸念されます。

合　強固な意志と、異常な方法ではあるけれど実際的な計画を持ちます。相当な科学的才能と発明力があります。世俗的な干渉に強く抵抗する性質を持ち、苦境に耐え抜く力は抜群ですが、極端に独立的な生活方針を持つため、風変わりな人物となりがちです。肉親との疎遠や貧乏が平気だったり、概して異常な人生となりやすいでしょう。

吉座相　強靱な精神力と忍耐力、真理への非常な献身性を持ちます。賞讃すべき知性と革命的な発想を持ち、学者であれば正当な学理に反するような理論体系を編み出します。特異な政治的術策と公的権力を駆使する能力があり、強い意志と真面目な性質によって重責ある地位に留まります。

凶座相　反社会的・非社交的な性質を持ちます。風変わりな所信や趣味を持ち、哲学的主題にこだわるため物事が停滞しがちです。運命的に妨害されたり抑圧される傾向があり、他人に苦汁を飲まされる不運もあるようです。政治的には独裁的革命家としての素質もありますが、良い地位からも失墜・転落しやすく、晩年も孤独になりやすいでしょう。

土星と海王星

合と衝は約35年周期で生じます。社会秩序の混乱、政治モラルの低下と軍閥の腐敗、政治的・軍事的陰謀が横行する時とされます。また、この座相のもとではしばしば労働運動が激化し、ゼネラルストライキが多発します。73年の衝では、アラブ諸国の石油戦略によるオイル・ショックとエネルギー危機。79年のスクエアではソ連のアフガニスタン進攻。88年の合ではリクルート・スキャンダル。99年から2000年にかけてのスクエアでは、無政府状態の進行と、世紀末の大混乱が予想されます。

合　物質社会で理想を形成しようとする願望と、自力本願の信念を持ちます。犠牲と受難を甘受したり禁欲生活への憧れもあるようですが、概して野心的で世俗的名声への欲求も強いほうでしょう。社会的に抑圧されやすく、地位や経歴について奇妙な醜聞がつきまとうこともありがちです。

吉座相　優れた自己統制力と精神集中力を持ちます。健全な計画と実際的な手腕が理想の実現を助けます。卓越した知性があり、物事を秩序立てたり組織をアレンジする能力に優れています。理路整然とした感覚を好むため、潔癖で綿密な性格になりがちですが、夢とユーモアを失わない実務の手腕家となるでしょう。

凶座相　理想と現実の相剋に遇いやすく、悲観的な空想にかられたり劣等感にとりつかれやすいようです。運命的に醜聞・陰謀・裏切りなど、不快な現実と直面する不運を持ちます。組織的・政治的な腐敗と関係しやすく、長上者のために犠牲を強いられたり、陰険なやり方で立場を攻撃されることもあるでしょう。

土星と冥王星

周期は未定。大国の支配権力の強制と圧迫に対する弱小国家の抵抗が起こる時とされています。民族主義の台頭と独立戦争とも関係の深い座相です。近年生じた合としては、82年のフォークランド戦争と83年の米国のグレナダ進攻が印象深い事件です。スクエアは91年から93年にかけて生じました。91年9月にはソ連領バルト三国が独立宣言。その後も世界的に民族独立運動が高まり、現在もなお、かつてないほどの広がりと深さで民族紛争が激化していることは周知の通りです。

合　非常な自制力と克己心とともに、最高度のレコードホルダーとなり得る素質を持ちます。運命的に自己の能力を上回る試練を受けがちですが、逆境からでも這い上がろうとする意志が強く、徹底的な自己訓練によってよく困難を克服します。

吉座相　不撓不屈の忍耐力を持ち、徹底した自己訓練によって困難な目的を達成します。権能の掌握と職権の行使に優れた能力を持つため、時には苛酷にやりすぎる傾向もありますが、現実洞察力が強く、堅実な打算があるため破綻をきたしません。相当な実力者と交際して良い地位や権利をつかむでしょう。

凶座相　極端に利己的な野心を持ち、地位や権力に対する強迫観念もあるようです。自分の目的を冷酷非情な手段によって遂げようとするため、これが原因で自滅を招きます。処理の困難な作業に独りで耐え続ける不運があり、他人の成功によって運を妨げられやすいでしょう。

土星とドラゴン・ヘッドの合　社会の規範に外れず、集団の規律に従う性質を持ちます。熟練した経験ある人々との交際を求めます。年上の人たちから後援を得られます。

土星とドラゴン・テイルの合　人間関係での不和と障害を示します。片意地な性格を持つため、他人から阻害されたり損害を受けます。共同の仕事や団体活動で困難に遇いやすいでしょう。

土星とASC　合　人生の早期の困難な経験を通して、早い自己完成を示します。個性を抑圧しがちですが、真面目で責任感の強い性格です。**吉座相**　勤勉で根気の良い性格です。若い時の経験を通して得た教訓を一生の間、持ち続けます。不動産を手に入れたり、相続による利得がありります。**凶座相**　制限の多い環境から起こる苦悩や抑圧を示します。家族に関した問題や年長者に原因する悩みが起こりやすいでしょう。

土星とMC　合と吉座相　自分の人生目標への強いこだわりと、希望に執着する性質を持ちます。重責に耐える能力があり、持続的な努力によって成功します。**凶座相**　人生上の目的を妨害される不運を持ちます。臆病と警戒心が進歩を遅らせます。責任問題に関する困難や、地位に関して不名誉な事件が起こります。

天王星の作る座相

天王星と海王星

天王星と海王星の合と衝は171年という長い周期で生じます。精神的・道徳的基準の混乱と改革が起こる時と言われます。過去の例では思想史に大きな転換期を迎えており、新しい思想的潮流を暗示するものと思われます。近年では、1990年代の前半に連続的な合が生じています。若い世代を中心とした精神世界ブームやエコロジー運動と関係がありそうですが、この座相の世代に及ぼす影響については、さらなる観察と調査が必要でしょう。

合　直感的理想主義と空想世界での独創性を持ちます。啓発された清冽な感覚と覚醒した意識を持ち、神秘主義や心霊問題への興味とその才能もあります。かなりわがままでエキセントリックな性格ですが、軽視できない天才的素質を与える座相です。

吉座相　高度の直感力と超意識力を持ちます。ビジョンを描く力に優れ、インスピレーションが内面的な啓発と心の世界の拡大に役立ちます。情緒に感じやすく抽象的なものを理解し、理想社会に向かって確信に満ちた足取りで前進する人たちです。この座相は、一群の天才によって達成された科学・思想・文芸・芸術の各分野での業績と関係があるかも知れません。

凶座相　精神的混乱を招くような奇妙な空想癖と不鮮明な意識を持ちます。不安定な情緒と敏感で落ち着かない性質があり、迷いと不吉な予感によって前進を妨げられやすいでしょう。この座相は、この世代の刹那主義的な生き方や、信じられるものを見出せない精神的不幸と関係がありそうです。

天王星と冥王星

合は1960年代に生まれた人々が持つ座相です。60年代は学生と労働組合が組織・運動の中心となった安保闘争の時代です。また、この前後から米国のベトナム戦争介入に絶望したアメリカの若者たちによって反戦運動が起こっています。この合を持つ世代は、かつて新時代の担い手となる世代ではないかと考えられたこともありますが、現在のところ、その歴史の中での位置づけは不明です。

合　現状の崩壊と新しい建設という意味を持つ座相です。改革改造へのファイトと非常な創造的エネルギーを持ちます。目的に対する強烈な目覚めと疲れを知らぬ我慢強さがあり、これらは必然的に狂信性や偏執癖を生じます。暴力の集団化と関係しやすく、運命的に時代的・体制的な変革に直面させられる傾向を持ちます。

吉座相　古い体制を崩壊して新しい事物を創造するという意味を持ちます。革命的変化への無限のエネルギーと休みなき戦闘力があり、目的達成のために集団を組織する特殊な能力を持ちます。

凶座相　現存しているものを転覆させようとする性質を持ち、破壊的な事柄に執心しがちです。将来に対する確かな洞察と設計を欠くことから何事も永続しない傾向があり、職業生活の激変に遇いやすいでしょう。時代変革の嵐と体制危機をはらんだ座相です。

天王星とドラゴン・ヘッドの合　他人と共同生活をしたり、他人と新しい経験を分かち合う欲求を示します。活気のある、バラエティに富んだ交友関係を持ちます。改革を主張する団体に合流します。

天王星とドラゴン・テイルの合　他人が原因で起こる神経的な苛立ちや不安を示します。共同生活を維持する能力に欠け、団体活動でも不意の出来事に遇いやすいでしょう。

天王星とＡＳＣ　合　周囲の影響に素早く対応する性質を持ちます。変化と多様性を好み、新しいことに積極的に取り組みます。テクノロジーにかかわる経験を持ちます。**吉座相**　変化に対して機敏に反応する性質を持ちます。突然に幸運な人間関係が発生したり、予期しない有望な出来事が起こります。**凶座相**　計画性のない行動をとるため、予想外の出来事に遭遇します。変化に即応する能力に欠け、神経的な不調を起こしやすいでしょう。

天王星とＭＣ　合　人生目標が変化しやすく、独創的な生活方針を持ちます。安定した身分より変わった経歴を求めます。**吉座相**　職業上の急速な進歩と、身分や地位の幸運な変化を示します。予期しない人気を得たり、新しい経験をする機会に恵まれます。**凶座相**　突然に運命が逆転しやすく、物事が裏目に出がちです。自分独自のやり方にこだわるため、予期しない非難を受けたり、予想外の災難に遇いやすいでしょう。

海王星の作る座相

海王星と冥王星

合は1890年代に作られた座相で、次にこの合が作られるのは21世紀です。セキスタイルは、20世紀の半ば頃から、星座を変えながらかなりの長期にわたって作られており、現在もなお山羊座と蠍座で継続中です。新・文芸復興運動（ニュー・ルネッサンス）や、新興宗教の台頭とも関係する座相と言われていますが、詳しいことはわかっていません。

合　超自然の領域における純粋かつ強烈な霊的生活を意味します。非情に活動的な幻想と想像力とともに、神秘や心霊に接触し得る最高度の感覚を持ちます。自己の内面を掘り下げることにより内的真理を実現し得る能力を持ちますが、健全な社会常識や正しい信仰を持つことにより狂気を緩和する必要があります。著作家や芸術家、超自然現象の探求家などには恵みを与える座相です。

吉座相　神秘的才能とともに内面的啓示の恩恵を与える座相です。直感力と想像力に優れ、超自然現象の探求や神秘学の研究を通して隠された真理へ到達し得る能力を持ちますが、合と同じく、異常心理を生じやすい傾向に注意が必要です。

凶座相　魔術師的才能を持つ座相と言われ、詐欺・トリック・集団催眠とも関係します。心理的強制や暗示に屈しやすい性質もあるようです。麻薬・アルコール・ニコチンを切望する体質となったり、妄想的な考えやアブノーマルな事柄にとりつかれた精神状態に陥りやすいことに注意を要します。

海王星とドラゴン・ヘッドの合　共同意識や団体精神の欠如を示します。共同生活を通して指導を受けたい望みを持つ反面、仲間や団体に可能以上に期待する傾向を持ちます。他人から隔離された生活を好みます。

海王星とドラゴン・テイルの合　人間関係における失望と幻滅を示します。他人をあざむく傾向とともに、他人にだまされる不運を持ちます。

海王星とASC　合　環境からの作用に敏感な性質を持ちます。他人に影響されやすい個性を持つ反面、非現実的な考えを持つため、人に理解されにくい傾向があります。**吉座相**　他人に対する同情的な理解力を持ちます。直感力に優れ、芸術的な素質に恵まれています。**凶座相**　たやすく他人の支配や干渉に自分を明け渡す傾向を持ちます。心理的に不安定になりやすく、失望と幻滅の体験が多いでしょう。

海王星とMC　合　不確定な人生目標を持ちます。自我意識の欠如した行動をとるために、他人に誤解されがちです。**吉座相**　多くのアイディアや、広範囲の目的に専念する傾向を持ちます。職歴が曖昧か、職業上の放浪が多くなりがちです。**凶座相**　自分の立場を保持する能力に欠け、無目的な人生となりがちです。詐欺に遇ったり、友人の誤った忠告から失敗しやすいでしょう。

冥王星の作る座相

冥王星とドラゴン・ヘッドの合　他人を支配したり他人に影響力を持ちたい願望を示します。共通の運命を持つ人々や、自分の未来に重要な役割を果たす人物と出会います。大きな団体や組織との共同に成功しやすいでしょう。

冥王星とドラゴン・テイルの合　他人の影響や強い力の干渉に反発する性質を持ちます。人々との共同や連係を束縛と感じます。善悪にかかわらず、共通の環境に生きる人々と運命をともにしやすいでしょう。

冥王星とＡＳＣ 合　自分の環境の中で傑出したい、または職業上で重要人物になりたい願望を持ちます。自分の特異な個性を通し、周囲の人々に影響を及ぼす力に優れています。**吉座相**　情熱的な性格で、権威と権力を得るための努力を惜しみません。周囲の状況や環境を再整理する能力に優れています。**凶座相**　異常な成功欲を持ちます。力による独裁を夢見ます。自分の環境を徹底的に変化させます。

冥王星とＭＣ 合　人生上の決定的な大変化を示します。強烈なエネルギーによって自分の目的を追求します。特殊な分野で異彩を放つ人となりやすく、独自の人生を形成します。**吉座相**　慎重な性格で、自分の地位を守る能力に優れています。社会的認知を得やすく、名声と権力の達成に成功します。**凶座相**　摂理による人生上の運命的変化を示します。反社会的なやり方で支配しようとするため、人々の抵抗と反発に遇います。力の誤用から自滅を招きます。

出生天宮図の作成と計算法

個人の運勢を知るために使用するホロスコープには、出生時の惑星の位置に基づいて作成した「**出生図・ネータル** Natal」と、本人の満年齢における惑星の位置に基づいて作成した「**進行図・プログレス** Progressed」との二種があります。ふつう出生天宮図と呼んでいるのはネータル・ホロスコープのことで、このほかにもバース・チャートとかネイティビティ（誕生図）という言いかたをする場合もあります。この章では、「出生図」の作り方を例題を上げて順を追いながら説明します。「進行図」の作り方は基本的には出生図の作り方と同じですが、詳しくは〝未来予知の章〟で述べます。

ホロスコープで度数を数える時は、時計の針と逆回りの方向、つまり左回りに数えていきます。全12星座の角度は360度で、1星座は30度、ある星座の30度目が次の星座の0度となります。1度は60分、1分は60秒です。時間は1時間が60分、1分は60秒です。度と時間の計算は、普通の10進法の計算と違って60進法になっています。

度と時間の計算は、対数表を使うか、場合によっては概算でもできますが、現在は電卓が市販されていますから、度分秒（時分秒）表示キーと10進数・60進数変換キーのついた電卓を使うと容易にできます。そのやり方は、まず度分秒（時分秒）を変換キーを用いてすべて10進数になおし、そのまま10進法で計算します。それから出た数値を、再び変換キーを用いて60進数に戻します。答えは度分秒（時分秒）によって表示されます。本書では、度と時間の計算はすべてこの方法で電卓を使って行っています。

ホロスコープ作成に必要な天文暦・室項表・恒星時表など

ホロスコープを作るためにまず必要なものは、毎年毎日の惑星の運行状態を表にしたものである「**天文暦・エフェメリス**　Ephemeris」です。最近では日本版の天文暦も出版されていますが、より権威のあるものを、と思う方は外国版の天文暦を入手されると良いでしょう。外国図書の取次店（東京日本橋の丸善書店など）でその便宜を計ってくれます。

なお、外国版の天文暦はすべて世界標準時（グリニッジ・タイム）で作成されています。次にその代表的なものを上げます。

『ラファエル天文暦』
Raphael's Astronomical Ephemeris
W.Foulsham & Co.Ltd

占星学用の天文暦としては最も権威あるもので、１８６０年以来、一年ごとに発行され、英国グリニッジ正午（at Noon）における毎日の惑星の位置が載っています。日本で使う場合には惑星の位置を日本時間に計算しなおさなければなりませんが、太陽と月の入座（イングレス）時間、月の位相（満月・新月・上弦・下弦）、惑星の一日の運動速度、太陽・月・惑星の毎日の座相が載っている点で、非常に活用範囲の広いものです。少なくとも、自分の生れた年の分だけは入手しておくことが望ましいでしょう。

『日本占星天文暦』（1920～2020年　日本標準時）

実業之日本社刊

日本版天文暦の代表的なもので、日本標準時午前0時（at Midnight）で作成してあります。全一冊の中に、1920年から2020年まで101年分の惑星の毎日の位置と、太陽のイングレス時間、月の位相が載っています。日本標準時で作成してあるため日本時間に換算する必要がなく、たいへん便利なものです。また20年以上先まで載っているので未来予知にも便利です。

※ 世界標準時は、英国のグリニッジ天文台を通る子午線を世界の標準子午線と定め、これをもとに決められています。日本標準時は、東経135度（兵庫県明石）を通る子午線を標準子午線と定め、太陽がこの子午線を経過する時を正午として、全国共通で使う時間を決めたものです。世界標準時の0時は、日本標準時の9時となります。

次に必要なものが「**室項（ハウス・カスプ）表**」です。室項表とは各地方における一日の各時間ごとに南中する星座と度を示したもので、ハウス分割をするために使います。**本書では**、巻末に東京の緯度（北緯35度39分）に相当する室項表を載せてあります。日本国内で誕生した人の場合はこれをそのまま使っても大きな誤差は出ませんが、厳密には出生地の緯度に相当する室項表が必要です。国外で生れた人や、より正確なハウス位置を知りたい方は、「ラファエル室項表」を入手してください。北緯2度から北緯59度56分までのハウス位置が載っていますから、一冊持っているとたいへん便利です。

『ラファエル室項表』

Raphael's Tables of Houses

W.Foulsham & Co.Ltd

ラファエル室項表のハウス分割の方式は「プラシーダス式」と呼ばれるもので、現在、最も一般的に使われているものです。ハウス分割の方法については、このほかにもさまざまなやり方があります。

次に必要なものは、「**恒星時表**」と「**時差表**」です。恒星時とは、春分点、すなわち牡羊座の0度が経度0度を通過した時を0時として定めた、地球の恒星に対する1日の時間周期のことです。私たちが日常使っている1日24時間の時計時は、便宜的に定められたものです。地球は実際には約23時間56分04秒で自転しています。そのため、恒星時は時計時よりも毎日約3分56秒ほど先へ進んでいます（このため、暦法では4年に1度、閏年を設けて時計時と恒星時を同調させています）。恒星時は地球の各地で異なり、その変化は経度15度（時差1時間）につき約10秒（正確には9・86秒）です。

ラファエル天文暦には英国グリニッジ（経度0度）に対する毎日正午の恒星時（Sidereal Time）が載っていますが、その他の地方ではその土地の経度に対する地方恒星時（Local Sidereal Time）を計算によって出さなければなりません。東京を例に上げてみますと、グリニッジから東京（東経139度45分）までの時差9時間19分を加えたものが東京の地方恒星時となります。

本書では、グリニッジ毎日正午における毎年共通の平均恒星時を巻末に載せてあります。時差については、日本主要都市の緯度と経度、およびグリニッジから日本主要都市までの時差の表を載せてありますから、自分の出生地に最も近い都市のものを選んで使ってください。また主要外国首都についても同様のデータを載せてあります。

ホロスコープを作る前に確認しておくこと

ホロスコープを作るために必要なデータは、**「生年月日」「出生時間」「出生地」**の三つです。当然のことですが、データが実際のものと違っていれば正確なホロスコープは作れませんから、生年月日・出生時間・出生地は必ず確認します。実際に誕生した日と戸籍上の日付けが違う場合は、必ず実際の誕生日を使います。また、実際に誕生した土地と本籍地が違う場合も、必ず実際の出生地を使います。出生時間については、誕生した嬰児が初めて自力で呼吸をした瞬間、すなわち産声を上げた時を出生時間とします。

出生時間は正確な記録があるか、少なくとも1時間程度の範囲内で判明していることが必要です。出生時間が不正確なケースについては、進行したＡＳＣやＭＣに対する他の惑星とのアスペクトを使って出生時間を修正する方法があります。これを出生時間の修正（レクチファイ）と言います。

出生時間がまったく不明の場合は、出生日の日の出時間を使って仮のホロスコープを作成し、さらにレクチファイによって正しい出生時間を求めていく作業を行います。しかし、このようにして求めた出生時間はあくまで推定であって、出生時間は正確なものほど良いことは言うまでもありません。出生時間のレクチファイについては初学者にとっては複雑になりすぎますので、本書では割愛します。

本書では、ラファエル天文暦を用いる方法と、日本占星天文暦を用いる方法との二通りのホロスコープの作り方について説明します。例題は、1994年11月6日　午後1時43分　東京生れの人とします。

「ラファエル天文暦」によるホロスコープの作り方

生年月日　1994年11月6日
出生時間　午後1時43分
出生地　東京（日本）

❶　出生時間をグリニッジ・タイムに換算する

外国版の天文暦はすべて世界標準時に基づいて作られています。そこで、まず出生時間をグリニッジ・タイムになおします。日本時間はグリニッジ・タイムより9時間進んでいますから、出生時間から9時間をマイナスすればグリニッジ・タイムによる出生時間が出ます。

例題の場合は、

PM1：43＋12：00−9：00＝AM4：43

以上の計算によって、例題の人のグリニッジ出生時間は午前4時43分となります。

★グリニッジ出生時間　AM4：43

※　この計算で、日本時間で午前9時以前に生れた人は出生日が前日に変わります。

その場合は、恒星時や惑星の位置は必ず前日の日付けで調べます。また、日本時間で午後9時以前に生れた人は、午後が午前に変わりますから注意してください。

❷　正午までの時間差を求める

ラファエル天文暦は正午を基準として作られています。そこで、グリニッジ出生時間の正午までの時間差を計算によって出します。正午までの時間差を求めるには、グリニッジ出生時間が午後ならその時間をそのまま用い、午前ならば12時間からグリニッジ出生時間をマイナスします。この計算で、グリニッジ出生時間が午前なら出た数値に－を、午後ならば＋を記入しておきます。

例題の場合は、

12：00－4：43＝7：17

以上の計算によって、正午までの時間差はマイナス7時間17分となります。

★正午までの時間差　－7：17

❸　時間差の加速度を求める

恒星時は時計時よりも約10秒だけ不足しています。このずれを補正するために、正午までの時間差に10秒を掛けた数値を求めます。この計算で、グリニッジ出生時間が午前なら出た数値に－を、午後ならば＋を記入しておきます。

7：17：00×00：00：10＝00：01：13

正午までの時間差に対する加速度は、マイナス1分13秒となります。

★時間差の加速度　－00：01：13

❹　出生地の緯度と経度を求める

出生地の緯度と経度を知るためには地図帳を見ますが、市販の地図帳には各地方の細密な緯度と経度は記載されてないのが普通です。そこで巻末の「日本主要都市の緯度と経度の表」を使いますが、誤差をなるべく少なくするために出生地に最も近い都市のものを採用してください。

例題の人の場合は東京生れですから、

北緯35度39分（N 35° 39′）

東経139度45分（E 139° 45′）

となります。

❺ 出生日の恒星時を求める

ラファエル天文暦には毎日のグリニッジ正午における恒星時が載っていますが、ラファエル天文暦を入手できない場合は本書巻末の「毎年の平均恒星時表」を用いてください。

例題の人の場合は、ラファエル天文暦（250頁参照）から11月6日グリニッジ正午の恒星時は15：01：53であることがわかります。

★出生日の恒星時　ＳＴ 15：01：53

❻ グリニッジ出生時における恒星時を求める

出生日の恒星時に❷で求めた正午までの時間差と、❸で求めた時間差の加速度を合計したもの（午前生れならマイナス、午後生れならプラス）がグリニッジ出生時における恒星時となります。

ＳＴ 15：01：53－7：17：00－00：01：13＝7：43：40

以上の計算から、グリニッジ出生時における恒星時は7：43：40となります。

★グリニッジ出生時の恒星時　7：43：40

※　この計算で、恒星時より正午までの時間差のほうが大きい場合は、恒星時に24時間をプラスしてから時間差をマイナスします。また、恒星時に時間差をプラスしたものが24時間を越える場合は、その時間から24時間をマイナスします。

❼　グリニッジ出世時における地方恒星時を求める

❻で求めた出生時の恒星時は、英国グリニッジ、すなわち経度0度における恒星時ですから、これを地方恒星時（LST）、つまり出生地の緯度に対する恒星時になおさなければなりません。

その計算は、次のようにします。

まず、グリニッジから出生地までの時差を求めます。地球は全周360度を24時間、すなわち1440分で回転しますから、1度を回転するためには4分かかることになります。従って、出生地の経度に4分を掛けたものがグリニッジから出生地までの時差となります。

※　この計算で、出生地が東経（E）の場合は時差をプラス、西経（W）の場合はマイナスします。

例題の人の場合は、

東京の経度　E 139°45′

0：04×139°45′＝0：559

＝9：19

グリニッジから東京までの時差はプラス9時間19分となります。以上の計算が面倒と思われる方は、**本書巻末**の「グリニッジから日本主要都市までの時差表」をそのまま用いても差しつかえありません。

この時差を、❻で求めたグリニッジ出生時の恒星時に加えたものがグリニッジ出生時における地方恒星時となります。

★グリニッジ出生時の恒星時　7：43：40
★グリニッジから東京までの時差　＋9：19
7：43：40＋9：19：00＝17：02：40
以上の計算によって、グリニッジ出世時の地方恒星時は17：02：40となります。
★グリニッジ出生時の地方恒星時　ＬＳＴ17：02：40
※　この計算で、地方恒星時が24時を越えた場合は、出た答えから24時をマイナスします。

❽　室項表を使ってハウス分割を行う

ハウス分割とは、室項表を使って黄道12宮を各12室に配置することです。これによってホロスコープの各12室の境界線（カスプ）に来る星座と度がわかります。ハウス分割を行うためには、ラファエル室項表があれば理想的ですが、ラファエル室項表を入手できない場合は、**本書巻末**の「室項表　東京（北緯35度39分）」を使用します。例題の人は東京生れですから、巻末の室項表をそのまま使います。各12室の星座と度を知るためには、次のようにします。

まず、室項表の左端、恒星時と書いてある欄から❼で求めた地方恒星時に該当する時間をさがします。例題の人の地方恒星時17：02：40をさがすと17：03という欄が見つかりますから、これを使います（室項表に計算された地方恒星時に該当する恒星時がない場合は、最も近接した時間を採用して誤差を少なくします）。

その欄を右横に見ていきますと、17という数字があります。その欄の17段上に♐の記号があり、さらに最上段に10室と書いてあります。これは、10室のカスプに来る星座と度が射手座の17度であることを示しています。同様にその右隣の欄を見ていきますと、9という数字があります。その欄の9段上に♑の記号があり、その最上段に11室と書いてあります。これは、11室のカスプが山羊座の9度であることを示しています。12室の欄には4という数字と♒の記号があり、12室のカスプが水瓶座の4度であることがわかります。1室の欄は、8　00という数字と、その5段上に♓の記号が出ています。これは、1室のカスプが魚座の8度00分であることを示しています。同様に、2室のカスプは牡羊座の22度、3室のカスプは牡牛座の23度となります。

室項表には10室から3室までのカスプの星座と度は出ていますが、4室から9室までの星座と度は出ていません。4室から9室までの星座と度を知るためには、10室から3室までのカスプに現われた星座の真反対に位置する星座を考えて、それを4室から9室までに当てはめ、同じ度を書き入れれば良いのです。

例題の場合は、**図A**のようになります。

❾　基本のホロスコープに各12室の星座と度を書き入れる

以上で各12室のカスプに来る星座と度が分かりましたから、それを基本のホロスコープに書き入れます。例題の場合は、**図B**のようになります。

※「**挟まれた星座**」を持つホロスコープ

室項表を使ってハウス分割を行う時に、1つの星座が2つの室のカスプを占領し、室のカスプに現れてこない星座ができる場合があります。このような星座のことを「挟在宮」

図A

室	星座　度	室	星座　度
MC第10室	♐ 17°	IC第４室	♊ 17°
第11室	♑ 9°	第５室	♋ 9°
第12室	♒ 4°	第６室	♌ 4°
ASC第１室	♓ 8°00′	DES第７室	♍ 8°00′
第２室	♈ 22°	第８室	♎ 22°
第３室	♉ 23°	第９室	♏ 23°

図B

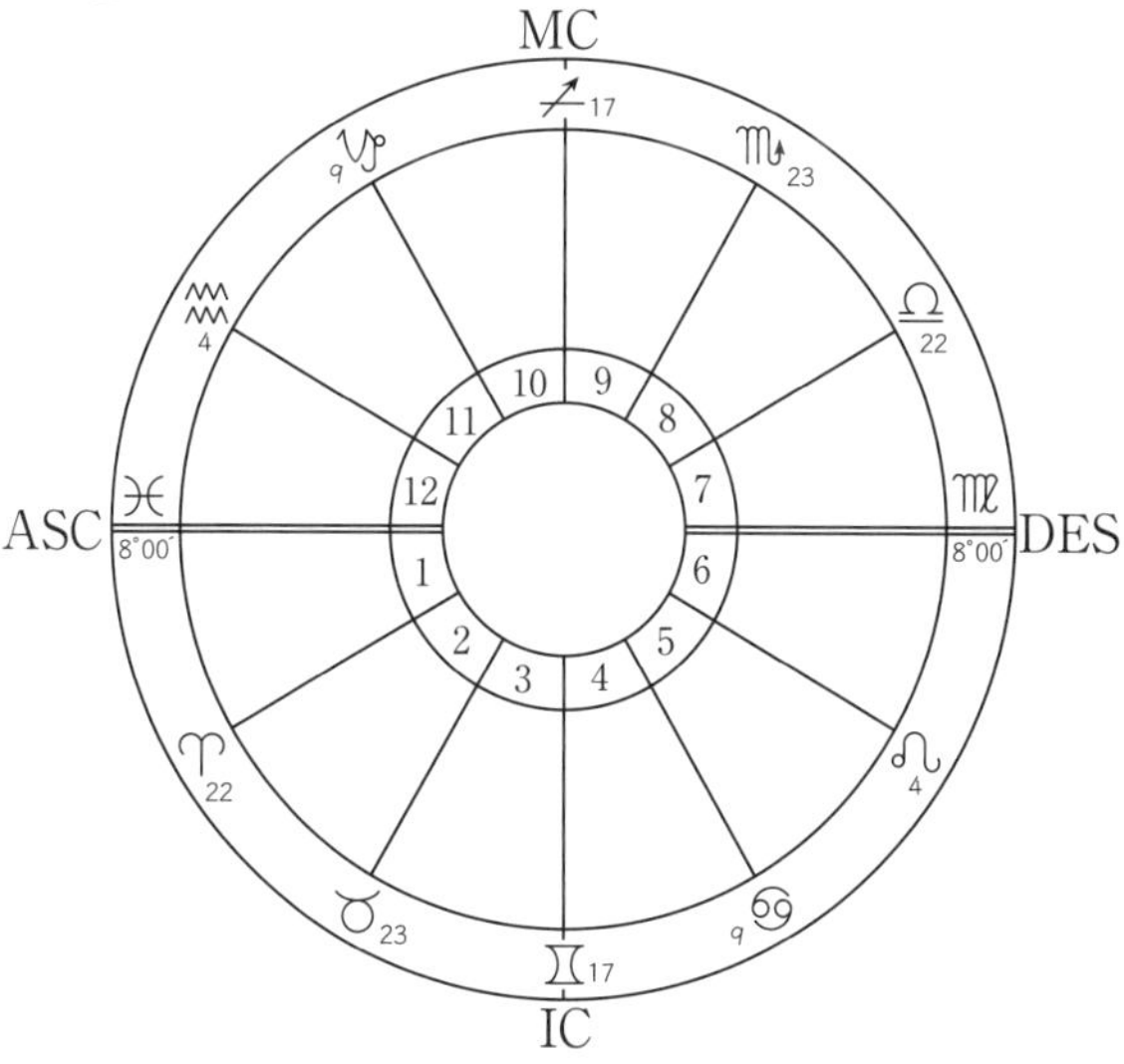

（インターセプテド・サイン「挟まれた星座」とも言う）と言います。

例題の人の地方恒星時を仮にＬＳＴ16：33：26としてみます。各12室のカスプに来る星座と度は**図C**のようになります。

この場合は、山羊座と蟹座が２つの室のカスプを占領し、魚座と乙女座が「挟まれた星座」となっています。これを基本のホロスコープに書き入れますと、**図D**のようになります。

「挟まれた星座」ができるケースは割合い多く、特別な意味があるわけではありません。しかし、挟まれた星座に入る惑星はその働きを制限されるとも言われています。

❿ 天文暦を使って惑星の位置を求める

ここでは、ラファエル天文暦を使って惑星の位置を求める方法を説明します。例題の人は１９９４年11月６日午前４時43分グリニッジ・タイムの生れです。２５０頁の「**ラファエル天文暦 November 1994**」を見てください。いちばん左端のDMとある欄が日付けです。各惑星を示す段のLong.とあるのが黄経です。Dec.は赤緯です（赤緯は今回は使いません）。Nodeは月の交点、すなわちドラゴン・ヘッドの位置を示します。

まず太陽の欄を見ますと、１日の日付けの段に蠍座（♏）の記号があり、６日の日付けの段に13　50　45という数字があります。これは11月６日グリニッジ正午の太陽の位置が蠍座の13度50分45秒であることを示しています。同様に、月は射手座の25度05分35秒、水星は天秤座の25度07分、金星は蠍座の８度11分（逆行）、火星は獅子座の17度00分、木星は蠍座の22度44分、土星は魚座の５度41分（逆行）、天王星は山羊座の22度55分、海王星は山羊座の20度55分、冥王星は蠍座の27度25分であることがわかります。ドラゴン・ヘッドは蠍座の14度42分、ドラゴン・テイル

図C

室	星座　度	室	星座　度
MC第10室	♐ 10°	IC第４室	♊ 10°
第11室	♑ 2°	第５室	♋ 2°
第12室	♑ 26°	第６室	♋ 26°
ASC第１室	♒ 26°58′	DES第７室	♌ 26°58′
第２室	♈ 11°	第８室	♎ 11°
第３室	♉ 15°	第９室	♏ 15°

図D

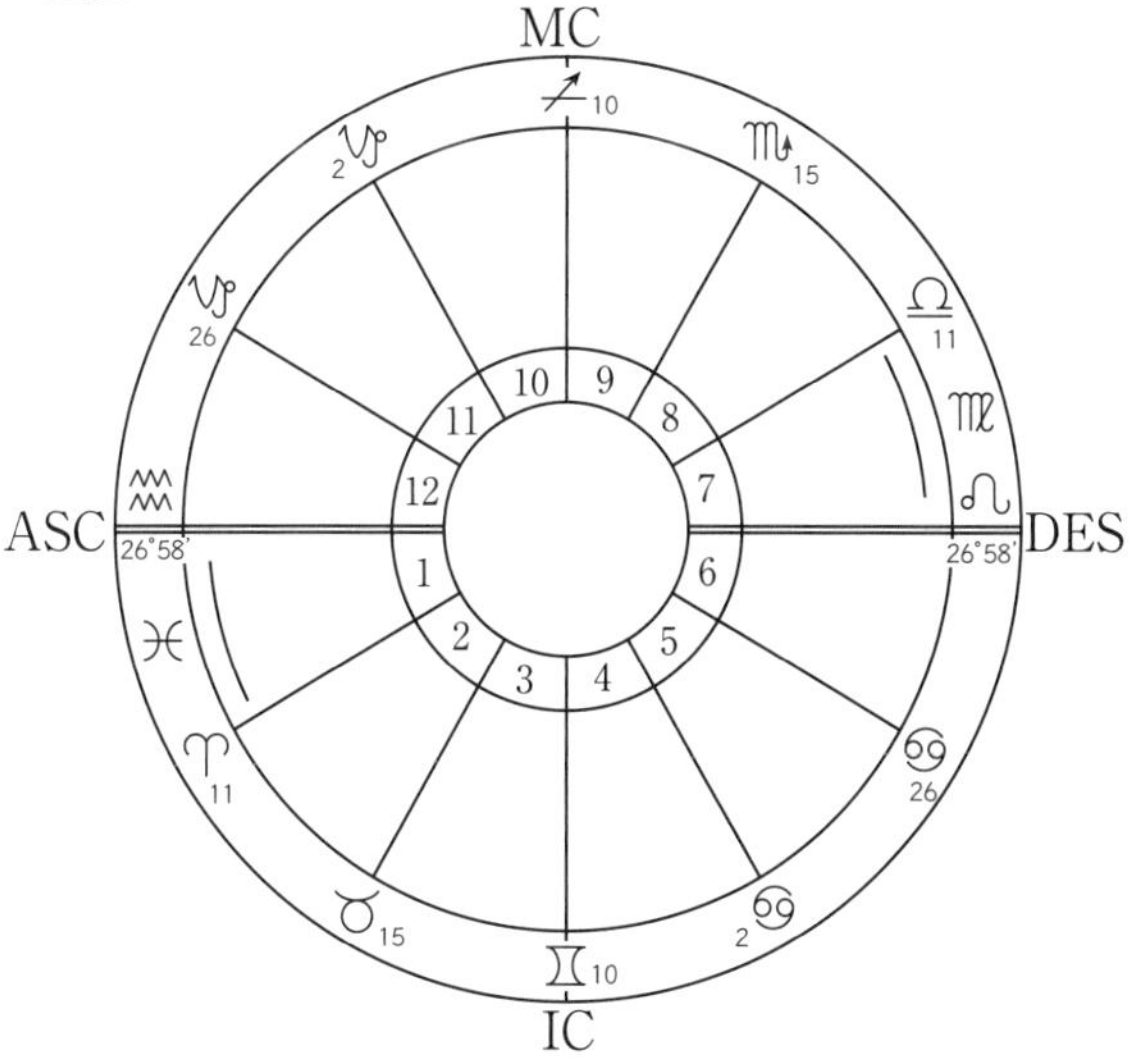

は牡牛座の14度42分です。

月は動きが早いため、正午と真夜中の時間で載せてあります。冥王星は、1979年以前のラファエル天文暦では終わりに近い頁に10日置きに載せてありますので注意してください。金星と土星の欄にあるRの記号は逆行で、Rのつく日付けから逆行が始まることを示します。また、Dの記号は順行で、Dのつく日付けから惑星が順行に戻ることを示します。逆行中の惑星は、日を追うに従って度数が減少していくことに注目してください。

以上によって惑星の星座と度が出たわけですが、これはグリニッジ正午の惑星の位置ですから、出生時の位置に修正する必要があります。例題の人のグリニッジ出生時間は午前4時43分ですから、正午までの時間差7時間17分に相当する惑星の運動速度をマイナス（出生時間が午後の場合はプラス）して正しい位置を求めます。それには、次のようにします。

・太陽の位置を求める　まず、太陽の一日ぶんの運動速度を求めます。これは出生日の太陽の位置から前日の太陽の位置をマイナスすると出ます。ラファエル天文暦には惑星の毎日の運動速度が載っていますから、それを使っても差しつかえありません。

13°50′45″－12°50′34″＝1°00′11″

太陽の一日ぶんの運動速度は1度00分11秒です。次に太陽の7時間17分の運動速度を求めます。

1°00′11″×（7：17÷24：00）＝0°18′15″

太陽の7時間17分ぶんの運動速度は18分15秒です。これを出生日の太陽の位置からマイナスします。

13°50′45″－0°18′15″＝13°32′30″

求める太陽の位置は蠍座の13度32分となります（秒は省略）。

・月の位置を求める

月の一日ぶんの運動速度

25° 05′ 35″ −10° 12′ 29″ ＝14° 53′ 06″

月の7時間17分ぶんの運動速度

14° 53′ 06″ ×（7：17÷24：00）＝4° 31′ 01″

これを出生日の月の位置からマイナスします。

25° 05′ 35″ −4° 31′ 01″ ＝20° 34′ 34″

求める月の位置は射手座の20度34分となります（秒は省略）。

・水星の位置を求める

水星の一日ぶんの運動速度

25° 07′ −24° 07′ ＝1° 00′

水星の7時間17分ぶんの運動速度

1° 00′ ×（7：17÷24：00）＝0° 18′

これを出生日の水星の位置からマイナスします。

25° 07′ −0° 18′ ＝24° 49′

求める水星の位置は天秤座の24度49分となります。

・金星の位置を求める

金星は他の惑星と違って逆行しています。

FULL MOON-Nov.18, 6h.57m. am. (25°♉42′)

EPHEMERIS] NOVEMBER 1994 23

D M	☿ Long.	♀ Long.	♂ Long.	♃ Long.	♄ Long.	♅ Long.	♆ Long.	♇ Long.	☉	☿	♀	♂	♃	♄	♅	♆	♇
	° ′	° ′	° ′	° ′	° ′	° ′	° ′	° ′	Lunar Aspects								
1	21♎18	11♏12	14♌39	21♏38	5♓44	22♑47	20♑49	27♏13	⚺		⚺	✱	∠				∠
2	21 48	10R 35	15 8	21 51	5R 43	22 48	20 50	27 15		☌			⚺	⚼	□	□	⚺
3	22 27	9 59	15 36	22 5	5 43	22 50	20 51	27 18	●		☌	□		△			
4	23 13	9 22	16 4	22 18	5 42	22 52	20 52	27 20		⚺			●		✱	✱	☌
5	24 7	8 46	16 32	22 31	5 42	22 53	20 53	27 22	⚺	∠	⚺	△		□	∠	∠	
6	25 7	8 11	17 0	22 44	5 41	22 55	20 55	27 25	∠	✱	∠	⚼	⚺		⚺	⚺	⚺
7	26 13	7 36	17 28	22 57	5 41	22 57	20 56	27 27	✱		✱		∠	✱			∠
8	27 24	7 3	17 55	23 10	5 41	22 59	20 57	27 29		□			✱	∠	☌	☌	✱
9	28 39	6 30	18 22	23 24	5D 41	23 1	20 58	27 32			□			⚺			
10	29♎57	5 59	18 48	23 37	5 41	23 2	20 59	27 34	□			☍	□		⚺	⚺	
11	1♏19	5 30	19 15	23 50	5 41	23 4	21 1	27 37		△	△			☌	∠	∠	□
12	2 43	5 2	19 41	24 3	5 41	23 6	21 2	27 39	△	⚼	⚼					✱	
13	4 9	4 37	20 7	24 17	5 42	23 8	21 3	27 41					△		✱		△
14	5 37	4 13	20 32	24 30	5 42	23 11	21 5	27 44	⚼			⚼	⚼	⚺			⚼
15	7 6	3 52	20 58	24 43	5 43	23 13	21 6	27 46				△		∠	□	□	
16	8 37	3 33	21 22	24 57	5 43	23 15	21 7	27 49		☍	☍			✱			
17	10 8	3 17	21 47	25 10	5 44	23 17	21 9	27 51				□				△	
18	11 40	3 2	22 11	25 23	5 45	23 19	21 10	27 53	☍				☍		△		☍
19	13 13	2 51	22 35	25 36	5 46	23 22	21 12	27 56						□	⚼	⚼	
20	14 46	2 42	22 59	25 50	5 47	23 24	21 13	27 58			⚼	✱					
21	16 20	2 35	23 22	26 3	5 48	23 26	21 15	28 1		⚼	△	∠		△			
22	17 54	2 31	23 45	26 16	5 50	23 29	21 16	28 3	⚼	△			⚼	⚼		☍	⚼
23	19 28	2 29	24 8	26 30	5 51	23 31	21 18	28 5	△		□	⚺	△		☍		△
24	21 3	2D 30	24 30	26 43	5 53	23 34	21 20	28 8									
25	22 37	2 33	24 52	26 56	5 54	23 36	21 21	28 10		□		☌	□				□
26	24 11	2 38	25 14	27 9	5 56	23 39	21 23	28 12	□		✱			☍	⚼	⚼	
27	25 46	2 46	25 35	27 23	5 58	23 41	21 25	28 15		✱	∠	⚺			△	△	
28	27 20	2 56	25 56	27 36	6 0	23 44	21 26	28 17	✱		⚺		✱				✱
29	28 55	3 9	26 16	27 49	6 2	23 47	21 28	28 20	∠	∠		∠	∠	□	□	□	∠
30	0♐29	3♏23	26♌36	28♏2	6♓4	23♑49	21♑30	28♏22	⚺	⚺	☌	✱	⚺	△			⚺

D	Saturn		Uranus		Neptune		Pluto	
M	Lat.	Dec.	Lat.	Dec.	Lat.	Dec.	Lat.	Dec.
	° ′	° ′	° ′	° ′	° ′	° ′	° ′	° ′
1	1 S 56	11 S 12	0 S 30	22 S 1	0 N 34	21 S 15	13 N 19	6 S 33
3	1 55	11 12	0 30	22 0	0 34	21 15	13 18	6 35
5	1 55	11 12	0 30	22 0	0 34	21 15	13 18	6 36
7	1 55	11 12	0 30	21 59	0 34	21 15	13 18	6 37
9	1 55	11 12	0 30	21 58	0 34	21 14	13 17	6 39
11	1 54	11 12	0 30	21 58	0 34	21 14	13 17	6 40
13	1 54	11 11	0 30	21 57	0 34	21 14	13 17	6 41
15	1 54	11 11	0 30	21 56	0 34	21 13	13 17	6 42
17	1 53	11 10	0 30	21 55	0 34	21 13	13 16	6 44
19	1 53	11 9	0 30	21 55	0 34	21 13	13 16	6 45
21	1 53	11 8	0 30	21 54	0 34	21 12	13 16	6 46
23	1 53	11 6	0 30	21 53	0 34	21 12	13 16	6 47
25	1 52	11 5	0 30	21 52	0 34	21 11	13 16	6 48
27	1 52	11 3	0 30	21 51	0 34	21 11	13 16	6 49
29	1 52	11 2	0 30	21 50	0 34	21 10	13 16	6 50
31	1 S 51	11 S 0	0 S 30	21 S 49	0 N 34	21 S 10	13 N 16	6 S 51

1 ☉Q♆. ☿⊥♇.
2 ☉⊥♀. ☿⚺♃. ♀Q♅.
3 ☉Q♅.
4 ☿□♅. ♂P♃.
5 ♀Q♆.
7 ♃✱♅.
8 ☿⚺♇. ♀P♃.
9 ☉P♂. ♄ Stat.
10 ☉P♀. ♀P♂.
11 ☿Q♂. ♀△♄.
12 ☉□♂.
13 ☉✱♆. ☿☌♀. ☉P♃. ☿P♄.
14 ☿△♄.
15 ☉✱♅. ♂∇♆.
16 ☿Q♆. ♀Q♂.
17 ☉☌♃.
18 ☿Q♅. ☿P♀.
20 ☉☌♇.
21 ♂∇♅. ☿P♂.
23 ♀ Stat.
24 ☿✱♆.
25 ☉⚺♀.
26 ☿✱♅.
27 ☿□♂. ☉P♆ . ☿P♃
28 ☉□♄. ☉∠♆ . ☿☌♃
29 ☿☌♇.

LAST QUARTER-Nov.26, 7h. 4m. am. (3°♍47′)

「ラファエル天文暦」1994年11月の頁

NEW MOON-NOV. 3, 1h.36m. pm. (10°♏54′)

22 NOVEMBER 1994 [RAPHAEL'S

D M	D W	Sidereal Time H. M. S.	☉ Long. ° ′ ″	☉ Dec. ° ′	☽ Long. ° ′ ″	☽ Lat. ° ′	☽ Dec. ° ′	☽ Node ° ′	Midnight ☽ Long. ° ′ ″	Midnight ☽ Dec. ° ′
1	T	14 42 11	8 ♏ 50 5	14 S 27	9 ♎ 52 50	3 S 2	6 S 42	14 ♏ 58	17 ♎ 17 27	9 S 3
2	W	14 46 7	9 50 9	14 46	24 46 29	1 49	11 17	14 55	2 ♏ 18 58	13 21
3	Th	14 50 4	10 50 15	15 5	9 ♏ 53 48	0 S 27	15 13	14 52	17 29 46	16 49
4	F	14 54 0	11 50 24	15 23	25 5 40	0 N 57	18 7	14 49	2 ♐ 40 17	19 6
5	S	14 57 57	12 50 34	15 42	10 ♐ 12 29	2 17	19 43	14 45	17 41 13	20 0
6	Su	15 1 53	13 50 45	16 0	25 5 35	3 26	19 55	14 42	2 ♑ 24 48	19 30
7	M	15 5 50	14 50 59	16 17	9 ♑ 38 18	4 20	18 46	14 39	16 45 39	17 44
8	T	15 9 46	15 51 14	16 35	23 46 38	4 57	16 28	14 36	0 ♒ 41 8	14 59
9	W	15 13 43	16 51 30	16 52	7 ♒ 29 13	5 16	13 18	14 33	14 11 1	11 29
10	Th	15 17 40	17 51 47	17 9	20 46 48	5 16	9 34	14 30	27 16 55	7 33
11	F	15 21 36	18 52 6	17 26	3 ♓ 41 44	5 1	5 28	14 26	10 ♓ 1 41	3 S 22
12	S	15 25 33	19 52 27	17 42	16 17 12	4 32	1 S 14	14 23	22 28 44	0 N 53
13	Su	15 29 29	20 52 49	17 58	28 36 46	3 50	2 N 58	14 20	4 ♈ 41 43	5 0
14	M	15 33 26	21 53 12	18 14	10 ♈ 44 2	2 59	6 59	14 17	16 44 5	8 53
15	T	15 37 22	22 53 37	18 30	22 42 18	2 0	10 41	14 14	28 39 0	12 23
16	W	15 41 19	23 54 3	18 45	4 ♉ 34 33	0 N 57	13 56	14 10	10 ♉ 29 15	15 21
17	Th	15 45 15	24 54 31	19 0	16 23 25	0 S 9	16 36	14 7	22 17 18	17 41
18	F	15 49 12	25 55 0	19 14	28 11 12	1 13	18 34	14 4	4 ♊ 5 22	19 15
19	S	15 53 9	26 55 31	19 28	10 ♊ 0 3	2 15	19 43	14 1	15 55 32	19 59
20	Su	15 57 5	27 56 3	19 42	21 52 4	3 11	20 0	13 58	27 49 56	19 49
21	M	16 1 2	28 56 38	19 55	3 ♋ 49 25	3 59	19 24	13 55	9 ♋ 50 51	18 45
22	T	16 4 58	29 ♏ 57 13	20 8	15 54 32	4 37	17 54	13 51	22 0 51	16 50
23	W	16 8 55	0 ♐ 57 51	20 21	28 10 8	5 3	15 34	13 48	4 ♌ 22 48	14 7
24	Th	16 12 51	1 58 30	20 33	10 ♌ 39 14	5 16	12 30	13 45	16 59 52	10 43
25	F	16 16 48	2 59 10	20 45	23 25 5	5 13	8 47	13 42	29 55 18	6 44
26	S	16 20 44	3 59 52	20 57	6 ♍ 30 53	4 54	4 N 34	13 39	13 ♍ 12 10	2 N 19
27	Su	16 24 41	5 0 36	21 8	19 59 27	4 18	0 0	13 36	26 52 56	2 S 21
28	M	16 28 38	6 1 22	21 19	3 ♎ 52 41	3 27	4 S 42	13 32	10 ♎ 58 43	7 2
29	T	16 32 34	7 2 9	21 29	18 10 52	2 21	9 18	13 29	25 28 49	11 28
30	W	16 36 31	8 ♐ 2 57	21 S 39	2 ♏ 52 3	1 S 5	13 S 29	13 ♏ 26	10 ♏ 19 54	15 S 18

D M	Mercury Lat. ° ′	Mercury Dec. ° ′	Mercury Dec. ° ′	Venus Lat. ° ′	Venus Dec. ° ′	Venus Dec. ° ′	Mars Lat. ° ′	Mars Dec. ° ′	Mars Dec. ° ′	Jupiter Lat. ° ′	Jupiter Dec. ° ′
1	1 N 52	6 S 34	6 S 39	5 S 41	20 S 34	20 S 12	1 N 35	17 N 57	17 N 50	0 N 48	17 S 24
3	2 5	6 48	7 1	5 17	19 49	19 25	1 38	17 43	17 36	0 48	17 31
5	2 12	7 18	7 39	4 51	19 1	18 36	1 41	17 29	17 22	0 48	17 38
7	2 14	8 2	8 28	4 23	18 11	17 46	1 44	17 15	17 8	0 48	17 44
9	2 12	8 56	9 26	3 54	17 22	16 57	1 47	17 1	16 54	0 48	17 51
11	2 7	9 57	10 29	3 23	16 33	16 9	1 50	16 47	16 41	0 47	17 58
13	1 59	11 2	11 35	2 53	15 46	15 24	1 53	16 34	16 27	0 47	18 5
15	1 50	12 9	12 44	2 22	15 2	14 41	1 56	16 21	16 14	0 47	18 11
17	1 38	13 18	13 52	1 52	14 21	14 2	1 59	16 8	16 1	0 47	18 18
19	1 26	14 26	15 0	1 22	13 45	13 28	2 3	15 55	15 49	0 47	18 24
21	1 13	15 33	16 6	0 54	13 13	12 58	2 6	15 43	15 37	0 47	18 31
23	1 0	16 38	17 10	0 27	12 45	12 33	2 9	15 31	15 25	0 47	18 37
25	0 46	17 41	18 11	0 S 1	12 22	12 13	2 13	15 19	15 13	0 47	18 43
27	0 32	18 41	19 10	0 N 23	12 4	11 57	2 16	15 8	15 2	0 46	18 49
29	0 18	19 37	20 S 4	0 46	11 51	11 S 46	2 20	14 57	14 N 52	0 46	18 55
31	0 N 4	20 S 30		1 N 7	11 S 42		2 N 24	14 N 47		0 N 46	19 S 1

FIRST QUARTER-Nov.10, 6h.14m. am. (17°♒37′)

従って、計算もこれまでと逆になります。

金星の一日ぶんの運動速度

前日の金星の位置から出生日の金星の位置をマイナスします。

　8°46′－8°11′＝0°35′

金星の7時間17分ぶんの運動速度

　0°35′×（7：17÷24：00）＝0°10′

これを出生日の金星の位置にプラスします。

　8°11′＋0°10′＝8°21′

求める金星の位置は蠍座の8度21分（逆行）となります。

・火星の位置を求める

火星の一日ぶんの運動速度

　17°00′－16°32′＝0°28′

火星の7時間17分ぶんの運動速度

　0°28′×（7：17÷24：00）＝0°08′

これを出生日の火星の位置からマイナスします。

　17°00′－0°08′＝16°52′

求める火星の位置は獅子座の16度52分となります。

・木星・土星・天王星・海王星・冥王星の位置を求める

木星から冥王星までの惑星は、運動速度が非常に遅いため、グリニッジ正午の位置をそのまま採用してもかまいません。より正確な位置を知りたい場合は、太陽から火星までの惑星と同じ計算式で求めることができます。

・ドラゴン・ヘッドとテイルの位置を求める

ドラゴン・ヘッドとテイルの求め方は惑星の場合とまったく同じです。ただし、ドラゴン・ヘッドとテイルは常に逆行しますから、計算は逆行中の惑星の場合と同じように行います。テイルは常にヘッドの真反対に位置します。

・パート・オブ・フォーチュン（幸運神）の位置を求める

パート・オブ・フォーチュンの計算式は次の通りです。

ＰＯＦ＝ＡＳＣ＋月－太陽

まず、牡羊座を1星座とし、牡羊座から魚座まで12星座に番号をふります。ＡＳＣ（上昇宮）は魚座ですから12星座、太陽は蠍座にありますから８星座、月は射手座にありますから９星座となります。計算式に従ってＰＯＦの位置を求めます。

12星座　８°00′
＋９星座　20°34′
－８星座　13°32′
１星座　15°02′

※　この計算式で、答えの度が30度を越えた場合は、答えから30をマイナスして次の星座番号へ進めます。答えの星座番号が12を越えた場合は、答えから12をマイナスします。また、星座番号が０、もしくはマイナスの場合は、答えに12をプラスします。星座

番号をもとの星座になおしますと、牡羊座となります。求めるＰＯＦの位置は牡羊座の15度02分です。

次頁の**図E**は、10個の惑星と、ドラゴン・ヘッドとテイル、ＰＯＦ、ＭＣ、ＡＳＣの黄道上の位置を表にしたものです。

⓫　ホロスコープの完成

以上で10個の惑星と、ドラゴン・ヘッドとテイル、パート・オブ・フォーチュンの位置がわかりましたら、それを基本のホロスコープに書き入れればホロスコープが完成することになります。

次頁の**図F**は、例題の人の完成したホロスコープです。

図Gは、「挟まれた星座」を持つホロスコープ（２４７頁図Ｄ）に10個の惑星と、ドラゴン・ヘッドとテイルを書き入れたものです。

アスペクトの計算方法について

すべての惑星は他の惑星との角度差を計算されます。これをアスペクトと言います。アスペクトは惑星相互間だけでなく、惑星とホロスコープ上の主な占星点（ＭＣ、ＡＳＣ、ＰＯＦなど）との角度差も計算されます。次から、例題をもとにアスペクトの計算法を説明します。なお、黄道12星座は全円３６０度、一つの星座の角度は30度です。

例題1　太陽と土星のアスペクト

例題の人の太陽は蠍座の13度32分にあります。土星は魚座の5度41分です。太陽と土星のアスペクトを計算するためには、次のようにします。

①太陽の残りの度を計算する

図E

♈	♉	♊	♋	♌	♍	♎	♏	♐	♑	♒	♓
⊗ 15°02′	☋ 14°42′			♂ 16°52′		☿ 24°49′	☉ 13°32′	☽ 20°34′	♅ 22°55′		♄ 5°41′℞
							♀ 8°21′℞	MC 17°	♆ 20°55′		ASC 8°00′
							♃ 22°44′				
							♇ 27°25′				
							☊ 14°42′				

図F

完成したホロスコープ

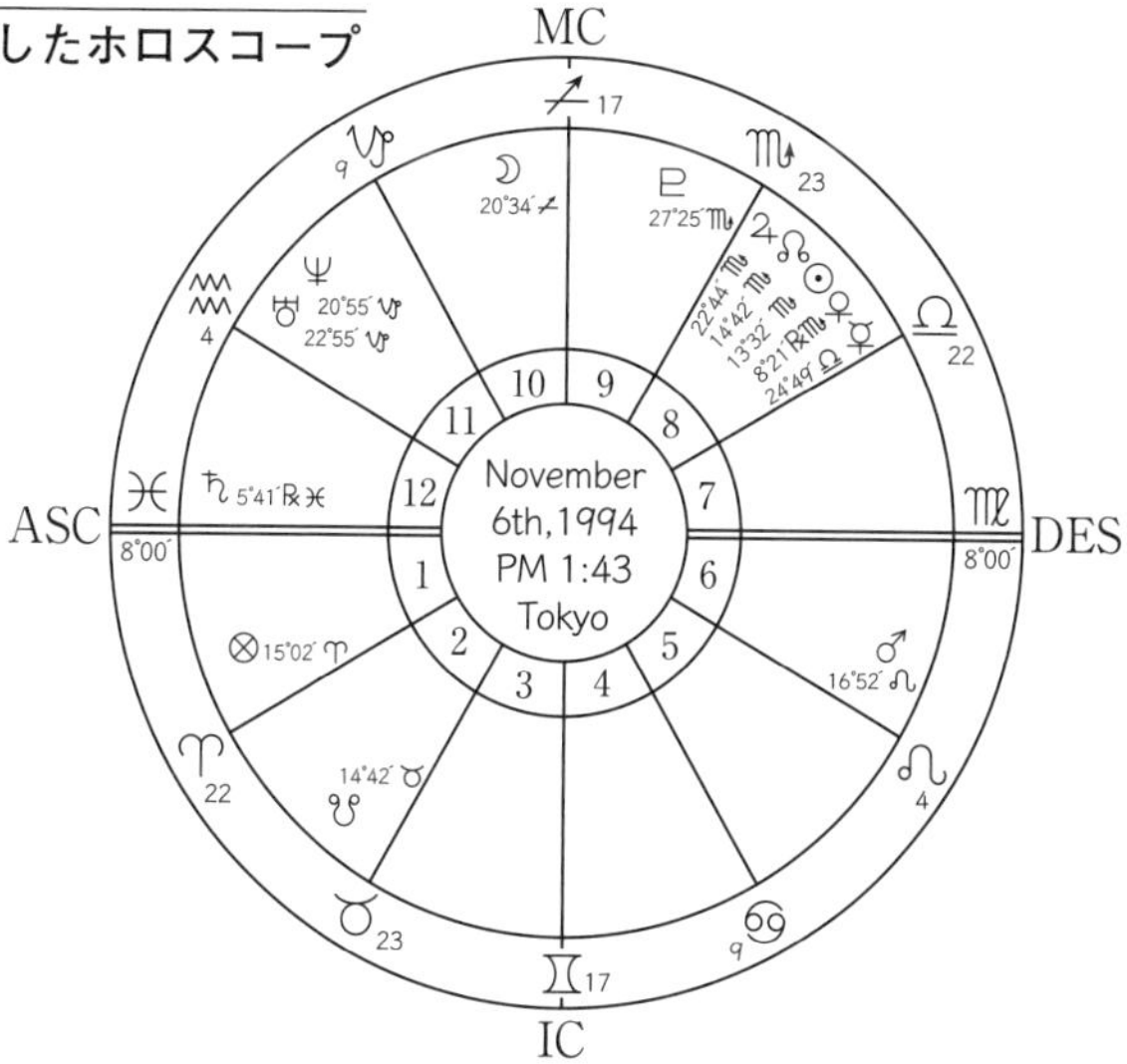

図G

インターセプテド・サインを持つホロスコープ

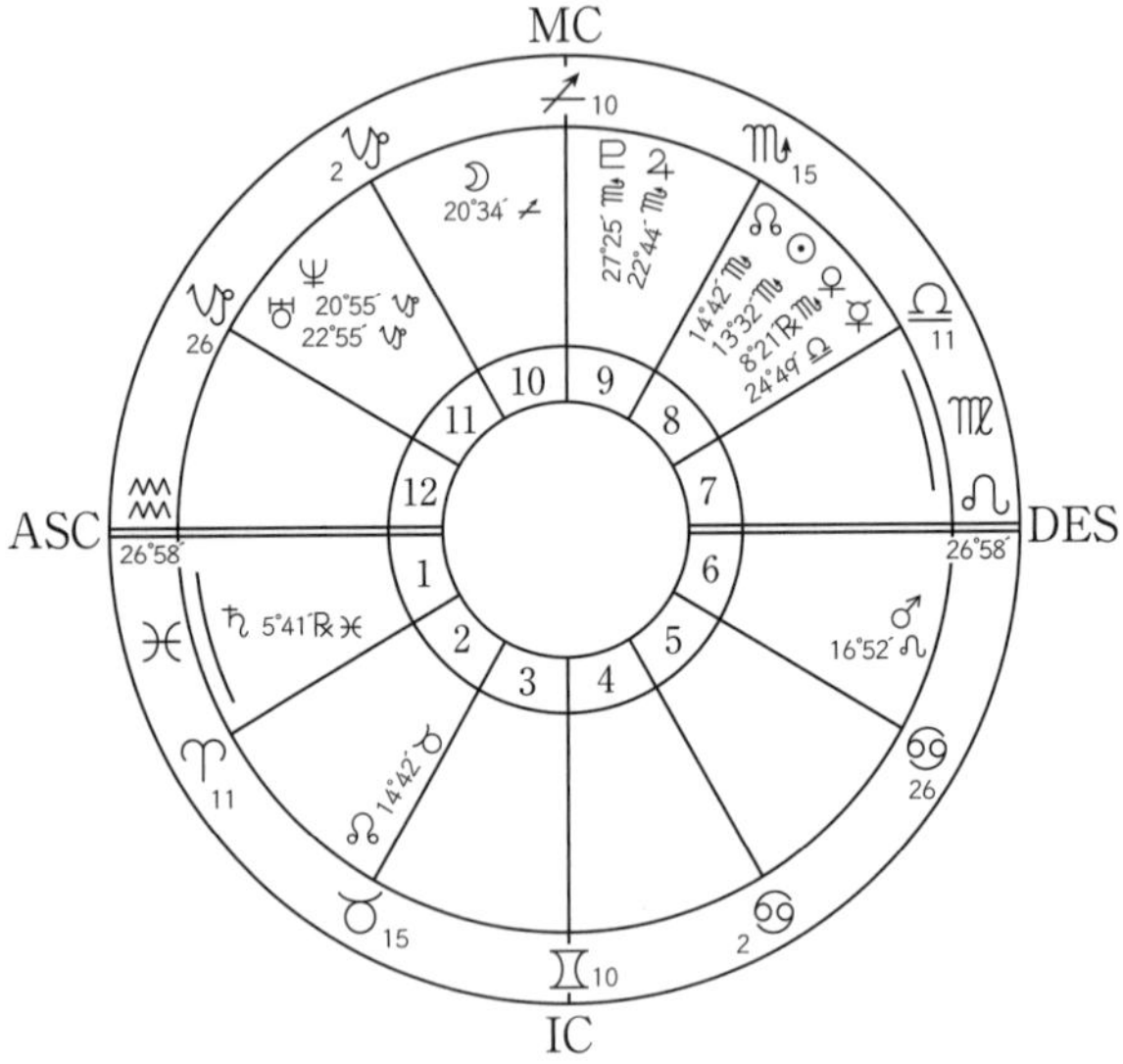

30°00′－13°32′＝16°28′

太陽の残りの度は16度28分となります。

②蠍座と魚座の間にある星座の角度を計算する

蠍座と魚座の間には3星座あります。

30°00′×3＝90°00′

蠍座と魚座の間にある星座の角度は90度となります。

③土星の度を出す

土星の度をそのまま使います。土星の度は5度41分です。

①②③で出した度を合計します。

16°28′+90°00′＋5°41′＝112°09′

結果は112度09分です。これはトライン（120度）のオーブの範囲内に入ります。従って、太陽と土星のアスペクトはトラインとなります。

もう一例、計算してみましょう。

例題2　水星と天王星のアスペクト

水星は天秤座の24度49分にあります。天王星は山羊座の22度55分です。

①水星の残りの度

30°00′－24°49′＝05°11′

水星の残りの度は5度11分です。

②天秤座と山羊座の間にある星座の角度

天秤座と山羊座の間には2星座あります。

30°00′×2＝60°00′

天秤座と山羊座の間にある星座の角度は60度です。

図H

太線マーク……合と吉座相
細線マーク……凶座相

	☉	☽	☿	♀	♂	♃	♄	♅	♆	♇	☊	☋
☉				☌	□	☌	△				☌	☍
☽			✳	∠	△	⚺		⚺	⚺			
☿						⚺	⚼	□	□	⚺		
♀							△	Q	Q		☌	☍
♂						□					□	□
♃								✳	✳	☌	☌	☍
♄								∠	∠	□		
♅									☌	✳		
♆										✳	✳	△
♇												
ASC	△		⚼	△			☌	∠	∠		△	✳
MC		☌			△						⚺	⚻

※P（パラレル）を計算する時は
図の左下部の空欄に記入します。（本書では省略）

③天王星の度

天王星の度は22度55分です。

①②③で出した度を合計します。

05°11′＋60°00′＋22°55′
＝88°06′

結果は88度06分です。これはスクエア（90度）のオーブの範囲内に入ります。従って、水星と天王星のアスペクトはスクエアとなります。

以上の計算を、すべての惑星について行います。アスペクトの計算は、ホロスコープの右回りでも左回りでも近いほうの角度差を計算すれば良いのです。

図I

メジャー・アスペクトを書き入れたホロスコープ

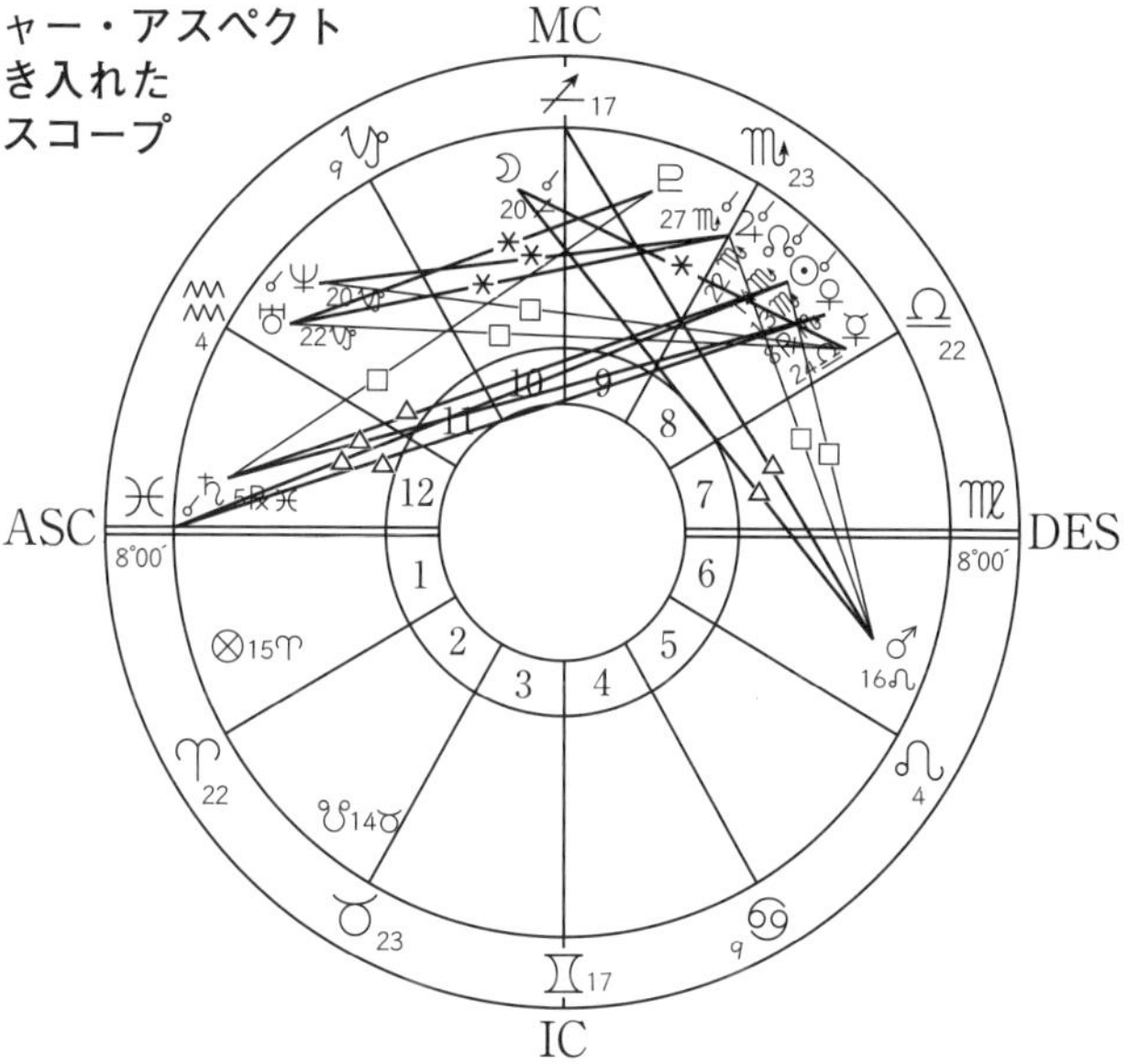

太線マーク……合と吉座相
細線マーク……凶座相

前頁の**図H**は、10個の惑星と、ドラゴン・ヘッドとテイル、POF、MC、ASCのアスペクトを表にしたものです。

図Iは図Eのホロスコープにメジャー・アスペクトを書き入れたものです。

「日本占星天文暦」によるホロスコープの作り方

生年月日　1994年11月6日
出生時間　午後1時43分
出生地　東京（日本）

❶　出生時間を確認する

「日本占星天文暦」は日本標準時で作成してあります。従って、出生時間をグリニッジ・タイムに換算せずにそのまま使います。例題の人の出生時間は午後1時43分です。

★日本出生時間　PM1：43

❷　午前0時までの時間差を求める

「日本占星天文暦」は真夜中（午前0時）で作成されています。そこで、出生時間から午前0時までの時間差を求めます。この場合、時間の計算は午前と午後の別なく24時間制とします。例題の場合は、午後1時43分生れですから、午前0時までの時間差はプラス13時間43分となります。

★午前0時までの時間差　＋13：43

❸　時間差の加速度を求める

時間差の加速度を求めるには、午前0時までの時間差に10秒を掛けます。

13：43：00×00：00：10＝00：02：17
午前0時までの時間差に対する加速度は、プラス2分17秒となります。
★時間差の加速度　＋00：02：17

❹　出生地の緯度と経度を求める
本書巻末の「日本主要都市の緯度と経度の表」を使って出生地の緯度と経度を求めます。求める出生地が表にない場合は、出生地に近接した都市の緯度と経度を採用してください。
例題の人の場合は東京生れですから、
北緯35度39分（N 35°39′）
東経139度45分（E 139°45′）となります。

❺　出生日の恒星時を求める
「日本占星天文暦」には毎日午前0時の恒星時が載っています。この天文暦を入手できない場合は**本書巻末**の「毎年の平均恒星時表」を使いますが、その場合は平均恒星時から12時間をマイナスした数値を用います。

例題の人の場合は、「日本占星天文暦」（265頁参照）から11月6日午前0時の恒星時は、2：58：27であることがわかります。
★出生日の恒星時　ST 2：58：27

❻　出生時における恒星時を求める
出生日の恒星時に❷で求めた午前0時までの時間差と、❸で求めた時間差の加速度を合計したものが出生時における恒星時となります。この場合、計算はすべてプラスとなります。

ＳＴ２：58：27＋13：43：00＋00：02：17＝16：43：44

以上の計算から、出生時における恒星時は16：43：44となります。

★出生時の恒星時　16：43：44

※　この計算で、出生時における恒星時が24時を越えた場合は、出た答えから24時間をマイナスします。

❼　出生時における地方恒星時を求める

❻で求めた出生時の恒星時は、日本標準時、すなわち兵庫県明石（経度135度）における恒星時です。従って、明石から出生地までの緯度に対応する時差を修正しなければなりません。時差は経度1度につき4分ですから、明石から東京までの経度差に4分を掛けると求める時差が出ます。

例題の場合は、

明石から東京までの経度差　Ｅ４°45′

０：04×４°45′＝０：19

明石から東京までの時差はプラス19分となります。以上の計算が面倒と思われる方は、**本書巻末**の「グリニッジから日本主要都市までの時差表」から、９時間をマイナスした数値を用いても差しつかえありません。その場合、時差は明石より東の都市ではプラス、西の都市ではマイナスとなりますから注意してください。

この時差を、❻で求めた出生時の恒星時に加えたものが出生時における地方恒星時となります。

★出生時の恒星時　16：43：44

★東京までの時差　＋0：19
16：43：44＋0：19：00＝17：02：44
以上の計算によって、出生時の地方恒星時は17：02：44となります。
★出生時の地方恒星時　ＬＳＴ 17：02：44

❽　室項表を使ってハウス分割を行う
例題の人は東京生れですから、**本書巻末**の「室項表　東京（北緯35度39分）」をそのまま使います。室項表の左端、恒星時と書いてある欄から❼で求めた地方恒星時17：02：44に該当する時間をさがしますと、17：03という欄が見つかりますから、これを使います。**各ハウスの星座と度の知り方**は〝ラファエル天文暦によるホロスコープの作り方〟で説明した通りです。

以上から、10室のカスプは射手座の17度、11室のカスプは山羊座の9度、12室のカスプは水瓶座の4度、1室のカスプは魚座の8度00分、2室のカスプは牡羊座の22度、3室のカスプは牡牛座の23度となります。4室から9室までの星座と度は、10室から3室までのカスプに現れた星座の真反対に位置する星座を考えて、それを4室から9室までに当てはめ、同じ度を書き入れます。

例題の場合は、**図J**のようになります。

❾　基本のホロスコープに各12室の星座と度を書き入れる
以上で各12室のカスプに来る星座と度がわかりましたから、それを基本のホロスコープに書き入れます。例題の場合は、**図K**のようになります。

❿　天文暦を使って惑星の位置を求める
ここでは、「日本占星天文暦」を使って惑星の位置を求める方法を説明します。例題の人は

１９９４年11月６日午後１時43分日本時間の生まれです。次頁の「**日本占星天文暦　１９９４年11月**」を見てください。いちばん左端のＤＡＹとある欄が日付けです。

図J

室	星座	度	室	星座	度
MC第10室	♐	17°	IC第４室	♊	17°
第11室	♑	9°	第５室	♋	9°
第12室	♒	4°	第６室	♌	4°
ASC第１室	♓	8°00′	DES第７室	♍	8°00′
第２室	♈	22°	第８室	♎	22°
第３室	♉	23°	第９室	♏	23°

図K

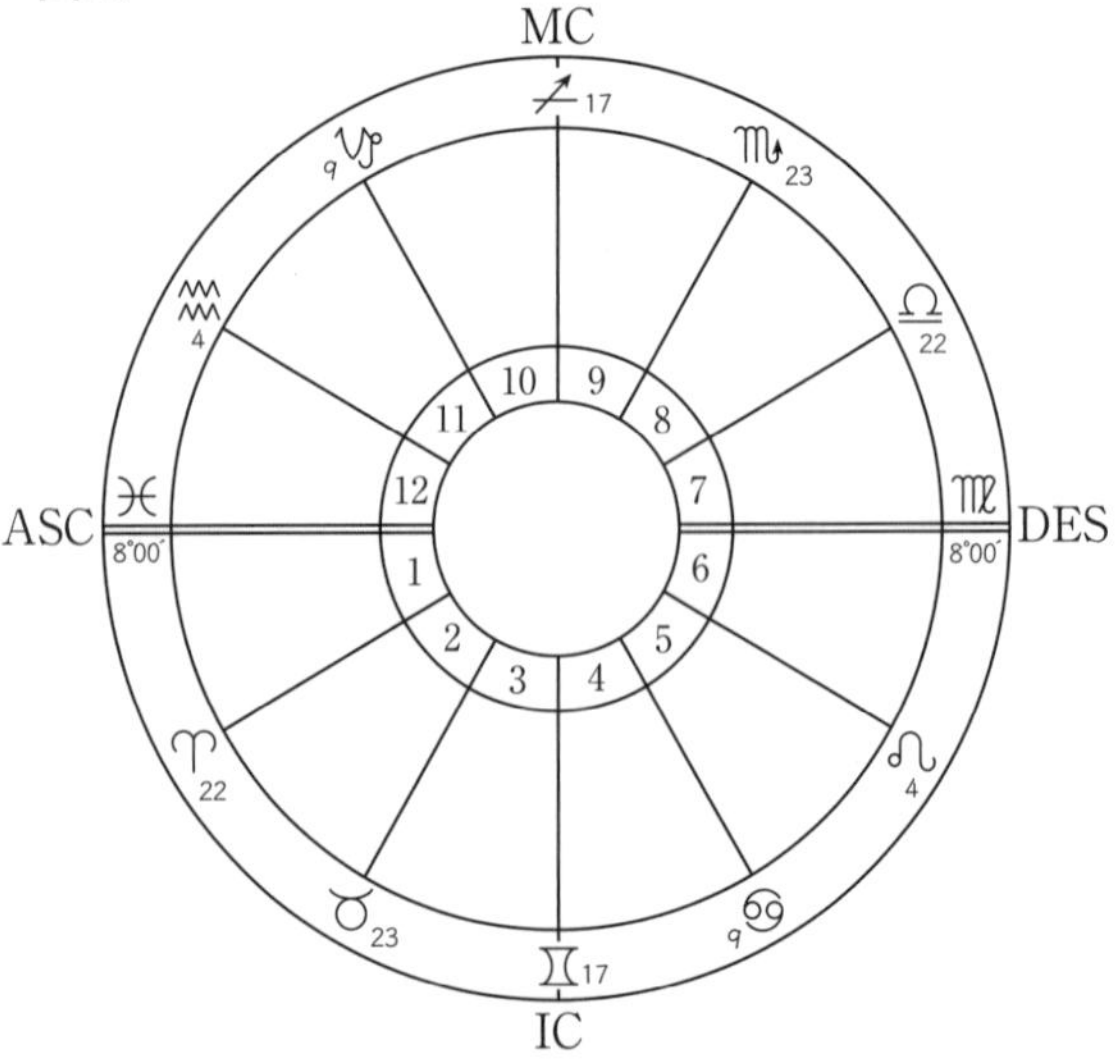

「日本占星天文暦」1994年11月の頁

DAY	SID.TIME	☉	☽	☊	☿	♀	♂	♃	♄	♅	♆	♇	⚳	⚴	⚵	⚶	⚷
	h m s	° ′	° ′	° ′	° ′	° ′	° ′	° ′	° ′	° ′	° ′	° ′	°	°	°	°	°
1	2 38 44	7♏57	27♍06	14♏59	21♎00D	11♏42R	14♌13D	21♏26D	5♓44R	22♑45D	20♑48D	27♏11D	12♌D	16♉R	19♏D	10♋D	21♏D
2	2 42 40	8 57	11♎42	14 56	21 21	11 06	14 42	21 39	5 43	22 46	20 49	27 14	12	16	20	10	21
3	2 46 37	9 57	26 38	14 53	21 51	10 30	15 10	21 53	5 42	22 48	20 50	27 16	13	16	20	10	21
4	2 50 33	10 57	11♏46	14 50	22 31	9 53	15 39	22 06	5 42	22 49	20 51	27 18	13	15	20	10	21
5	2 54 30	11 57	26 58	14 47	23 19	9 17	16 07	22 19	5 41	22 51	20 53	27 21	13	15	21	10	21
6s	2 58 27	12 57	12♐04	14 44	24 13	8 41	16 35	22 32	5 41	22 53	20 54	27 23	13	15	21	10	21
7	3 02 23	13 57	26 55	14 40	25 15	8 05	17 03	22 45	5 40	22 55	20 55	27 25	14	14	21	10 R	21
8	3 06 20	14 58	11♑24	14 37	26 21	7 31	17 30	22 58	5 40	22 56	20 56	27 28	14	14	22	10	21
9	3 10 16	15 58	25 30	14 34	27 32	6 57	17 57	23 12	5 40	22 58	20 57	27 30	14	14	22	10	21
10	3 14 13	16 58	9♒09	14 31	28 48	6 25	18 24	23 25	5 40	23 00	20 58	27 32	14	13	22	10	22
11	3 18 09	17 58	22 24	14 28	0♏06	5 55	18 51	23 38	5 40D	23 02	21 00	27 35	15	13	23	10	22
12	3 22 06	18 59	5♓16	14 24	1 28	5 25	19 17	23 51	5 40	23 04	21 01	27 37	15	13	23	10	22
13s	3 26 02	19 59	17 49	14 21	2 52	4 58	19 43	24 05	5 40	23 06	21 02	27 39	15	12	23	10	22
14	3 29 59	20 59	0♈07	14 18	4 19	4 33	20 09	24 18	5 41	23 08	21 03	27 42	15	12	24	10	22
15	3 33 56	22 00	12 13	14 15	5 47	4 10	20 35	24 31	5 41	23 10	21 05	27 44	15	12	24	10	22
16	3 37 52	23 00	24 10	14 12	7 16	3 49	21 00	24 44	5 42	23 12	21 06	27 47	16	11	24	10	22
17	3 41 49	24 01	6♉02	14 09	8 47	3 30	21 25	24 58	5 43	23 14	21 08	27 49	16	11	25	10	22
18	3 45 45	25 01	17 51	14 05	10 19	3 14	21 49	25 11	5 43	23 17	21 09	27 51	16	11	25	9	22
19	3 49 42	26 02	29 38	14 02	11 51	3 00	22 14	25 24	5 44	23 19	21 11	27 54	16	10	25	9	22
20s	3 53 38	27 02	11♊28	13 59	13 24	2 49	22 38	25 38	5 45	23 21	21 12	27 56	16	10	26	9	23
21	3 57 35	28 03	23 20	13 56	14 57	2 40	23 01	25 51	5 47	23 24	21 14	27 59	17	10	26	9	23
22	4 01 31	29 03	5♋18	13 53	16 31	2 33	23 25	26 04	5 48	23 26	21 15	28 01	17	9	26	9	23
23	4 05 28	0♐04	17 25	13 50	18 05	2 30	23 48	26 18	5 49	23 28	21 17	28 03	17	9	27	9	23
24	4 09 25	1 05	29 42	13 46	19 39	2 28	24 10	26 31	5 51	23 31	21 18	28 06	17	9	27	9	23
25	4 13 21	2 05	12♌13	13 43	21 13	2 29D	24 32	26 44	5 52	23 33	21 20	28 08	17	8	27	9	23
26	4 17 18	3 06	25 01	13 40	22 48	2 32	24 54	26 57	5 54	23 36	21 21	28 11	17	8	28	9	23
27s	4 21 14	4 07	8♍09	13 37	24 22	2 38	25 16	27 11	5 56	23 38	21 23	28 13	18	8	28	8	23
28	4 25 11	5 07	21 41	13 34	25 57	2 46	25 37	27 24	5 57	23 41	21 25	28 15	18	8	28	8	23
29	4 29 07	6 08	5♎37	13 30	27 31	2 57	25 58	27 37	5 59	23 44	21 27	28 18	18	7	29	8	23
30	4 33 04	7 09	19 58	13 27	29 05	3 09	26 18	27 50	6 01	23 46	21 28	28 20	18	7	29	8	23

SUN INGRESS	☉→♐ 22 / 22 : 05
MOON PHASE	● 3 / 22 : 35 (10♏53)　◐ 10 / 15 : 13 (17♒36)　○ 18 / 15 : 56 (25♉41)　◑ 26 / 16 : 03 (3♍46)

1994年11月

まず太陽の欄を見ますと、1日の日付けの段に蠍座（♏）の記号があり、6日の日付けの段に12　57という数字があります。これは11月6日午前0時の太陽の位置が蠍座の12度57分であることを示しています。同様に、月は射手座の12度04分、水星は天秤座の24度13分、金星は蠍座の8度41分(逆行)、火星は獅子座の16度35分、木星は蠍座の22度32分、土星は魚座の5度41分（逆行）、天王星は山羊座の22度53分、海王星は山羊座の20度54分、冥王星は蠍座の27度23分であることがわかります。ドラゴン・ヘッドは蠍座の14度44分、ドラゴン・テイルは牡牛座の14度44分です。

以上によって惑星の星座と度が出たわけですが、これは午前0時の惑星の位置ですから、出生時の位置に修正する必要があります。例題の人の日本出生時間は午後1時43分ですから、午前0時までの時間差13時間43分に相当する惑星の運動速度をプラスして正しい位置を求めます。それには、次のようにします。

・太陽の位置を求める

まず、太陽の一日ぶんの運動速度を求めます。これは出生日の太陽の位置から前日の太陽の位置をマイナスすると出ます。

12°57′－11°57′＝1°00′

太陽の一日ぶんの運動速度は1度00分です。次に太陽の13時間43分ぶんの運動速度を求めます。

1°00′×（13：43÷24：00）＝0°34′

太陽の13時間43分ぶんの運動速度は0度34分です。これを出生日の太陽の位置にプラスします。

12°57′＋0°34′＝13°31′

求める太陽の位置は蠍座の13度31分となります。

・月の位置を求める

月の一日ぶんの運動速度

(30°00′－26°58′)＋12°04′＝15°06′

月の13時間43分ぶんの運動速度

15°06′×(13：43÷24：00)＝8°37′

これを出生日の月の位置にプラスします。

12°04′＋8°37′＝20°41′

求める月の位置は射手座の20度41分となります。

・水星の位置を求める

水星の一日ぶんの運動速度

24°13′－23°19′＝0°54′

水星の13時間43分ぶんの運動速度

0°54′×(13：43÷24：00)0°30′

これを出生日の水星の位置にプラスします。

24°13′＋0°30′＝24°43′

求める水星の位置は天秤座の24度43分となります。

・金星の位置を求める

金星は他の惑星と違って逆行しています。従って、計算もこれまでと逆になります。

金星の一日ぶんの運動速度

前日の金星の位置から出生日の金星の位置をマイナスします。

9°17′−8°41′＝0°36′

金星の13時間43分ぶんの運動速度

0°36′×（13：43÷24：00）＝0°20′

これを出生日の金星の位置からマイナスします。

8°41′−0°20′＝8°21′

求める金星の位置は蠍座の8度21分（逆行）となります。

・火星の位置を求める

火星の一日ぶんの運動速度

16°35′−16°07′＝0°28′

火星の13時間43分ぶんの運動速度

0°28′×（13：43÷24：00）＝0°16′

これを出生日の火星の位置にプラスします。

16°35′＋0°16′＝16°51′

求める火星の位置は獅子座の16度51分となります。

・木星・土星・天王星・海王星・冥王星の位置を求める

木星から冥王星までの惑星は、運動速度が非常に遅いため、午前0時の位置をそのまま採用しても差しつかえありません。より正確な位置を知りたい場合は、太陽から火星までの惑星と同じ計算式で求めることができます。

・ドラゴン・ヘッドとテイルの位置を求める

ドラゴン・ヘッドとテイルの求め方は惑星の場合とまったく同じです。ただし、ドラゴン・ヘッドとテイルは常に逆行しますから、計算は逆行中の惑星の場合と同じように行います。テイルは常にヘッドの真反対に位置します。

・パート・オブ・フォーチュン（幸運神）の位置を求める

パート・オブ・フォーチュンの計算式は次の通りです。

ＰＯＦ＝ＡＳＣ＋月－太陽

まず、牡羊座を1星座とし、牡羊座から魚座まで12星座に番号をふります。ＡＳＣ（上昇宮）は魚座ですから12星座、太陽は蠍座にありますから8星座、月は射手座にありますから9星座となります。計算式に従ってＰＯＦの位置を求めます。

	12星座	8°00′
＋	9星座	20°41′
－	8星座	13°31′
	1星座	15°10′

この計算式で、答えの星座番号が12を越えた場合は答えから12をマイナスします。答えの星座番号をもとの星座になおしますと、牡羊座となります。

求めるＰＯＦの位置は牡羊座の15度10分です。

以上の計算では、常に微少の誤差が出ます。

ラファエル天文暦を用いた場合と、日本版天文暦を用いた場合とでは、惑星の位置にわずかなずれがあります。しかし、誤差を完全になくすことはどの計算式でも無理ですので、微少の誤差は許容範囲に入るものと考えてください。

図Lは、10個の惑星と、ドラゴン・ヘッドとテイル、POF、MC、ASCの位置を表にしたものです。

⓫ ホロスコープの完成

以上で10個の惑星と、ドラゴン・ヘッドとテイル、パート・オブ・フォーチュンの位置がわかりましたから、それを基本のホロスコープに書き入れればホロスコープが完成することになります。**図M**は、例題の人の完成したホロスコープです。

図L

♈	♉	♊	♋	♌	♍	♎	♏	♐	♑	♒	♓
⊗ 15°10′	☋ 14°44′			♂ 16°51′		☿ 24°43′	☉ 13°31′	☽ 20°41′	♅ 22°53′		♄ 5°41′℞
							♀ 8°21′℞	MC 17°	♆ 20°54′		ASC 8°00′
							♃ 22°32′				
							♇ 27°23′				
							☊ 14°44′				

図M
完成したホロスコープ

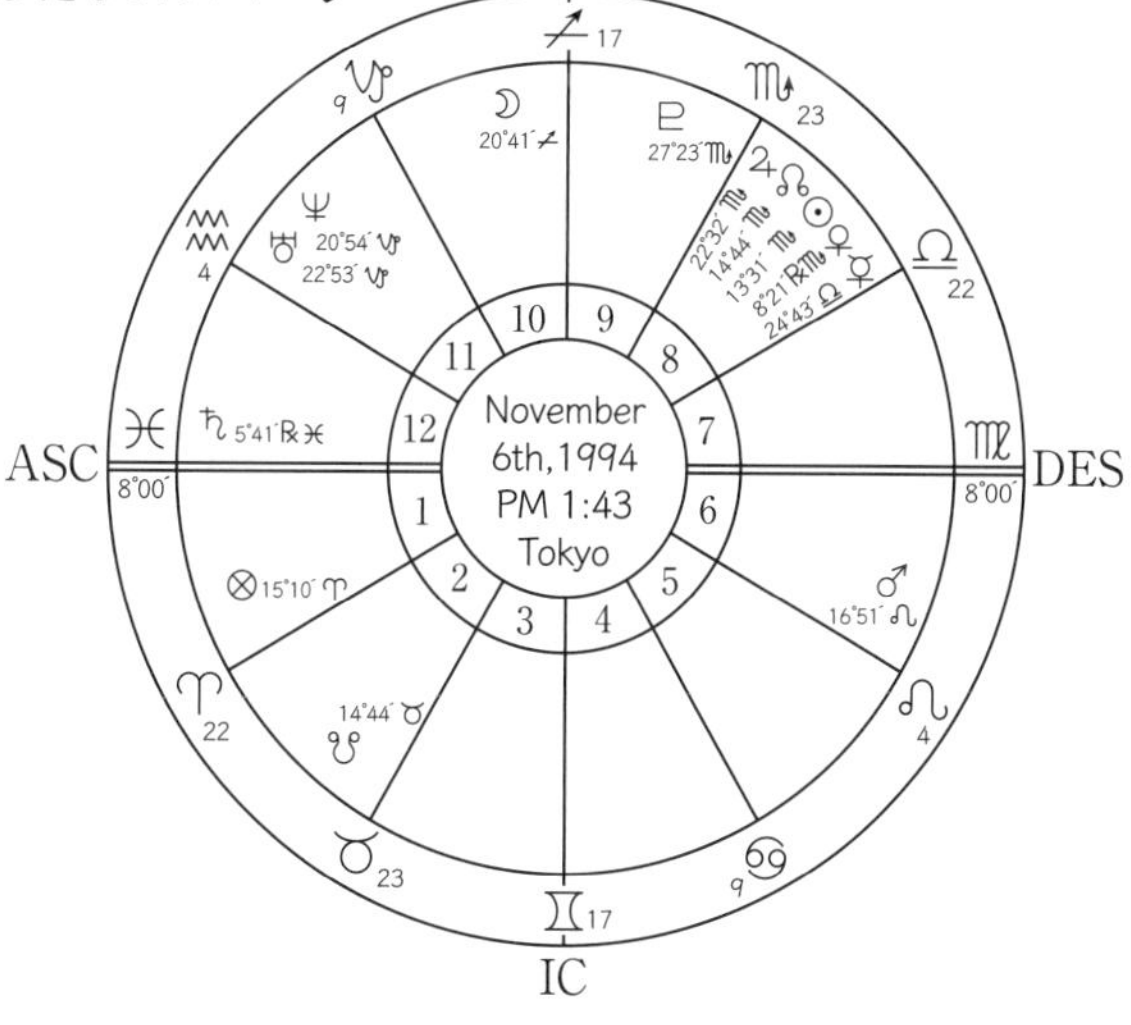

未来予知編

惑星による人生展開

ホロスコープを読むうえで最も興味深いことは、何と言っても未来の出来事を予知することでしょう。占星術には、「人生上で起こる事件でホロスコープに示されないものはない」という大前提があります。「天が下のすべての事には季節があり、すべての業には時がある……」と伝道の書にもありますように、ホロスコープで予告されていることも、天の時を得るまでは人生の表面に事件として現れてくることはありません。しかし、占星術では惑星の運行を注意深く観察することによって、未来に起こる事件の特色とその時期を知ることができます。

未来予知については、昔からさまざまな方法が研究されてきました。その代表的なものに「トランシット法」と「プログレス法」があります。

「**トランシット** Transit」とは本来は惑星の子午線経過を意味する言葉ですが、占星術では、ホロスコープの惑星の上を、実際に天を運行する惑星が通過することを言います。惑星にはそれぞれ固有の運行周期がありますので、トランシット法は大きな人生周期や毎年の周期的な運勢変化を知るのに適しています。

「**プログレス** Progressed」とは惑星の進行という意味で、プログレス法とは出生後の一日間は人生の一か年に等しいと考えて、満年齢に相当する月日の惑星の位置を調べる方法です。これは、地球から見た太陽の1日24時間の日周運動は、1年で黄道を一回りする太陽の年周期に対応する、という考えを基礎にしたものです。たとえば、満20歳の時の進行した惑星の位置を知りたい時は、生年月日に20日を加えた月日における惑星の位置を調べれば良いのです。この方法は、特に「**1日1年法**」と呼ばれています。

プログレス法による未来予知

出生時の惑星の位置で作成したホロスコープを「**出生図**」と言うのに対して、進行した惑星の位置に基づいて作成したホロスコープを「**進行図**」と言います。進行図は本人の満年齢における運勢を示します。従って、プログレス法は本人の一生の運命の流れを知るのに適しています。

進行した惑星の位置をプログレス（略号P）と言うのに対し、その基本となる出生図の惑星の位置を「**ラディクス　Radix**」（略号R）と言います。また、出生図の惑星が作る座相をアスペクトと言うのに対して、進行図の惑星が作る座相を進行座相「**ディレクション　Direction**」と言います。進行座相には次の二種類があります。

進行した惑星と出生図の中にある惑星が作る座相

進行した惑星同士が作る座相

進行した惑星と出生図の中にある惑星が作る座相は、出生図に暗示されている事柄が成就する時を示します。これに対して、進行した惑星同士が作る座相は、出生後の人生展開を示します。

進行座相にはオーブ（許容度）が認められていません。正確な座相を作る場合のみを使います。しかし、太陽および月の進行座相に限っては前後1度のオーブを認めます。

※［参考］太陽と月の進度について

進行図の主役は何と言っても太陽と月です。太陽の1日の平均運動速度は0度59分08

秒です。進行図では1日は出生後の1か年に相当しますから、太陽は1か年で約59分進行することになります。そこで、進行した太陽が他の惑星と正確な座相を作るためには何度が残されているかを調べれば、未来に予定されている事柄が何歳の時に起こるかを知ることができます。この太陽の進度を、**「メジャー・アーク」**と言います。

月の場合は、出生後の2時間が人生での1か月に相当します。月の1日の平均運動速度は13度11分、2時間では1度06分です。すなわち、月は1か年で約13度11分、1か月で約1度06分進行します。そこで、進行した月が他の惑星と正確な座相を作るためには何度が残されているかを調べれば、満年齢における毎月の運勢を知ることができます。この月の進度を、**「マイナー・アーク」**と言います。

この方法は太陽および月の進行座相を見るためには便利ですが、それ以外の惑星と惑星の進行座相を見るためには使えません。また、厳密に言えば太陽と月の運動速度も季節によって異なってきますから、正確な進行座相が作られる時期を知るためには、やはり天文暦を見て正確な惑星の位置を調べたほうが良いでしょう。

進行図の作り方

次から**「1日1年法」**による進行図の作り方を説明します。使用する天文暦は「ラファエル天文暦　November 1994」（250頁参照）です。「日本占星天文暦」（265頁）を使っても結果は同じです。

進行図の作り方は、出生図の作り方と同じ手順で行います。しかし、日付けが変わることによって恒星時が変わってきますし、惑星だけでなくMCやASCも進行しますから、完成した進行図はもとの出生図とはかなり違ったものになってきます。

いまここで、**例題**の「1994年11月6日　午後1時43分　東京生れ」の人の満22歳における進行図を作るとします。満22歳は日数になおすと22日です。そこで11月6日に22日を加えますと、結果は11月28日となります。すなわち、1994年11月28日　午後1時43分　東京で作成したホロスコープが、この生れの人の満22歳の時の進行図となります。

進行図作成のための資料

満年齢に相当する日　1994年11月28日

出生時間　午後1時43分

出生地　東京（日本）

❶　グリニッジ出生時間を求める

PM1：43＋12：00－9：00＝AM4：43

グリニッジ出生時間は午前4時43分です。

❷　正午までの時間差を求める

12：00－4：43＝7：17

正午までの時間差はマイナス7時間17分になります。

❸　出生地の緯度と経度を求める

例題の人は東京生れですから、

北緯35度59分（N 35° 39′）

東経135度45分（E 135° 45′）となります。

❹ 満年齢に相当する日の恒星時を求める

250頁のラファエル天文暦から、11月28日の恒星時は16：28：38となります。

❺ 時間差の加速度を求める

7：17：00×00：00：10＝0：01：13

時間差の加速度は1分13秒となります。

❻ グリニッジ出生時における恒星時を求める

16：28：38－7：17：00－0：01：13＝9：10：25

グリニッジ出生時の恒星時は9：10：25となります。

❼ グリニッジ出生時における地方恒星時を求める

グリニッジから東京までの時差は9時間19分です。

9：10：25＋9：19：00＝18：29：25

求める地方恒星時は18：29：25です。

❽ 室項表を使ってハウス分割を行う

本書巻末の室項表の東京（北緯35度39分）から、10室のカスプは山羊座の7度、11室のカスプは水瓶座の0度、12室のカスプは魚座の0度、1室のカスプは牡羊座の12度00分、2室のカスプは牡牛座の19度、3室のカスプは双子座の15度となります。4室から9室までのカスプについては、真反対に位置する星座を考えて同じ度を記入します。

図N

満22歳時の進行図

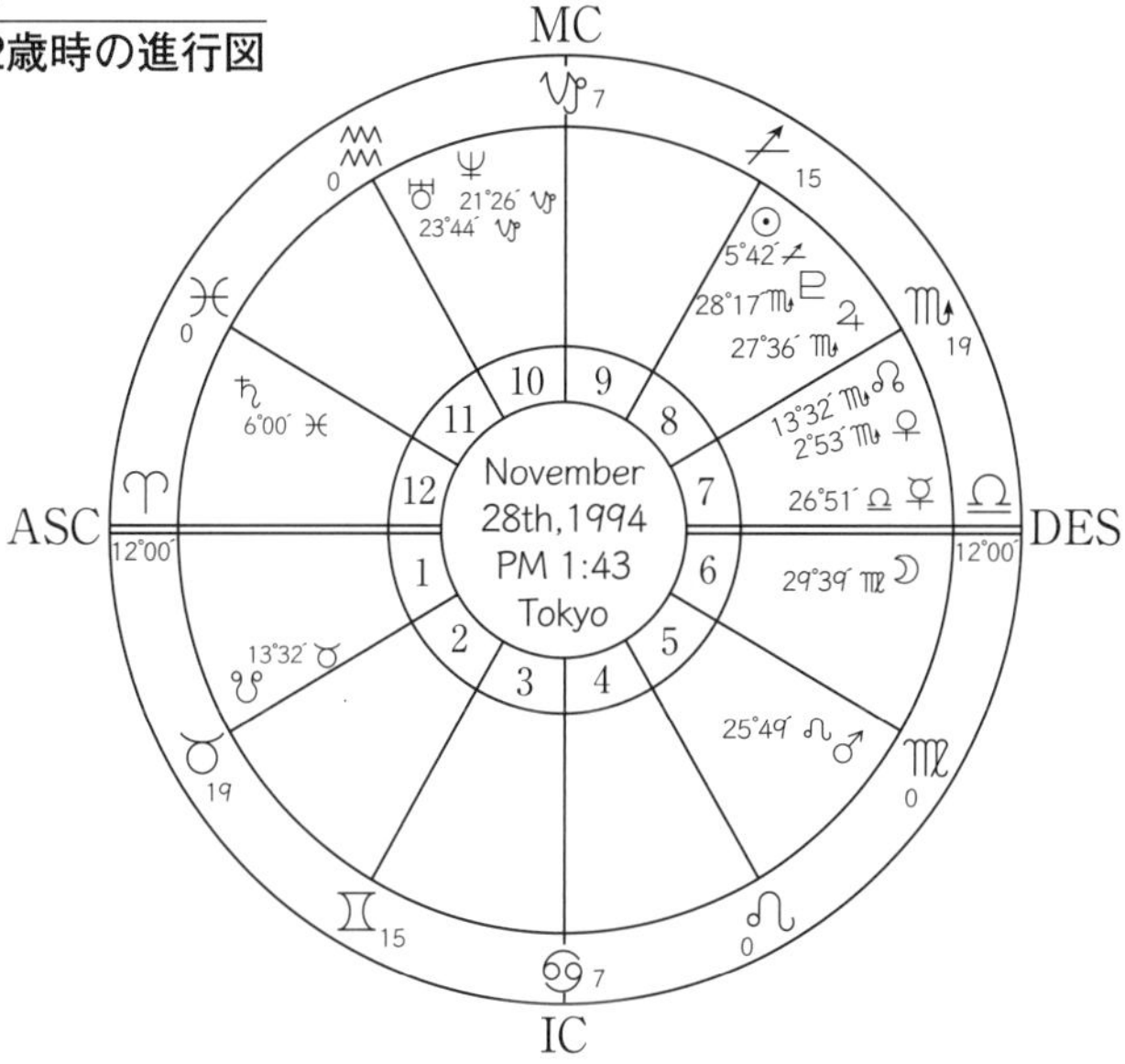

❾　10個の惑星、およびドラゴン・ヘッドとテイルの位置を求める

２５０頁のラファエル天文暦から、11月28日正午の惑星の位置を求め、さらにその位置から正午までの時間差マイナス7時間17分に相当する惑星の運動速度を引いて正しい惑星の位置を求めます。この計算式は「ラファエル天文暦による出生図の作り方」（２３９頁）で説明した通りですから、それを参考にしてください。

結果は、

太陽　射手座５度42分、
月　乙女座29度39分、
水星　天秤座26度51分、
金星　蠍座２度53分、
火星　獅子座25度49分、
木星　蠍座27度36分、
土星　魚座６度00分、

図O

内側の円は出生図（1994年11月 6 日　PM1：43）
外側の円は満22歳時の進行図（1994年11月28日　PM1：43）

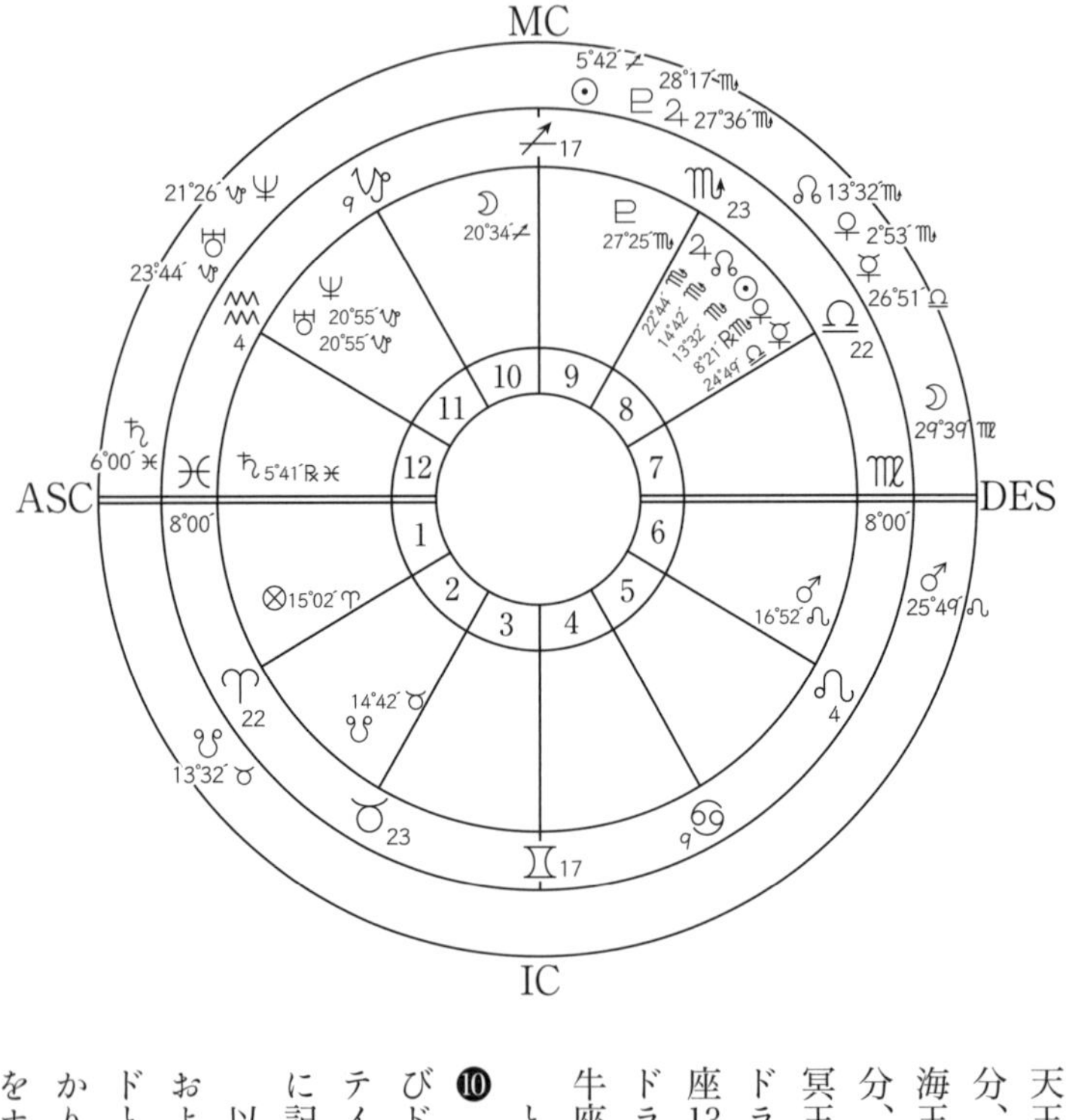

天王星　山羊座23度44分、
海王星　山羊座21度26分、
冥王星　蠍座28度17分、
ドラゴン・ヘッド　蠍座13度32分、
ドラゴン・テイル　牡牛座　13度32分
　となります。

❿　10個の惑星、およびドラゴン・ヘッドとテイルをホロスコープに記入する

　以上で10個の惑星、およびドラゴン・ヘッドとテイルの位置がわかりましたから、それをホロスコープに記入

すれば進行図が完成することになります。
図Nは、例題の人の満22歳における進行図です。
図Oは、出生図（内側の円）に進行図（外側の円）を重ねたものです。このようにホロスコープを二重円にしますと、惑星の進行状態が一目でわかりますので便利です。
次から、進行座相の意味を説明します。

ASCとMCへの惑星の進行座相

ASCと太陽の合と吉座相　世間的な名誉を得ること、社会的認可、ハイクラスの友人との交際、健康の増進、すべて個人的な希望や成功に関した事柄に有望な時期を示します。女性にとっては結婚を期待する気持ちを生じること、男児の出生を示します。
ASCと太陽の凶座相　有力者からの嫉妬と妨害、元気と活力の不足、激しい病気、理想を達成しようとする気持ちが薄弱となることを示します。
ASCと月の合と吉座相　世間的な引立てを得ること、公共からの支持と好評、一般的な利益、男性にとっては女性との接触や交際に成功すること、女児の誕生を示します。
ASCと月の凶座相　一般に不人気となること、敵意を持つ人に関して障害が起こること、腫瘍や水腫を生じる病気、全体に虚弱となることを示します。
ASCと水星の合と吉座相　研究と勉強の時期を示し、向学心を生じること、著作や法的文書に関した成功、旅行と環境の変化を求めることを示します。

ＡＳＣと水星の凶座相　文書による争い、法定論争、中傷や誹謗が起こること、詐欺に遇うこと、神経系統の不調、全体に不安定な環境になることを示します。

ＡＳＣと金星の合と吉座相　強い愛情を持つこと、富と財産を得ること、娯楽・装飾・贅沢を与えられること、喜び事や楽しみの増加、結婚運を生じることを示します。

ＡＳＣと金星の凶座相　贅沢や不節制から損害を受けること、女性関係の紛争、愛情問題の乱れと悩み、生殖機能に関した困難が生じることを示します。

ＡＳＣと火星の吉座相　勇敢になり活動的になること、勤勉さによる速やかな昇進、団体行動による成功、大きな自信を得ること、女性にとっては男性に関した喜び、男児の誕生を望む気持ちを生じることを示します。

ＡＳＣと火星の合と凶座相　闘争的になり論争好きになること、衝突と対立、予期しない暴力や事故に遇う傾向、熱病や炎症性の病気にかかること、女性にとっては異性による危難を示します。

ＡＳＣと木星の合と吉座相　社会的地位の向上、社交生活の成功、多くの友人を得ること、健康の改善、贈物を受け取ること、財政的な利得を得ることを示します。

ＡＳＣと木星の凶座相　不実な友人にとって損害を受けること、血液の病気や肝臓障害にかかること、愚かな熱中や正しくない願望によって人生の道を誤ることを示します。

ＡＳＣと土星の吉座相　財産相続による利得、土地や家屋を入手すること、年長者からの援助、謹厳で根気強い性質になること、全体に生活環境が改善されることを示します。

ＡＳＣと土星の合と凶座相　怠惰になること、環境に原因する苦悩と抑圧、家族や年長者に関係した悩み、長引く性質の病気、一般に名誉や評判に関した事柄や家庭の問題は思うようにならないことを示します。

ASCと天王星の吉座相　予期しない有望な出来事が起こること、新しい刺激や現状の刷新を求める気持ちを生じること、新しい幸運な友情を得ることを示します。

ASCと天王星の合と凶座相　偶発的な出来事に遭遇すること、無計画な行動による失敗、奇妙な身体の不調、手術を受ける傾向、すべての問題に良くない時期を示します。

MCと太陽の合と吉座相　職業上の名誉と昇進、高評を得ること、人望の獲得、高位者からの恩恵、成功と発展を望む気持ちを生じること、すべて人生上の目的の追求に有望な時期を示します。女性にとっては結婚と男児の出産を示します。

MCと太陽の凶座相　職業上の難題と支障、地位に関する失敗と損失、概して人気のない時期、両親の死、すべて政治や権力に関係した事柄では成功しないことを示します。

MCと月の合と吉座相　名声の向上と大衆的な人気、家庭的な成功、資産の増加、結婚や子供の出生による責任が生じることを示します。

MCと月の凶座相　家庭的な問題に関して悩みと困難が起こること、母の死、事業の衰退、資産の減少、移転や旅行には良くない時期であることを示します。

MCと水星の合と吉座相　新規の仕事、事業の創立、商業活動による利益、学問と文筆上の成功、すべて勉学や教育に関した事柄に良い時期であることを示します。

MCと水星の凶座相　雑事と多忙、著述、通信・文書に関した事柄や親戚関係の問題で悩みと苦労を生じること、職業上で変化を求めるには良くない時期を示します。

MCと金星の合と吉座相　一般に繁栄と利得、娯楽と慰安を与えられること、恋に落ちる傾向、愛情生活の幸福、結婚の可能性と子供の誕生を示します。

MCと金星の凶座相　財産の浪費、無分別による損失、嫉妬と離別、求婚の失敗、母か妻の不幸、愛情関係で良くない評判を引き起こすことを示します。

MCと火星の合と吉座相　自主独立の精神が高まること、旺盛な活動力、競争力の充実、大きな野心を持つこと、大規模な企業を計画することを示します。

MCと火星の凶座相　闘争と興奮、衝撃的な出来事、早まった行動による失敗、大きな損失を受けること、大きな怪我をすること、両親に関する悩みや苦労が起こることを示します。

MCと木星の合と吉座相　新しい良い地位の獲得、富力の増加、出世すること、繁栄に向かうこと、社会的な問題はだいたい満足な結果を得られること、すべての事柄で成功することを示します。

MCと木星の凶座相　財政的な紛争、商売上の損失、社会生活の困難、権力者や有力者に関係した悩み、訴訟問題で危機が起こること、法律的な問題では良い結果を得られないことを示します。

MCと土星の吉座相　信頼される責任ある地位を与えられること、年長者からの利益、相続による利得、組織力の増加、全般に職業や住居・立場に関して改善が起こることを示します。

MCと土星の合と凶座相　仕事や職業の難事、不名誉な事件、使用人や目下の者に関する苦労、両親の死か不幸、信用と責任問題に関して困難が起こることを示します。

MCと天王星の吉座相　職業上の突然の進歩、予期せぬ昇進、計画の不意の実現、有望な新しい経験をすることを示します。

MCと天王星の合と凶座相　突然の損失や予期しない災難が起こること、非難されたり不信用を受けること、父の死、すべて物事が裏目に出ることを示します。

太陽の進行座相

太陽と月の合　男性にとっては幸運期を示し、職業上の名誉と昇進、世間的な引き立て、繁栄、利得、新しい友人を得たり良い紹介者に恵まれることを示します。7室か10室でこの座相が生じれば結婚による身分の向上があります。女性にとっては良くなく、不健康になること、不運な結婚、夫が原因で起こる悩みや紛争を示します。

太陽と月の吉座相　一般に幸運期を示し、職業上の成功と昇進、世間からの人気と贔屓、良い友情を得たり上位者から援助されることを示します。この座相は男女両性にとって良く、調和のとれた良い結婚をしたり、家庭的な成功が得られることを示します。

太陽と月の凶座相　一般に不運な時期を示します。職業上のトラブル、仕事や商売の不振と損失、この生れの人の目的に対して反対や妨害が起こること、上位の人々から損害を与えられること、不調和な結婚、家庭的な悩みや心痛が起こることを示します。

太陽と水星の合と吉座相　知識欲や研究心が高まること、勉学や教育への道が開かれること、若い人々との共同に成功すること、文筆・出版・考案・発明などすべて精神活動に関したことから成功と利益が得られることを示します。

太陽と水星の凶座相　あまり重要ではない座相ですが、他の惑星の凶座相があれば通信・文書・契約に関したトラブル、著作や出版物に関して紛争が起こること、若い人々が原因で苦労や面倒が起こることを示します。

太陽と金星の合と吉座相　幸福で楽しい時期を示し、慰安と快楽を与えられること、社交や娯楽への関心が高まること、ロマンスを追求したり女性の社会へ接近したい願望が高まることを示します。男性にとっては結婚するか、有力な女性から援助を得られることを示します。

太陽と金星の凶座相　贅沢や遊興のために金銭を浪費すること、飲酒の習慣や不節制による体力の消耗、異性に関して良くない評判を作ること、愛情問題で制約を受けたり深刻な悩みが生じることを示します。

太陽と火星の合　勇敢になり闘争的になること、自由と独立を求める願望が高まること、新規の企てや事業に精力を傾けること、しかし怒りの増大や興奮が伴い、口論や喧嘩・暴力・事故に注意が必要な時期を示します。女性にとっては強力な男性運を生じますが、結果は良いとは言えません。

太陽と火星の吉座相　社会的な活動や企業による成功、指導的地位に就くこと、勢力の拡張、軍備の増強、名誉と名声の獲得を示します。女性にとっては結婚することを示しますが、この場合の結婚は不和となりやすく、最後まで円満にいくとは限りません。

太陽と火星の凶座相　良くない座相で、凶運期を示します。闘争・怒り・暴力・盗難による損害が生じること、無謀な企業を引き受けて失敗することを示します。火星が10室か4室にあれば上位者に対する不服従や親への反抗。6室や8室にあれば急病と血管の破裂による急死。すべて火星が入るハウスに注目することです。女性にとっては出産時に危険があること、夫を失う危険があることを示します。

太陽と木星の合　幸運期を示し、富と成功への道が開けること、大望を持つこと、良い就職をしたり有望な事業計画に恵まれることなど、人生最高の好機が訪れることを示します。精神は寛大で高尚であり、また信義を重んじるようになります。

太陽と木星の吉座相　社会的名声と富の獲得、財政的な繁栄、善友の援助、上位者の引き立てなどすべて成功と発展へと向かう幸運期を示します。それまで下積みの境遇にあった人なら、有力者に認められ出世する時が来たことを示します。女性は合とともに夫運があり、適齢期にある女性の多くは結婚するか結婚の申し込みがあります。

太陽と木星の凶座相　財産の損失や投資の失敗、権利を脅かされたり不当な待遇を受けること、法的な心配事など、全般に財政や法律に関した事柄には良くない時期であることを示します。この時期は投機的なことや冒険的企てについても運がありません。避けるのが賢明です。

太陽と土星の合　責任を伴う困難な役目を引き受けること、地位や評判に関して警戒を要する問題が起こること、健康について不安を生じることを示します。物事に対しては慎重で思慮深く、また忍耐強くなります。土星はすべて父親や年長者に関係して深刻な紛争が起こってくることを示しますが、出生図が強ければ必ずしも悪い時期とは言えません。出生図の太陽や土星の位置に注目してください。

太陽と土星の吉座相　社会的位置や人生基盤が固まること、尊敬と信用の増加、責任ある要職に就くこと、年長者から厚遇されること、恒久的な利得、特に相続問題や土地・不動産に関した事柄は好転することを示します。女性にとっては夫運を生じ、しばしば結婚することを示します。

太陽と土星の凶座相　良い地位を失うこと、健康を失うこと、経済的な損害、相続問題についての紛争と苦労など、すべて凶方へと向かう不運な時期を示します。土星の凶座相はすべて物事の限界と関係があり、最後の失脚や、死による引退を示す場合もあります。太陽と土星が入っているハウスに注目してください。女性にとっては夫を失うこと、両親や近親者の死など、不幸と悲しみを招くことを示します。

太陽と天王星の合　人生の転換期を意味し、予期しない身分や環境の変化が起こること、新しい刺激と経験を求めること、突然に世間の注目を集めるような出来事が起こることを示します。天王星の進行座相は、すべて物事を公にすることと関係があります。この座相を持つ人が公的な立場に関係しているならば、所信表明や公示活動にも有望な座相です。

太陽と天王星の吉座相　職業上あるいは一身上に飛躍的な進歩を遂げること、多くの友情と支持者を得ることを示します。官公職にある人は特に幸運で、公の名誉と公共の信任を得ることを示します。女性にとっては結婚を急ぐ状況が作られることを示しますが、家庭的な事柄については恵みを与える座相とは言えません。

太陽と天王星の凶座相　非難や中傷によって地位や信用が危機にさらされること、公の紛争や強い敵を持つこと、訴訟や告発など、すべて突然に襲ってくる災厄や損害を示します。1室でこの座相が生じれば本人の身の上の急変、2室ならば突然の運の変化、10室ならば職務上のスキャンダルが懸念されます。女性にとっては離婚すること、急いで結婚して突然に夫を失うことなど、すべて家庭を破壊に導くことがこの期間に起こってくることを示します。

太陽と海王星の合　不確定な運を示し、奇妙な魅力ある変化が起こること、周囲の影響に敏感になること、意見や習慣を改めること、新しいビジョンやインスピレーションを得ることを示します。しかし、特殊な職業以外の人にとっては、むしろ迷いと混乱の時期でしょう。

太陽と海王星の吉座相　個人的な魅力や企画の成功によって大きな名声を得ること、秘密の伴う職業で成功を収めること、航海をしたり旅行によって愉快な経験を持つことを示します。芸術家や創造的な仕事に携わる人にとっては特に幸運で、職業上の成功と利益を示します。

太陽と海王星の凶座相　醜聞や背任行為によって名声を失うこと、虚偽の主張をすること、他人の提案による計画で詐欺やペテンにかかること、不健全な欲望や習慣を持つことなど、すべて当惑したり後悔するような不運な事件が起こることを示します。

太陽と冥王星の合　人生の分岐点を意味し、暗黙のうちに行われる地位や境遇の徹底的な変化を示します。行動には確信があり、太陽と冥王星が入るハウスとサインの意味に従って意外な力量の発揮が可能となります。

太陽と冥王星の吉座相　人生上の大きな決定をすること、ビッグ・プロジェクトやビッグ・ビジネスにかかわること、権威や権限を伴う地位に就くこと、政治や事業に携わる人であれば支配力が増し野心を達成する好機が訪れることを示します。

太陽と冥王星の凶座相　有力な後援者や支持者を失うこと、暗黙の脅威を受けたり凋落すること、努力がついえること、不利な環境や情勢の変化など、すべて失意につながる不運な変化が起こることを示します。

月の進行座相

月と太陽の合　一般的な環境や状況に新しい生気が与えられる時であり、独立・転職・開業など、すべて新計画や新生活へのスタートに良い時を示します。周囲の注目を集めやすい時期でもあり、そのためにも自分自身の意志と行動を明確にする必要があります。またこの進行座相は、対社会的な事柄や仕事の上で重要な人物と出会う機会をもたらします。各界の一流人が出席する会合や招待なども、本人の個人的イメージやキャリアに箔をつけるものとして積極的に利用するのが良いでしょう。

月と太陽の吉座相　一般に幸運期を示します。立場を強化したり野心を遂げるのに良い時で、新しい計画や仕事の開始には家族や友人の協力があります。また、この時期は良い紹介者を得たり有力者と知り合う機会に恵まれるため、人間関係のネットワークを積極的に生かすと良いでしょう。

月と太陽の凶座相　すべて本人が意図する計画や目的を達成するためには不運な時期であることを示します。特に衝は、合でスタートした人生計画が一つのピークに達していることを示します。意外な人物から立場に対する妨害を受けやすく、逆に他人を攻撃することも良くありません。友人や助力者を失いやすく、家庭内の紛争や女性関係のトラブルもあり得ます。謙譲で控え目な態度が、この時期の凶兆から本人を守るでしょう。

月と月の合と吉座相　一般に変化の時を示します。人間関係のもつれは好転し、それまでイザコザのあった家族や肉親とも平和的に和解できます。職場やサークルの人付き合いにも変化が訪れやすく、新しい友人を得る機会に恵まれます。この時期に、信用を伴う地位に就かされるか、新しい役目を与えられたら、それが自分の意図することでなくても良心的に責務を果たすのが良く、この地位や責任に関連して、より大きな事柄が近い将来に発生する可能性があります。

月と月の凶座相　不安定な時期を示します。家庭内の紛争は重大な結果となって現れ、日頃なごやかだった人間関係も批判的になることによって乱されます。物事の破綻の兆しと計画の変更もあり得ます。この時期は、まず与えられた仕事や役目を間違いなくやり通すことから始めるのが良く、それによって運の変動を防げます。

月と水星の合と吉座相　精神活動に良い時期を示し、新規の企業・商売の活況・出版企画の成功・旅行による利益など、全体として繁栄を示します。出生図の水星に吉座相が多ければ、文書の交換・契約・訴訟に関したことも良好と見なせます。心は機敏で活発ですが、落ち着かなくなりやすいでしょう。繁忙時とは言え、この時期に課せられる義務や責任をいかに処理するかによって本人の評価が決まります。

月と水星の凶座相　心労と多くの小さい苦難が人生に現れやすく、緊張の時期を示します。中傷と軽率な批判によるトラブル、文筆上の争い、訴訟による難が多く、裏切りや欺きによる被害の暗示もあります。判断を誤ると今の地位や評判を失います。出版や旅行もだいたい不運です。この進行座相のもとでは、特に契約や証文・文書に関した事柄に注意をはらう必要があります。

月と金星の合と吉座相　感情面の安定により幸福感を味わえる時です。ロマンティックなテーマはおおいに前進し、多くは男女両性を結婚へと導きます。結婚した人であれば、子供の誕生と家庭的な喜びを得られます。仕事上の友情と、社交や娯楽についても幸運があり、芸術性に富んだ友人によって楽しみを与えられやすいでしょう。金銭的には堅い取引や堅実な投資から利益があります。

月と金星の凶座相　感情的な障害を意味します。異性による悲しみ、失恋、女性との争い、近親者との不和を示し、親族関係の金銭トラブルも懸念されます。結婚については家族が反対者となりやすいでしょう。また、この進行座相はしばしば子供を失うことを通して家庭的な紛争が起こってくることを示します。友情や社交生活も後退し、浪費や贅沢によって金銭を失いやすい傾向があります。女性は不始末になりやすく、快楽の追究から健康を損ないます。

月と火星の合と吉座相　積極的なビジネス活動による幸運を示し、大きな願望を前進させたり地位を向上させる好機を示します。新しい企業や企画はだいたい成功し、出生図の火星に吉座相が多ければ、投資や財産の売買も良好。若い男女にとっては恋愛事件を起こすことを示しますが、この時期の求婚や結婚は結果が良いとは言えません。

月と火星の凶座相　重要な座相であり、不運な時期を示します。概して争いが多く、争いが訴訟に発展することもあり、失職・盗難・事故・負傷・急性の病気にも警戒が必要です。また、この座相のもとでは無分別によって金銭を失いやすく、転職も良いとは言えません。男性にとっては性急な結婚をしてすぐに離婚すること、女性にとっては異性による危難を示し、この時期に接近してくる男性に注意する必要があります。

月と木星の合と吉座相　非常に良い座相で、幸運期を示します。過去の努力から報酬を得たり待ち望んだ朗報が届くこと、健康の回復・仕事の発展と拡張・物事の改善の好機に恵まれることを示し、それに富と名声も加わります。特に法律・保険・財産に関した事柄は良い方向に導かれます。男性にとっては結婚もあり、女性にとっても良く、健康の増進・享楽・利益などすべて喜び事が招かれることを示します。

月と木星の凶座相　主として財産の減少、特に投機に関しては運がない時期を示します。この座相のもとでは特に友情問題に関して難があり、この本人の親切心が他人につけ込まれやすいこと、軽率な約束をして後悔することを示します。拡大方針や発展策も避けるべきで、法的な交渉や役所との折衝にも幸運は望めません。健康については血液の汚れ・肥満や肝臓障害に注意を要します。女性にとっても良くなく、健康の不調・浪費・損失を示します。

月と土星の吉座相　平常の努力が認められる時であり、本人の厳正な態度から信用と尊厳を受けること、年長者から厚遇されること、組織と集団に恵まれることを示します。そのほか商売上の利得、公共からの人気、相続問題に関しての吉兆など。物事はすべて「人の和」を生かすのが良く、人格を唯一の財として自重しながら進むことによって幸運がもたらされます。

月と土星の合と凶座相　良くない進行座相で、人生の難所を示します。名誉とか体面に傷がつくこと、仕事や商売の不振、相手方の失敗、金銭の損失、相続についての悩み、場合によっては失業や倒産もあり得ます。男性にとっては妻や母親・有望な子供を失うこと、女性にとっても悪く、友人や両親を失うこと、財産を失うこと、病気もしくは死など、何か悲哀に接していることを示します。この座相は特に健康に害が大きく、長期の疾患を生じやすいことに注意を要します。

月と天王星の合と吉座相　変化を意味し、新奇な体験や新しい環境を求めること、生活様式を変えること、新しい試みに心を傾けることを示します。旅行・移転・転職もおおむね良好です。

特に新しいアイディアの実行やクリエイティブな仕事に関して好機に恵まれます。また、この座相のもとでは男性は女性とのロマンティックな交友関係に心を惹かれやすく、女性にとってもしばしばロマンスを生じます。

月と天王星の凶座相　突然の不運な変化を意味し、不利な変更や移動が起こること、事業上の失策、公共団体との対立、ミスの発覚、中傷や密告もあり得ます。旅行・移転・転職も結果が良いとは言えません。7室でこの座相が起こればパートナーシップに難が生じやすく、破談、もしくは離婚。5室で起これば不義の異性関係を生じます。女性にとっては男性ほど悪くないとされますが、やはり運は危険期を示し、旅行中の不快、職場や家庭内のトラブル、心身の失調などに注意が必要です。

月と海王星の吉座相　良い時期を示し、協同で行う企画に成功すること、愉快な楽しい経験をすること、福祉や奉仕に関心を持つこと、不思議な予感や前兆を感じることを示します。特殊な点では、敵手の害意や欺きを事前に察して逃れる意味があります。一般にこの時期は保証人になることや契約書へのサインは避けたほうが良く、それが必要ならば事前に調査期間を置くのが安全です。

月と海王星の合と凶座相　面倒な運で、厄介な問題の紛糾、失態、隠れた敵が突然に積極的になること、非現実的な空想を持つこと、怠惰になることを示します。特に印鑑の取り扱いや書類へのサインに十分な注意を払う必要があります。さらにこの進行座相のもとではモラルの低下や生活習慣の乱れが現れやすく、自重して身の成り行きに注意すべきです。

月と冥王星の合と吉座相　復興、あるいは再起を意味し、政治的な敗北や衰退した事業を挽回する手掛かりを得られることを示します。学問や技術の習得、資格や免許の取得についても幸運があります。また、表面には出ずに内密のアドバイザーとしてふるまう立場に置かれている人は、それ相応に業績を上げられます。物事はすべて基礎を作る時であり、物質的な利益より将来の飛躍を期しての知的・精神的蓄積に利があります。

月と冥王星の凶座相　逆転、あるいは退歩を意味します。物事の撤回、努力の崩壊、反発や拒絶が起こりやすく、支持者や保護者を失うこともありがちです。また、この時期は上司や目上に尽くしても報われません。勉強不足だったり検討不足だった事柄は基礎からやり直す必要があります。しかし、こうした不運に遇った人でも、すべてを刷新し、過去を脱皮して、英知を持って二者択一の決断を行えば人生に新しい局面が開けます。

その他の惑星の進行座相

水星と金星の合と吉座相　美や芸術に心を傾けること、愛や好意を表現しようと務めること、社交や訪問の機会に恵まれること、業者間の交流や利益交換がうまくいくことを示します。この生れの人が従事する事柄に従って利益があります。

水星と金星の凶座相　あまり重要ではない座相です。社交や趣味・遊びに浪費すること、商取引や儲け話が起こるが、そのために金銭も多く使うことを示します。

水星と火星の合と吉座相　活動的な気分になること、前進に役立つ目覚ましい情報を得ること、うまい仕事上の作戦を思いついたり機略が冴えること、命令したり指揮する能力が増すこと、全体に昇進と向上を招くことを示します。

水星と火星の凶座相　気分的あせりを生じること、情報の急いだ採用や早まった判断による失敗、通信や文書に関するトラブルの発生、自分の行為の結果として被害に遇ったり懲罰を受けることを示します。

水星と木星の合と吉座相　成功への道が見つかること、建設的な考えと正しい見通し、豊富なアイディアに恵まれること、知的・文学的仕事による成功、著作・出版・講演・教授に関した事柄から利益を得ることを示します。

水星と木星の凶座相　誇張された情報や大げさな判断による失敗、偽りの証言、文書による不快事、目下の者のごまかしに遇うこと、特に法的・金銭的な責任が伴う業務については注意すべき時を示します。

水星と土星の合と吉座相　義務の意識や責任の自覚を持つこと、精神集中力が増すこと、真面目な業務・研究・著述に良い時を示します。

水星と土星の凶座相　気の進まないことに従事させられること、実際以上に束縛感や恐怖心を持つこと、出生図次第では偽造や不正行為にかかわること、特殊な意味では旅行をしたり孤独になることによって悩みから解放されることを示します。

水星と天王星の合と吉座相　良い発想や直感のひらめきに恵まれること、的確な状況判断、新しい思想・知識・技術に対する研究的な関心が高まること、ユニークな企画や考案が成功することを示します。

水星と天王星の凶座相　興奮気味で話したりあわてた状態で行動を起こすための失敗、不用心な批判によるトラブル、文書や印刷物によって害を受けること、社会的に追放される危険があることを示します。

金星と火星の合と吉座相　情熱的な性格になること、情愛が豊かになること、情にもろくなること、仲間と連合して働くことから得られる利益、共同出資や共同作業による成功を示します。

金星と火星の凶座相　色情や享楽のために業務を怠ること、異性関係から生じる金銭的な悩み、分け前が原因で生じる喧嘩、品行の乱れ、不和、口論を示します。

金星と木星の合と吉座相　社会の慣習に適合する能力の増加、礼儀作法の改善、幸福な恋愛事件、芸術的な興味から物質的な利益を得ること、優秀な人々から愛されること、社会的成功者や目上の幸運に従って行うことはだいたい成功することを示します。

金星と木星の凶座相　贅沢と派手好みのために社会生活が困難になること、不注意な口論、投機による損失、衣裳や異性のために金銭を浪費することを示します。

金星と土星の合と吉座相　貞節な気持ちを持つこと、年長者との共同に成功すること、真面目に働く人は平常の努力が認められること、堅実な経営手腕から安定した財産を作ることを示します。

金星と土星の凶座相　悲しみと失望を意味し、近親者や妻・子供を失うこと、異性に見捨てられること、物質的な心配を生じること、低級な社会や飲酒の習慣に赴くことを示します。

金星と天王星の合と吉座相　奇妙だが幸福な恋愛エピソードを持つこと、争議の調停や仲裁役を務めて好評を得ること、投資したり仲介したものから予期しない利得があることを示します。

金星と天王星の凶座相　ラブスキャンダルによって評判を傷つけること、金銭問題で苦境に立つこと、全体に共同・調停・和解に関したことは不運であることを示します。

火星と木星の合と吉座相　積極的な社会活動に成功すること、冒険的な行為から名誉を得ること、資産を増強したり不動産を増やす好機に恵まれることを示します。

火星と木星の凶座相　投機や賭け事、不正な行為によって損失を招くこと、金銭的なトラブルが訴訟事件に発展すること、所属する社会からボイコットされる危険があることを示します。

火星と土星の合と吉座相　勇気と活動力が増すこと、勤勉な人であれば権威が増したり名声が上がること、だいたい事業や組織の設立・運営・管理に関した事柄は都合良くいくことを示します。

火星と土星の凶座相　地位や立場に関して不祥事が起こること、無謀な計画から災難が起こること、不正直や不正な行為から罪科を問われることを示します。精神的には好戦的になりやすく、闘争・暴力・傷害などにも警戒が必要です。

火星と天王星の合と吉座相　向こう見ずになること、大胆な着想を得たり改革の好機に恵まれること、障害を克服すること、だいたい創造・発明・新規の産業に関した事柄は有望であることを示します。

火星と天王星の凶座相　反抗心を持つこと、邪悪な行為に執心すること、悪い相手にかかわること、情実に絡んで罪を犯すことを示します。不慮の災難や突発事故、精神障害や神経性の疾患にも注意が必要です。

木星と土星の合と吉座相　出生図の木星が強ければ法律による利益、遺産相続による資力の増加、尊敬と信頼を勝ち取る能力が増すこと、思わぬ権利や責任ある地位を得ることを示します。

木星と土星の凶座相　法律上の損失や銀行取引の失敗、不名誉な事件など、何かこの生れの人の収入や資本や心の平和を破壊するような出来事が起こることを示します。

木星と天王星の合と吉座相　財産作りの道が開けること、金銭を贈与されたり遺産を受けること、協同事業や共同組合から利得があることを示します。

木星と天王星の凶座相　訴訟問題における敗訴の危機、投機による損失、相続財産に関しての紛争、権威者や上位者と争って損害を受けることを示します。

木星より運動の遅い惑星（**土星・天王星・海王星・冥王星**）はかなりの長期にわたって位置を変えません。進行図で座相を作ることも希れにしかありません。進行座相が作られたとしても重要な効果はなく、出生図で座相が形成されていれば、その効果は生涯にわたる潜在的な影響と考えるのが妥当です。従って、この章では説明を省いてあります。

進行座相の意味は、基本的には出生図の座相の意味と変わりません。ここで説明しなかった座相については、出生図の惑星座相の意味を参考にしてください。

ネータル、プログレス、トランシットの関係

出生図（**ネータル**）と**進行図**（**プログレス**）はつねに相対照して見なければなりません。仮に

プログレスの惑星の進行座相によって事件の発生が予告されているとすれば、まずそれに相応する事件がネータルによって約束されているかを調べます。もし、ネータルとプログレスが一致すれば、起こり得る事件は重大なものと見なせます。一致しなければ、その事件は一過性の出来事であり、決定的な影響はないものと解釈します。なぜなら、いかなる星の告知といえども、ネータルに示された本人の宿命の範囲を越えることはあり得ない、と考えるのが基本法則であるからです。

判断の基準となるのはつねにネータルの惑星です。仮にプログレスでネータルの惑星に対して悪い進行座相が作られたとしても、基本となるネータルの惑星が強力であれば、悪い影響は受けません。それは人生の変化の時期を示すにすぎません。しかし、プログレスで良い進行座相が作られたとしても、ネータルの惑星が他の惑星からの凶座相によって著しく損なわれていたとすれば、その人生上の変化は凶意に傾く可能性があります。

プログレスの効果は、トランシットする惑星が進行座相を作る惑星の上を通過する時に最も顕著に現れます。これを**エキサイト**（**刺激**）と言います。そのため、**トランシット**はプログレスに示された事件の発生時期を知るために使われます。プログレスの役目は起こるべき事件を準備することであり、トランシットの役目はプログレスに示された事件を活動させることです。ネータル、プログレス、トランシットの関係は、**ネータル**を**事件の要因**、**プログレス**を**状況設定**、**トランシット**を**トリガー**（**引き金**）と考えるとわかりやすいでしょう。

多くの場合、プログレスによって何らかの事件が予告される時は、ネータルに対するトランシット図にも、何らかの兆候が示されているのが普通です。この場合、ネータルの惑星に対してトランシットする惑星が作るアスペクトは、事件発生時の環境的条件を示します。もしプログレスが良く、トランシットが凶兆を示すならば、せっかくの幸運期の訪れも不利な環境によって阻害されることになります。また、もしプログレスが悪く、トランシットが吉兆を示しているならば、訪れる運命に対して環境が衝撃を緩和する役目を果たすでしょう。

人生展開の全貌は、決してネータルのみで解明することはできません。それはネータル、プログレス、トランシットの各図を比較対照してみて初めて明らかとなるのです。

トランシット法による未来予知

トランシット（略号T）とは、実際に天を運行する惑星が、出生図や進行図の惑星の上を通過することを言います。天を運行する惑星は、黄道12星座をめぐりながら、ホロスコープ上の惑星とさまざまなアスペクトを形成していきます。

10個の惑星は、すべてそれぞれ固有の周期をもってホロスコープをめぐります。トランシットの惑星は、ホロスコープ上の惑星を刺激し、惑星が象徴する事柄や、惑星が位置するハウスが示すテーマに注意を促します。**太陽**は、毎年決まった時期に同じ惑星の上を通過します。運動の早い**水星**と**金星**は、太陽からあまり離れずほぼ一団となって運動するため、短い期間に集中的に特定の事柄を刺激します。**火星**は約2年ごとにすべての惑星の上を通過します。**月**は極めて運動が早いため（1日平均13度11分）、数時間単位の細かい予測をするのに役立ちます。しかし、何と

図P

**1999年11月6日
午前0時の
トランジット図**

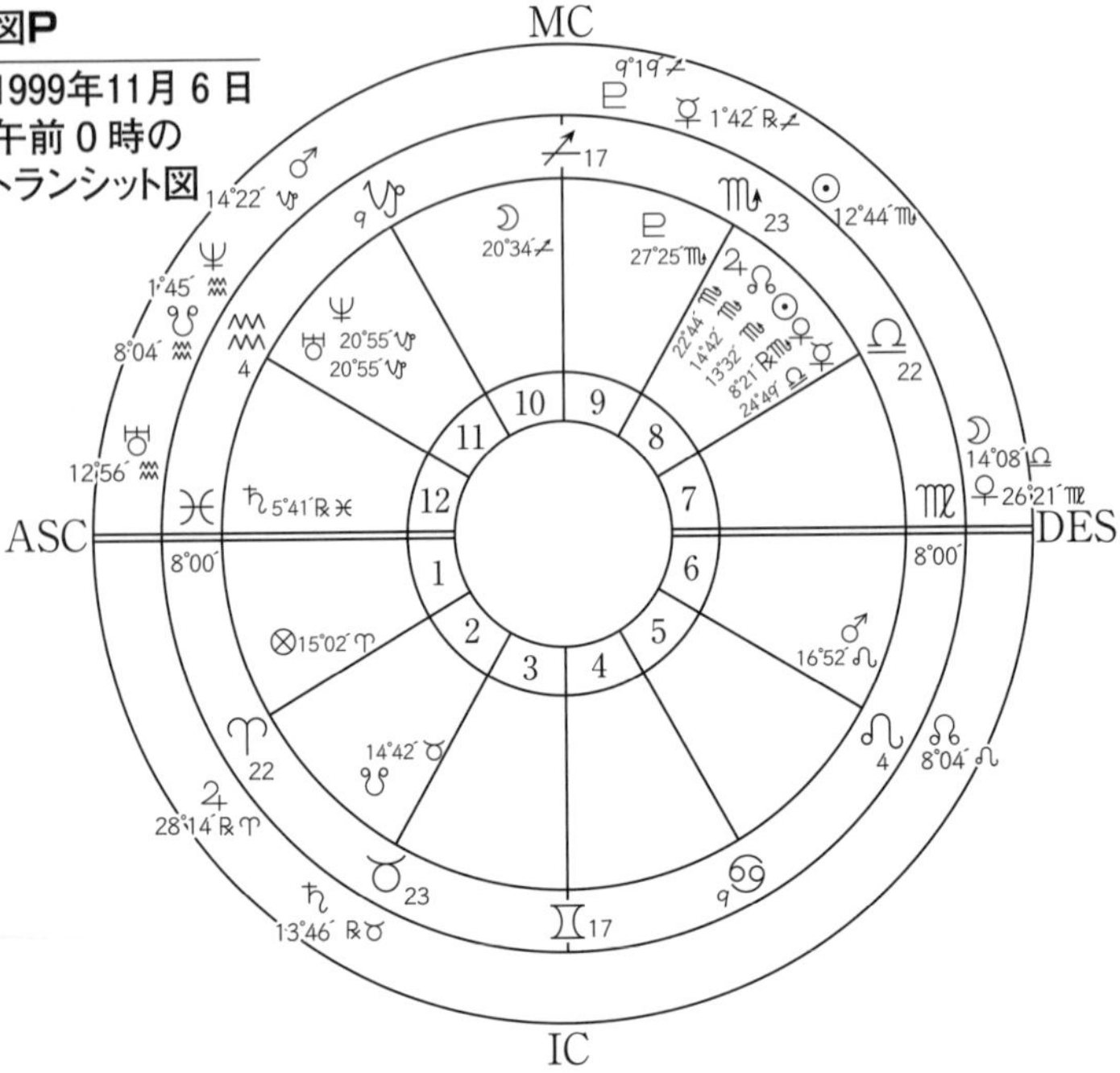

言っても重要なのは3個の大惑星、木星・土星・天王星の運行で、未来に訪れる幸運期・不運期や人生の転換期を知るための手掛かりを与えます。従って、**木星**（運行周期約12年）・**土星**（運行周期約29・5年）・**天王星**（運行周期約84年）が作るトランジットのアスペクトは特に注目する必要があります。

　トランジットする惑星の位置を知るためには、知りたい年の天文暦を使ってその年の惑星の位置を調べます。例を上げて言いますと、1994年11月6日生れの人が1999年11月6日の運を調べる場合は、出生図に1999年11月6日のトランジット図を重ね、両者の惑星の位置を比較対照します。**図P**は、1994年11月6日生れの人の**出生図（内側の円）**に1999年11月6日の**トランシット図（外側の円）**を重ねたものです。

「トランシット法」で使うアスペクトは次の4種類です。

1　トランシットする惑星がホロスコープ上の惑星に**合**となる時。角距離は0度。

2　トランシットする惑星がホロスコープ上の惑星に**衝**となる時。角距離は180度。

3　トランシットする惑星がホロスコープ上の惑星に**アパー・スクエア**となる時。アパー・スクエアとは、トランシットする惑星がホロスコープ上の惑星に対してマイナス90度の角距離にある場合を言います。

4　トランシットする惑星がホロスコープ上の惑星に**ロアー・スクエア**となる時。ロアー・スクエアとは、トランシットする惑星がホロスコープ上の惑星に対してプラス90度の角距離にある場合を言います。

トランシットする惑星の効果は、正確なアスペクトを作る時が最も強力です。しかし、実際にはかなりの幅の許容度を認めて良く、トランシットする惑星が近づいてくる期間はその惑星の影響力が増してくる期間であり、遠ざかる期間はその惑星の影響力が消えていく期間と考えてください。

次に、主な惑星のトランシットの意味について説明します。

火星のトランジット

トランジットの火星と太陽の合　闘志が高まり、新しい情熱が湧いてくる時です。しかし、この合が火星同士の合の6か月以内に生じた場合は、自分の任務を過大に意識するあまり、責任過敏症に陥る怖れがあります。また、この合が火星同士の衝の6か月以前に生じた場合は、新しく出発しようとする計画に失敗が多く、見捨てなければならない危険があります。この合が火星同士の衝の以後に生じた場合は、果敢に計画を進めて良く、目標を離さぬ粘りと慎重さが吉運を呼ぶでしょう。いずれにしてもプレッシャーの多い時期だけに、自分の活力をうまくコントロールすることが大切です。

トランシットの火星と太陽の衝　不調と困難が連続して起こる時です。競争力が鈍り業績も停滞しがちですが、挽回を急ぐと致命的な失敗が起こる怖れがあります。また、冒険や恋愛もトラブルの原因となります。この時期は競争や争いからは少し距離を置くのが良く、活力を温存して極端な行動を避けるのが賢明です。肉体的な疲労が蓄積するため、病気や事故にも注意が必要です。

トランシットの火星と太陽のアパー・スクエア　社会的な地位や存在の重要性が増す時です。事業家であれば景気変動に対しても的確な対応ができるため、着実に業績を達成できます。権威と信用が増し、公共的人気も上がります。勤め人であれば最高の実力を発揮できる時で、手腕を認められ昇進もあります。しかし、運はこの時がピークで、これ以上の成長はないことを自覚し、今後は内部の充実に力を入れることが望ましいでしょう。

トランシットの火星と太陽のロアー・スクエア　意志と決断力が鈍る時です。方針も確定せず、重要な決定を再三ひるがえすため、周囲に不満や動揺がはびこる怖れもあります。また、転職や脱サラ、移転に心が動く時ですが、この時期の変更は好結果とならないため慎重な態度が必要です。しかし、短期間で終了することは手早く処理したほうが良く、無用の論争より実行に利がります。

トランシットの火星と月の合　感情を率直に表すのが最良の時。心の中に緊張や乱れがあるなら、それを内向させるよりは外部に表現することです。この時期は、この生れの人の内部にある性格が、突然に現実化するような事件が起こる可能性があります。心の中に企図する計画があるならば、慎重策を取るよりは果敢に実行したほうが良く、おそらく良き協力者も現れるでしょう。

トランシットの火星と月の衝　これまで気力で克服してきた疲労が争いや損失・病気という形で現れる怖れがあります。肉体的な疲労であればベッドで休むことが最上であり、それによりトラブルを回避できます。また、この時期は愛と憎の感情が極端になるため、人間関係の好き嫌いが激しくなりがちです。こうした態度が党派やグループ間の抗争を拡大させる怖れもあるため、自重して事に臨むことが大切です。

トランシットの火星と月のアパー・スクエアとロアー・スクエア　感性が鋭敏になり、普段よりも感情に左右されやすくなっています。そのため、わずかでも困難に遇うと勇気を失うか、方向転換を計ろうとします。この時期は、あからさまに感情を表せば自分の計画が挫折することを知り、冷静な態度を保つことが大切です。人付き合いで精神的な疲労を受けやすい時でもあり、私的な交際は最小限に留めるのが良いでしょう。

トランシットの火星と水星の合　精神的な鋭敏さやウィットの才能が増す時です。しかし、これを軽率に議論や判断に使うと争いを起こす原因となります。また、この時期はシャープな発想に恵まれますが、過度に頭脳を酷使すると精神的な疲労に陥る怖れがあります。営業や販売に携わる人は大胆に行動して良い時ですが、セールス活動が過熱化しすぎると思わぬトラブルを起こすため注意が必要です。

トランシットの火星と水星の衝　軽率な発言と性急な判断によるトラブルに注意が要る時です。自分自身も無用な争いや口論を仕掛ける傾向にあり、このために精神的活力の大半が消耗されます。この時期は大胆にふるまうよりは用心深くあることが良く、〝沈黙は金〟と心得て、口を慎むことです。ライバル業者との競合が激しくなる時でもありますが、過当競争に巻き込まれると思わぬ損失を招くため注意が必要です。

トランシットの火星と金星の合　情熱が大きく高まり、ロマンスに発展する時です。魅惑的な美が接近しているうえ、自分自身も異性に対する感受性が高まっているため、衝動的に恋愛に陥る可能性があります。恋と求婚に全身全霊を傾ける時と言えるでしょう。ただ、このために自分の活力と金銭を使いすぎる傾向もあります。一方では、社交性が増すため仕事やビジネスは順調に進展するでしょう。

トランシットの火星と金星の衝　周囲が魅惑的な美であふれる時です。そのため情熱がオーバーし、争いや分裂を招く危険があります。さして重要でない恋と友情が破れる怖れがありますが、他の重要な関係に変化は起こりません。緊張の高まりが、かえって深い愛に導くこともあるでしょう。この時期の愛の破局は重大事件とはなりませんが、いずれにしても感情過剰にならないように注意することです。

トランシットの火星と火星の合　この合は約2年ごとに生じます。新しい目標を目指したり、新計画のスタートに絶好の時であり、それにより上昇運に乗ることができます。新しい契約・新しい人脈・新規開拓などすべてに吉運があり、活力も有効に働き好結果が期待できます。ただし、怒りは発展を阻害するだけなので自重すること。重要な決定や改革を意図している人は、この時期に十分な検討を加えたうえで実行に移すのが良いでしょう。

トランシットの火星と火星の衝　活力にあふれ創造性が高まる時です。新しい挑戦目標を求める時でもありますが、これは価値あるものより、自分を悩ます原因を作り出す結果となりかねません。現在は、すでに確立したものを維持することが先決の課題と言えます。新規の計画は思い通りに進まないため、慎重に時を待って実行に移すのが良く、この時期は活力に任せて動き回るよりは休息をとることが望ましいでしょう。

トランシットの火星と火星のアパー・スクエアとロアー・スクエア　ハードな仕事が続く時ですが、それに対応できる活力もあります。この活力は、破壊的な事柄に向けない限りトラブルの原因とはなりません。しかし、全体に快調ペースとは言え、いささか話しすぎ・はしゃぎすぎ・自慢しすぎの傾向もあります。事に当たっては事前の予備調査を十分に行い、実行後も部分的な修正を積み重ねながら進むことです。

トランシットの火星と木星の合　チャンスが万事に到来し、活力も十分にある絶好機です。この時期は楽天的な人生観で良く、長期目標の予想も的中します。仕事運も良く〝ツキ〟の絶えない時ですが、敢えて忠告するとなれば、すべてのチャンスを一時に生かそうと欲張らないこと。概して金銭も収入も豊かなため、慈善的な投資に乗り出すのも良いでしょう。

トランシットの火星と木星の衝　仕事上の悪い判断と凶運が結びついて、金銭的・物質的な損害を受けやすい時です。この時期は、すべての事柄に熱狂的にならないように注意すべきです。この熱意は損失をもたらすのみで、何物も益することがないからです。リスクを伴う投資や勝負事・ギャンブルも避けるのが良いでしょう。

トランシットの火星と土星の合　人生の前進速度をスローダウンする時期に当たります。これを自発的に行わないと、軽度の病気になったり健康に支障が起こります。この時期は活動的・能動的であるよりは受容する態度が好ましく、社会的責務を果たすことに専念すべきです。このような静的状態に留まることができれば、この休息がすべてを癒やすことになります。

トランシットの火星と土星の衝　活力に枠がはめられ、規制が加わる時です。そのためにこれまでの行動を一時中止するか、能率ダウンを余儀なくされます。しかも、この困難を乗り越えるためには莫大な出資と努力が必要です。この時期は冒険的な企てには手を出さないほうが良く、むしろこの時期の経験を教訓として将来に備えるのが望ましいでしょう。

トランシットの火星と天王星の合　心の中に潜む不安感や軽率さ、神経質に警戒を要する時です。この神経の消耗と疲労が病気や事故を招きます。不注意やスピードの出しすぎによる事故、自己を過大視し、他人を過小評価することから起こる人間関係のトラブルにも注意が必要です。創造力は高まりますが、この成果は必ずしも良い結果を招くとは限りません。

トランシットの火星と天王星の衝　短気が原因で事件が起こり、人生の方向を変更する必要が生じる怖れがあります。また、協調性の欠如から生じる後退や争いにも注意が必要です。ある一部の人は、こうしたことから自分の能力に目覚めて、自分の世界を広げる試みをしようとするでしょう。しかし、大半の人にとっては比較的ムラのない平穏な時と言えます。

トランシットの火星と海王星の合　心の中に超能力的なものが生じて、他人の動機や行動の真意を見抜ける時です。この直感力を大切にして、良い目的のために使用することです。この時期は、個人的な名声や社会的人気を博するようなことに創造性を発揮できる時でもあり、そのためにも正しい人々を引きつけるように注意すべきです。

木星のトランシット

トランシットの木星と太陽の合　「幸運期」の到来を示します。社会的有力者の引き立て・良い友人関係・大型取引や有望な事業計画に恵まれ、運はただそれをつかめば良いだけの状況にあります。若い人であれば、有利な就職や抜擢、自立援助もあるでしょう。概してこの時期は発展と生活向上の契機を得られる時で、収入増も期待できます。しかし、いたずらに富や幸運を追求することは避けるべきで、より大きな希望に向かっての建設的前進でありたいものです。

トランシットの木星と太陽の衝　すべてが新規となる時です。新しい野望が心を駆り立て、新しい人生計画への挑戦にふさわしい時と言えます。事業家であれば、異質の業界に進出したり新分野を開拓するのに良い時です。勤め人であれば、新しい職業と地位が用意される時です。また、投資額に比例して収入も増える時ですが、驕《おご》ってはいけません。楽観主義を戒め、堅実な生活設計を心掛けることが好調持続の鍵と言えます。

トランシットの木星と太陽のアパー・スクエア　この時期は社会的評価と名声の向上が期待できます。業界内での地位も上がり、需要が拡大するため好況期を迎えますが、需要に供給が追いつかないと信用に響くため緻密な事業計画が必要です。勤め人であれば仕事量が増え収入も増しますが、オーバーワークになる傾向もあるため健康管理に十分な注意が必要です。また、この時期はトップクラスとの交際が増えるため、浪費が激しくなりがちです。社会的な好調が不満に転じないよう、自己規制を心掛けることが大切です。

トランシットの木星と太陽のロアー・スクエア　新しく出発する計画がことごとく成功する時です。しかし、すぐに業績を上げて昇進するということではなく、むしろ将来成長するための基礎を作る時です。家庭も円満であり、資産も蓄えられるため、住居の購入やマイホーム建設に適しています。この時期は社会的名声の追求より個人生活の充実に力点を置くべきで、それが間接的に職業生活にプラスすることになります。

トランシットの木星と月の合　今まで障害となっていた問題が、一挙に解決する時です。自分自身の考えや行動に確信を持てるため、良い社会的地位も獲得できます。また、精神的・肉体的な健康も取り戻せます。将来の目標や生活設計は高望みせず、自分の能力レベルに合わせるべきです。それをベースとして新しい人生を展開すれば、豊かで幸福な未来が待っています。

トランシットの木星と月の衝　精神的・肉体的に限界を越えないように注意すべきです。今までに疲労が積み重なっていたら、時間をかけてでも回復させること。この休息が無駄に思えても、人生全体から見れば将来の幸福のための一時停止と言えます。また、金使いが荒くならないよう、食事や飲酒・喫煙も節制すべきであり、趣味も過度の耽溺しないように自重することです。

トランシットの木星と月のアパー・スクエアとロアー・スクエア　この時期は、一見何の不安や心配もないように見えます。しかし、自分の労力や時間を本来の目的とは異なる事柄に使いがちであり、そこに不健康の要因が入り込むので注意することです。

トランシットの木星と水星の合　先見の明と建設的な考えに恵まれます。自分の信念に確信を持てる時ですが、同時にその信念が他人に正しいと評価されるかどうかわからない、という微妙な時でもあります。しかし、現在の見通しは正しく、たとえ他人に頑固と受け取られても路線の変更は無用です。一般にビジネスは好機に恵まれる時ですが、金銭面では証券・株・預貯金といった財産に恵まれます。

トランシットの木星と水星の衝　この時期は自分の信念に強い自信を持ちますが、自分が正しいと判断することが他人にはそうではない、という焦慮に襲われる怖れがあります。この精神的危機を乗り切るためには、時代とともに価値観が変化することを知り、意見の変更をためらわないことです。金銭面では、銀行業務や保険関係のトラブルに注意が必要です。

トランシットの木星と金星の合　愛を獲得することにより心が満たされる時です。この時期の恋愛は、情熱にかられてというより自分の意志で積極的に愛するという傾向にあり、愛も正しくそれに値する人に向けられます。しかし、婚約や結婚が整ったとしても、それだけでは完全な幸福は訪れません。自分自身の意志において幸福への道を選択し、扉を開けることです。財は貯まる時ですが、この潤沢な資金を無駄に使う怖れもあるため注意を要します。

トランシットの木星と金星の衝　多くの愛に囲まれる時です。しかし、この時期はすべての愛を我がものにするという自由を欲するため、この強い意志が現実の制約とぶつかり、トラブルを起こす怖れがあります。金銭は不自由のない時とは言え、浪費の危険があり、高価な品物の購入は見合わせたほうが良いでしょう。

トランシットの木星と火星の合　この時期は職業上の成功だけでなく、蓄財力も高まります。自分の行動に確信を持てるため、長期の目標も達成できます。しかし、この時期は、現実の責務との妥協を嫌って理想を追求しようとする傾向もあり、この強い自己意志が時には損失や困難を招く可能性もあるため注意してください。

トランシットの木星と火星の衝　この時期は野心や欲望も大きくふくらみますが、野望追求に熱心なあまり熱狂的になると損害を招くことになりかねません。長期の目標に挑戦中の人であれば、それはある程度達成できますが、自信過剰に陥ったり侵略性を発揮しすぎると、ボイコットの空気が生れるので注意することです。

トランシットの木星と木星の合　この合は12年ごとに巡ってきます。勝利への道が開かれる時であり、重要な人生計画を立てたり、人生の方向転換を行う絶好のタイミングと言えます。結婚や新規事業の相手など、長期の関係を結ぶパートナーの選択についても幸運があります。この時期は、自分の能力に応じて好機を最大限に生かすなら、幸運が向こうから訪れてくるのです。

トランシットの木星と木星の衝　この衝は木星同士の合の6年後に生じ、合で始めた人生計画を修正すべき時に当たります。もし6年前に成功した計画であれば、それを再度試みることによって幸運の再来が期待できます。概してこの時期は波乱の少ない平穏な時であり、改善や変更もうまくいきますが、それだけに無為な日々を送りやすいため、絶えず自己を励まし努力する生活姿勢が大切です。

トランシットの木星と木星のアパー・スクエアとロアー・スクエア　このスクエアは合および衝の3年後に起こり、人生の目的やそれまでの業績をふり返り、反省すべき時に当たります。ところが、実際には小さな仕事や事件が絶えず続いて、単純に忙しい日々を送ることになりがちです。この時期は成功の機会がしばしば訪れ収入も増しますが、同時に細かい支出も増えるため、堅実な生活設計が必要と言えます。

トランシットの木星と土星の合　過去12年間の努力が報われる時であり、物質的生活が豊かになる時です。しかし、変化を求める時ではなく、幸運は日常の仕事を真面目に続けるうちに訪れます。この時期は実力も豊かであり資力も蓄えられますが、その資力は次の困難期に対する備えとして用いるのが良く、このような物質的蓄積が人生上の不運や不況に対する抵抗力を養うことになります。

トランシットの木星と天王星の合　「創造」の時であり、天性の中にある自己実現の能力をフルに発揮することによって幸運が訪れます。この自己確信は高い評価と尊敬を受けます。事業家であれば海外へ展開を試みる時であり、国際舞台に立つのにふさわしい時と言えます。また、この時期は思わぬ遺産・贈物・賞金などが入りますが、才能にまかせて能力と資金を浪費しないよう、自戒して進むことが大切です。

トランシットの木星と海王星の合　自分の心の底にある情緒や本能の力が優れているという確信を得られる時です。これが良い表現をとれば正義への希求となり、悪く働けば自己憐憫となる怖れがあります。この時期は自分の中にある多様な人格を意識する時でもあり、そのうちの最も優れたパーソナリティを意識的に選択して外部に表現すれば、おのずと好機が訪れます。

土星のトランシット

トランシットの土星と太陽の合　人生の「満潮時」を示します。過去の行為の結果が現れる時であり、内心の野心も高まります。尊敬される責任ある地位に就いたり、独立の契機も多く訪れ、次の成功に向かって新たな努力を開始する人生の切り換え点と言えますが、この時期に着手する計画の成否はすべて過去の努力にかかっていることを忘れてはなりません。もし過去からの信用・実績・経験の蓄積が十分でなければ、厳しい試練の場に立たされることになります。

トランシットの土星と太陽の衝　人生上の困難期を示します。この時期は事業計画の失敗・仕事の不振・人間関係の悪化を経験するでしょう。勤め人であれば、組織内の力関係の急変により窮地に追いやられやすい時です。この時期は、イージーに構えていると問題解決にいたずらに年数を費やし、人生の最盛期を無為に過ごす怖れがあります。失敗の原因をいち早く突き止めて人生計画の手直しをすることが大切で、勇気をもって現実と対決しなければなりません。

トランシットの土星と太陽のアパー・スクエア　過去の「総決算」の時を示し、本人が過去に上げてきた業績に対して、善悪いずれとも評価を下される時です。過去の努力の結果が好ましいものであれば、この時期は社会的地位の確立と名誉が約束されます。そうでない場合は、企業戦線からの後退や昇進コースからの脱落も考えられます。いずれにしても運は現在が最頂点で、今後は下り坂に向かうことを自覚し、これ以上の冒険や野心の追求は避けねばなりません。

トランシットの土星と太陽のロアー・スクエア　この時期は、人生の再出発を意味します。過去を脱皮して新生活にスタートする時であり、過去の実績や古い人間関係にしがみついている時ではありません。勤め人であれば、配置転換や転勤、転居も考えられます。運は現在が最下点で、漸次上昇へと向かいます。いずれにしても順応性を試される時であり、初心者になったつもりで新しい環境に馴染み、生活リズムを作ることが当面の課題と言えます。

トランシットの土星と月の合　環境的な要因により心理的プレッシャーを受けやすい時です。この時期は、すべてに受動的であり、周囲の状況に押し流され、結果として自分が望まないことをしがちな状態にあります。また、行おうとする目的と能力との間にギャップがありすぎるため、周囲から誤った評価を受ける怖れがあります。健康についても、病気ではないのに神経的に患者となる恐れがあるため、専門家の適切な助言を受けるのが望ましいでしょう。

トランシットの土星と月の衝　精神的・肉体的に後退する時です。この生れの人にとってかけがえのない人、かけがえのない物を失ったことが本人を落胆させ、意欲を喪失させます。しかし、この時期は確かに困難に直面しますが、これは自身を破壊するものではなく、むしろ将来に役立つ力となるものです。たとえ失われたものが愛や地位や名誉であっても、その経験が将来より価値ある財宝を獲得するための教訓となるはずです。

トランシットの土星と月のアパー・スクエアとロアー・スクエア　感受性の強さが裏目に出て、精神的に萎縮しやすい時です。しかし、この時期の困難を通して自己を発見し、自分の優れた面を真正面から見ることができれば道は開けます。問題のある計画であればただちに放棄するのが良く、軽い取るに足りない経験は忘却して未来に備えること。この時期の失敗から教訓を学ぶこをによって、今後の人生の危機を回避できるはずです。

トランシットの土星と水星の合　この時期は精神活動が深みを増し、さらに積極性も加わります。人生に対して真剣に取り組む時とも言えるでしょう。学問の分野でもビジネスにおいても徹底的に勉強する好機であり、それにより自信も得られます。また、長期の知的研鑽や学問的蓄積がまとまるため、執筆活動にも良い時です。財運は豊かとは言えませんが、努力に対しては相応の評価を得られます。

トランシットの土星と水星の衝　特に研究や思考の面において集中力が増す時です。ただし、この時期は同時に軽度の憂鬱症か抑圧感に見舞われる怖れがあります。〝悩むことなかれ〟をモットーとするとともに、逃避主義に陥らず、現実を直視する勇気を失わないことです。職業上でも自分の感情にこだわることなく、割り切った感覚でビジネスに徹するのが良い方法と言えます。

トランシットの土星と金星の合　この時期は、愛情生活の転機となるほどの情緒的経験を持つ可能性があります。たとえば、恋愛は死を予感するほどの悲劇的な心の乱れをもたらします。しかし、この悩みは冷静な自己分析を通して怖れていたものがなぜ自分に訪れたのかを理解することによって解決します。財産や資金作りについては、ゆっくりですが確実に希望通りになります。

トランシットの土星と金星の衝　情緒的な圧迫の多い時です。たとえば恋愛は困難の連続であり、生命を賭ける立場にまで追い込まれます。仮に結婚前であれば、その婚約は破棄されるか延期されます。また、既婚であれば離婚を考える危機に遇うか、事実上の離婚となる怖れがあります。物質的な面では、この時期に資産や担保物件を失う怖れがありますが、節約することで切り抜けることが可能です。

トランシットの土星と火星の合　エネルギーを抑制する必要のある時です。活力が悪い方向に転じると人格的な欠陥となり、人望を失います。自分の考えを他人に強要したり、好戦的な態度をとることは好ましくありません。この時期は、自分の運命に立ち向かおうとする意志が欲求不満の原因となるため、退却と休息が最も望ましい態度であり、それゆえ健康にいっそう注意を要します。

トランシットの土星と火星の衝　エネルギーが障害にぶつかり、それによって起こる問題のために責任が増加する時です。この危機に対して、反逆まで試みて抵抗してみても結果は決して良くありません。この危機に対処するためには、現実に沿った解決方法で障害を乗り切ること。すなわち反逆心を起こさない限りいかなる方法を用いても良く、無用の抵抗より実行に活路があります。

トランシットの土星と木星の合　この時期は、人生上で発展させてきた事柄を、より確実なものとするための努力を要求されます。精神的な目的は現実と妥協せざるを得なくなりますが、現実と未来を展望し、平和な道を採択して安定成長につなげるためには良い時です。財産については、長期の貯蓄や資産としての物件の購入に利があります。

トランシットの土星と土星の合　この合は約29・5年ごとに生じます。普通の人で一生の間に2回、長命の人では3回、この合が巡ってくることになります。最初の合は28歳から30歳の間に起こり、成熟した社会人として、社会的義務に対する自分の態度を決定する時に当たります。転機となる出来事としては、結婚あるいは離婚、転職、独立、親との離別が上げられます。次の合は56歳から60歳の間に起こります。それまでの人生の大半に社会に貢献した成果を自己評価する時であるとともに、老後の生活設計が大きな課題となる時です。この人生の二大重要期に正しい判断で選択を行うことが、幸運に結びつくことになります。

トランシットの土星と土星の衝　この衝は土星同士の合の13年から15年後に生じ、50歳以前に2回は訪れることになります。最初の衝は13歳から15歳の間に起こり、思春期の自己確立と証明の時期と重なります。すなわち〝反抗期〟に当たりますが、人格形成上の最も大切な時期であり、両親の賢明なケアが必要な時と言えるでしょう。次の衝は42歳から45歳の間に起こります。人生の完成期を目前に控えた生涯最後の転換期であり、ライフワークに挑むラストチャンスです。生涯の幸・不幸はこの時期に選択によって決定されることになります。

トランシットの土星と土星のアパー・スクエア　このスクエアは土星同士の衝の7年から8年後に生じ、成功に向かって進路を修正する時に当たります。最初のスクエアは21歳から23歳の間に起こり、職業の選択がこの時期のテーマです。自己決定を迫られる人生の分岐点であり、実質上の〝成人式〟と言えます。次のスクエアが生じる50歳から52歳にかけては、不用のものの刈り取りと後継者の育成が重要な課題となる時であり、人生の軌道修正を試みる最後のチャンスと言えるでしょう。

トランシットの土星と土星のロアー・スクエア　このスクエアは土星同士の合の7年から8年後に生じ、環境が変化する時であり、人生の穏やかな周期が終わり、激動期へと突入する時に当たります。最初のスクエアは7歳から8歳の間に起こります。学校で初めて集団生活を経験する年齢に当たり、社会性の最初の萌芽が見られる時です。次のスクエアは35歳から37歳にかけて起こります。職場での任務の増加に加え、人によっては親の扶養義務が生じる年齢であり、社会的にも個人的にも後退を許されない奮闘期と言えるでしょう。

トランシットの土星と天王星の合　極めて変動の大きい時です。もし有利な環境にあれば、才能の実際的な応用によってエポック・メーキングな業績が可能となる時であり、その逆の場合は自己耽溺に陥る危険があります。しかし、個人に限定して言えば、才能の進歩が期待できる時と言えます。いずれにしても緊張の多い時期であり、あらゆる面で知識を蓄積することが後の問題解決のために役立つことになります。

トランシットの土星と海王星の合　真実への理解が深まる時であり、それによって得た知識が磁石のように人々を引きつける時です。この時期、純粋に物質的な計画は、社会から冷遇され、同情さえ得られない欲求不満に転じる怖れがあります。しかし、豊かな個性の展開を信じて正義の方向へ進むならば、改めて真実の持つ重みが人々から再認識されることになります。

天王星のトランシット

トランシットの天王星と太陽の合　重要な展開のある時であり、人生上の転機を示します。積年の構想や希求してきた事柄が実現する見込みが強く、また確信をもって自分の主張をアピールできる時と言えます。新分野への進出・新方式の導入・技術革新などに有望な時であり、それにより社会的にもエポックを画することになります。この時期は、たとえ未経験の分野でも怖れる必要はなく、勇気を持って新しい試みに挑戦することが成功を招きます。

トランシットの天王星と太陽の衝　「分裂と離反」の時であり、古い絆が切れて新しいものがそれに取って代わる時です。取引の解消・協調の破綻・重要な人との離別もありますが、新しい友情と連帯はすぐに結ばれ、社会的・個人的なすべての関係を刷新するには良い時と言えます。しかし、外部に対して過大な主張をすることは好ましくなく、たとえ妥協を余儀なくされても孤立を避ける努力をしなければなりません。

トランシットの天王星と太陽のアパー・スクエア　この時期は社会的地位や身分に変化が訪れます。メイン業種が変わったり、余技的・研究的に行ってきた事柄がクローズアップされて本業となることも考えられます。企業特色やオリジナリティ、企画の斬新性を大いに生かすべき時と言えます。しかし、この時期はある意味で自分の才能に耽溺しやすい時でもあり、常軌を逸した行動は常に挫折の危機をはらんでいると考えなければなりません。

トランシットの天王星と太陽のロアー・スクエア　内部に抱えている問題が表面化する時であり、それにより人生目標を見失うほどの打撃を受ける怖れがあります。上位者との軋轢・労使の対立・家庭内の紛争も考えられますが、とかく信用の得失にかかわる問題に発展しやすいため、冷静な対処が大切です。この時期に起こるトラブルは内密裏に解決するのが良く、またすべてに柔軟な態度で臨むことにより事態の好転が早まるはずです。

トランシットの天王星と月の合　自己主張の欲求が異常なまでに高まる時です。現在は自身でも平等主義の立場をとれない状態にあり、この不満が原因で異常な行動に走りやすくなっています。しかし、こうした状態にあっても良い理解者を得られれば、幸運が訪れ人生に希望が生れます。この時期は内部の意識が目覚める時でもあり、この経験を通して自己発見のための手掛かりをつかめます。

トランシットの天王星と月の衝　自身を周囲にアピールするには最適の時です。しかしこの時期は、本来の自分の意志とは異なる行為によって自己を表現しがちな状態にあります。自分に対する他人の評価がどうであろうと、自身は冷静な自己観察者の態度を保っていることです。画一主義を否定する人にとっては、この時期に自己の独創性を証明する機会を得られるでしょう。

トランシットの天王星と月のアパー・スクエアとロアー・スクエア　自己を再確立する時であり、自分の新しい可能性を発見するための試みを行う時と言えます。この時期の転換は必ずしも成功的とは言えず、才能もストレートに評価されるとは限りませんが、将来の成功のために必要な内面的体験を得られます。自己耽溺に陥ることを警戒するとともに、建設的な立場に立って活力を有効な方向へと転じることです。

トランシットの天王星と水星の合　理性面が協調されるとともに、知的な創造力が活発化する時です。不意にアイディアが閃いたり斬新な発想に恵まれる時でもあり、それが創案や企画に生きます。この時期、発言は明快であり批判は的確ですが、それが冷たく感じられることもあります。投機や賭け事については好ましい運ではなく、やがて正常な判断を失い、敗者となる怖れがあります。

トランシットの天王星と水星の衝　自分自身の意見に拘泥しやすく、そのため論争や動議を好む傾向があります。誤った直感や幻想に従うため、最悪の判断で行動しやすく職業的にも危機に見舞われます。この時期は、もし完全にコントロールできるならば独創性を発揮する好機となりますが、そうでない場合はすべてを無意味な結果に導くことになります。投機や賭け事についても、厳重な自戒が必要です。

トランシットの天王星と金星の合　理想主義とロマンティックな向上心が刺激される時です。この高い立場は、すべての人間関係に好影響をもたらし、良い恋人も得られます。しかし、感情を動機とした行動は何の利益ももたらしません。純粋な精神的立場からの愛であれば、その愛はより深い人間的理解へと導き、人格の格調をさらに高めてくれることになります。

トランシットの天王星と金星の衝　この時期は心にボヘミアンの精神が宿り、自由恋愛を求めます。いま愛している人との絆を断ち切ろうとするのもそのためです。人間関係においても変節が激しく、立場の維持が難しく、そのために権威を失います。自由を求めるのであれば、伴う責任の重さを自覚したうえで行動することです。

トランシットの天王星と火星の合　危険に満ちた環境の中で行動力をフルに発揮する時です。職業上でも激しい緊張状態が続きますが、向こう見ずに突進すると精神と肉体に過度の負担がかかるため、自重することが必要です。この時期は革新的な傾向が増大するため、積極的に変革を求める時でもあり、このエネルギーを発明や創造の分野に向けることができれば、予期しない成果を上げることができます。

トランシットの天王星と火星の衝　この時期は社会とかかわる態度に間違いが多く、それが自信を失う原因となります。この時期に起こる逆境に対して消極的な抵抗を試みるのは賢明でなく、自己の真実に照らし合わせて行動すべきです。この時期は積極的に変革を求める時でもありますが、それがあまりに急進的だと論議を引き起こすため注意が必要です。対社会における自分の役割を注意深く検討し、より良い未来に備えることです。

トランシットの天王星と木星の合　積極的に好機を利用して良い時で、果敢に投機に乗り出すことによって富をつかめます。しかし、絶好機が訪れたとしても、性急に行動を起こすことは賢明とは言えません。この時期は概して金融も経済環境も目まぐるしく変化するため、どれが最大のチャンスかを鋭敏に見抜く洞察力が必要です。過度の楽天主義はすべてを失うことになります。

トランシットの天王星と木星の衝　好機に恵まれながら上手に使えないといった時期です。また、高すぎる理想は、現実の制約と摩擦を起こすことになりがちです。この時期は、物事が思い通りに進歩しなくても、危険な〝賭け〟に出ることは望ましくありません。過剰な自信と楽観が物質的な損害を招く時でもあり、力を過信するより知的な行動に利があります。

トランシットの天王星と土星の合　意志と精神との間に葛藤が起こる時であり、社会的にも自己を防衛しなければならない立場に立たされます。この時期は概して上司や両親が障害となりやすく、病気による支障もあり得ます。この時期は、たとえ良い主張や才能を持っていてもそれを外部に呈示することは得策とは言えません。また何らかの感情的な抑圧があったとしても、心中の争いに留めておくことが望ましい態度と言えます。

トランシットの天王星と天王星の衝　この衝は満42歳前後で生じ、俗に言う「厄年」に当たります。創造的な人生を望む人にとっては本人の独自性が認められる時であり、人間的な資質の開花が精神的にも物質的にも満足をもたらします。生涯の抱負も実現に移せる時であり、そのためにもエネルギーを十分に蓄えておくことです。しかし、利益を中心とした個人主義に陥るのは好ましくなく、より広範な人生活動に向けての転機でありたいものです。

トランシットの天王星と天王星のアパー・スクエアとロアー・スクエア　アパー・スクエアは満63歳前後で生じ、老年期に入る時に訪れる精神的・肉体的危機を示します。それまで熱望していても達成できなかった目標であれば、この機会に断念して再出発するのが良いでしょう。ロアー・スクエアは満21歳前後で生じます。肉体が成熟期に入る時に訪れる危機を示し、この時期がスタートする瞬間を注意深く見守り、危険を避けて進むことが望ましいでしょう。このスクエアが生じる時期は、いずれも神経系を中心とした健康障害に注意する必要があります。

トランシットの天王星と海王星の合　個人主義的な発想と自己確信にあふれる時を示します。この時期は、独善的であるよりは敬虔な生活態度を通して将来への展望が得られるため、自己を深く探索し、新しい人生の創造に向けて夢を追求し続けることが望ましいでしょう。

海王星のトランシット

トランシットの海王星と太陽の合　この時期、心の中には自己憐憫と劣等感があり、そのため何事に対しても諦観に陥る傾向があります。事業家であれば企業戦線から退却する姿勢をとりやすく、勤め人であれば昇進を断念する傾向にあります。しかし、別の意味では、現在はこの退廃した人生から脱却する重要な時期とも言えます。人生設計の再構成を試み、強い意志で現実に立ち向かうことです。

トランシットの海王星と太陽の衝　混沌と低迷の時を示します。この時期は安定した堅実な手腕が失われやすく、人間関係や対社会的な交渉さえ不健全な状態に陥る危険があります。そのため、生活することにさえ支障をきたします。また、自分自身、少しの犠牲で他人から多くの報酬を求めようとする傾向があります。自分自身に対しては厳格な態度で臨み、他人に対しては慈善を施すことが平穏を取り戻す方法となるはずです。

トランシットの海王星と太陽のアパー・スクエア　不確定な運を示します。この時期、状況は予測しがたく、方針も定めにくく、そのため人生の目的が見失われます。しかし、この時期に起こる変動は吉にも凶にも転じる要素を含むため、吉運の時には存分に力を振るい、また凶運の時は望まぬ事柄に力を無駄に使わぬよう、注意しながら進むことです。苦難に立ち向かう闘志が明るい未来を呼ぶはずです。

トランシットの海王星と太陽のロアー・スクエア　生涯の問題が、仕事と家庭面に現れてくる時です。人生活動を支えてきた環境的基盤が見失われ、そのため立場の安定が覆され、家庭の平和が乱されます。この時期は楽観ムードに陥ることは禁物で、問題を着実に解決する姿勢を作り上げなければなりません。自分の弱さを克服しようとする向上心が、自信と栄光を取り戻させてくれるはずです。

トランシットの海王星と月の合　自分自身を今まで以上に発見する時です。たとえば、自分が自覚している以上に自分が欲望的・感情的であることを知ります。この発見が良心の重荷となり、自己嫌悪に陥ります。しかし、この時期は内面的な向上心が高まる時でもあり、そのためには、自ら理想の自己像に近づく努力をするとともに、周囲に活気を与えるほどの創造的・意欲的な生き方をすることです。

トランシットの海王星と月の衝　この時期は、外見は単純に見えても内面は複雑で矛盾に満ちた時と言えます。この内面的な葛藤が外部にまで現れて、重要な問題の紛糾を招いたり、対人関係のトラブルが起こります。これに対処するためには、現実を率直に受け入れるとともに、いかなる事柄に対しても明快な態度で臨むよう、意志の力を集中することです。感情の乱れから生じる健康上の障害にも注意してください。

トランシットの海王星と月のアパー・スクエアとロアー・スクエア　外見は平和でも内面は波乱に富む時です。この時期は、望みや計画は多く生れますが、その結果は失意に終わりやすいでしょう。これに対処する最上策は、危機に対する警戒と言うより、一切の誘惑を排除した堅実な生活態度であり、自分自身の内面生活の確立と言えます。また、健康上の障害、特に精神的なトラブルにも注意することです。

トランシットの海王星と水星の合　美や情緒に対する感受性が増す時です。その結果、あまりに感覚の世界に没入するため、外界の刺激に無関心となったり視野が狭くなる怖れがあり、そのため精神的側面から危機が訪れます。一方、これが良い面に現れれば予知的に鋭い直感が働くため、芸術や創作活動に才能を発揮できるだけでなく、巨万の富を得る好機を得られます。この時期は、すべての精神的能力をフルに活用する時と言えます。

トランシットの海王星と水星の衝　明確な知覚をもって物事を把握する必要のある時です。感覚の混乱や不鮮明な思考が事実を直視することを妨げ、そのため精神面だけでなく職業的にも危機が訪れます。非現実的な白昼夢にのめり込まないよう、警戒心を失わないことです。もしこの傾向を完全にコントロールできるなら、内部にある精神的な創造力が将来より良い仕事をするための活路を開いてくれることになります。

トランシットの海王星と金星の合　情感が高まり魅惑力が増す時です。そのため、多くの人を惹きつけ夢中にさせます。しかし、この情緒的傾向を放置しておくことは危険で、他人を傷つけたり刃傷事件を起こすことになりかねません。恋愛においては、最初は恋愛感情を抱いていなかった人と深い恋に落ちる可能性があります。しかし、一方では美的な創造力が高まるため、人気と名声を得る機会も多くこの時期に訪れます。

トランシットの海王星と金星の衝　情緒的に混乱したり当惑することの多い時期です。自己憐憫が強く感傷に溺れるため、この弱さを異性に利用されたり、悪友に欺かれる怖れがあります。しかし、これが良い方向に出れば自己犠牲という形で現れ、それが謙譲の美徳を育てることもあります。他人に対しては、思いやりを失わないことが良い人間関係を育てます。

トランシットの海王星と火星の合　本能と直感が支配するエネルギーが高まる時であり、大成功か大失敗かのチャンスとも言えるほど、抱く夢は大きく実現の意欲にあふれます。しかし、成否を決定するのは運だけではないことは言うまでもありません。この時期は成功と財産と名誉とが目前にあり、それに見合うだけの周到な準備をするとともに最大の努力を傾けることが必要です。

トランシットの海王星と火星の衝　この時期は、他人に裏切られるか叛《そむ》かれる経験をする怖れがあります。そのため、絶えず警戒するだけでなく戦う必要が起こります。戦いの中でエネルギーが消耗され、予想もつかぬ結果を引き起こす事件に巻き込まれます。たとえ災いの渦中にあっても冷静に状況を見つめ、最善の選択をすることです。

トランシットの海王星と木星の合　この時期は、思いがけない性格の側面から好機が訪れます。積極的に財運を開拓しようとしている人にとっては投機の読みが成功する時であり、平凡な人生を望む人にも希有のチャンスが訪れるため、積極的に行動してみることです。しかし、これが悪く作用すると、不可解な問題に挑戦した結果の大失策となりかねないため、常に現実認識を怠らないことが大切です。

トランシットの海王星と土星の合　自己防衛の本能が強まる一方、世俗的な野望と内部の向上心とが結びついて、本来の資質が芽を吹く時です。この時期は、成功しようと現状に留まろうと、抱いた夢や目的に対して十分な満足感を得られる重要な時期であり、それだけに、この新たに生じた責務に対して適切な行動をとることが期待されます。

トランシットの海王星と天王星の合　自己の創造的な才能を夢として現実化できる人は極めて希れですが、このトランシットについても同様のことが言えます。この時期は、個人的な欲望についての物質的な機会がテストされている時でもあり、この時期に訪れるすべての機会について、物質的なものより高い精神性を求めて、初めて良い結果が生れることを自覚すべきです。

冥王星のトランシット

トランシットの冥王星と太陽の合　この時期は、性格の内部に眠っていた特殊能力や潜在的な願望が意識の表面に浮かび上がってきます。現在の自分自身、過去の一切を葬り、新しい人生の出発点に立ちたい願望があります。自信と勇気が高まり、意外な力量の発揮が可能となるため、大胆な変身に良い時ですが、その場合も新たに発見した能力や願望に沿って進路を選ぶべきです。相当な実力者、あるいは権威者からの援助が期待できるでしょう。

トランシットの冥王星と太陽の衝　野望をテストされる時です。この時期は他人を支配したい欲望や、他人より優位に立ちたい願望が意識の表面に現れてきます。人間の協力関係に対する洞察力が高まるため、意外な外交手腕を発揮できる時でもあり、特に集団の中で政治的パワーを持つことになります。しかし、攻撃的な本能をむき出しにすることは最上でなく、意志と能力をオブラートに包んですべての事柄に対処することです。

トランシットの冥王星と太陽のアパー・スクエア　パワーと力の集中の時と言えます。勤め人であれば、上司が今まで以上に過大な業務を遂行することを要求します。企業家であれば、それは会社の命運を賭けたビッグ・プロジェクトかも知れません。しかし、この時期、能力は最高点まで上がっています。総力を結集できれば偉大な業績を達成することが可能です。そのための権限と公共的支持も獲得できるでしょう。

トランシットの冥王星と太陽のロアー・スクエア　今まで慎重に築いてきた何物かが破壊される暗示があります。それは伝統の破綻、地盤の喪失、あるいは家庭の破壊かも知れません。事柄によっては基礎からやり直す必要があります。この時期は、闘争的な態度をとるよりは自身の自己保全のために細心の注意を払うことです。しかし、このトランシットは再建と復興に向かう強力な意志をも示しているため、人生を投げない姿勢こそ大切です。

トランシットの冥王星と月の合　内面生活に重要な変化が起こる時です。注意深く自分を見守り、自己規制することがこの時期の重要な鍵となります。若者であれば、子供時代を脱却して成人としてふるまうこと。中年以上の人であれば、大局的に若い人々を見守り、彼ら自身に判断力を持たせるように仕向けることです。現在、環境は自己の支配下にあり、自分自身の意志で人生の転換を果たす時と言えます。

トランシットの冥王星と月の衝　この時期は不満な思いに支配されます。嫉妬と憤懣が破壊的な感情を刺激します。必要なことは無欲な態度と明確な思考です。自分の感情的傾向や過去の悪習慣から抜け出す努力をするとともに、可能な限り自由な生活態度を保つようにしてください。自分の求めるもの、生きるために欠くことのできないものを認識したうえで生活設計を立てれば、再び道が人生につながり始めます。

トランシットの冥王星と月のアパー・スクエアとロアー・スクエア　変化を求める時であり、しかもその変化は強烈です。この時期は、かつて保護者であった人から今までにない刺激や挑戦があり、それに応える立場に立たされます。いかなる時でも自身が攻撃的にならぬよう、平和な態度を保つように努めることです。この時期は自分自身が生れ変わる時でもあり、正しい知識と信念で生活の転換を計れば隠れていた好機が幸運をもたらします。

トランシットの冥王星と水星の合　知覚力と理解力が冴える時です。現在は表面的な答えでは満足できない傾向にあり、自分自身の観察と洞察に基づいて理念や思想に解答を求めようとします。理想とするものや欲求するものを見直し、今までに蓄積した知識を掘り起こして今後の人生に貢献するチャンスと言えます。この時期は周囲に対する発言の影響力が高まる時ですが、他人の意見に対しても受容的であることが良い結果を招きます。

トランシットの冥王星と水星の衝　この時期は理念や言論が強烈化し、さらには狂信的な熱を帯びてくる傾向があります。そのため新しく獲得した思想や知識をやたらと喧伝《けんでん》したがりますが、他人の考える自由に対しても寛容な態度をとらない限り、人々は立ち去ることになります。たとえ考えが正しく、また信念が命じることであっても、十分に注意を払い、周囲の反応を観察しながら次の行動の準備をすることです。

トランシットの冥王星と金星の合　愛と性の問題が深刻性を増してくる時です。この時期は、愛にすべてを賭けるか死を選ぶか、というほどの境地に立つ可能性があります。愛の世界で中心的存在でいたい欲望が強く、恋愛でも絶えず教え導く側にまわろうとします。この傾向は制御されなければならないし、別の生き方として著作や創作にエネルギーを向けるのも一つの方法と言えます。

トランシットの冥王星と金星の衝　この時期は愛と性の問題が接近しているにもかかわらず、自分では気づかずに過ごす怖れがあります。この時期は、単なる愛情というより犠牲的な行為や奉仕活動に関心があり、それらを通して人生に意義を見出そうとする傾向があります。まだ恋愛にめぐり合わない人であれば、身辺にあって同情的な思いを寄せる異性の存在に気づくことにより成功します。

トランシットの冥王星と火星の合　エネルギーが障害を打ち破り、業績を達成するために集中される時です。そのための闘志と活動力にも事欠かないでしょう。しかし、問題はあまりにもハードに身構えるため停止が利かず、ダウンするまで突進する怖れがあることです。職場でも家庭においても合理的なソフトな姿勢を保持し、活力を持続させるよう、自分自身をコントロールすることです。

トランシットの冥王星と火星の衝　権力や屈服しない傾向が強まる時です。ただ、現在はその必要がない場合も抵抗したがる傾向があり、そのために上司や警察と対立しがちです。この時期は怒りが口論や暴力事件とならないよう、自分自身をコントロールすることが最も重要です。この高いけれども制御できないエネルギーを建設的な目標に向けることができれば、より大きな業績の達成が可能となります。

トランシットの冥王星と木星の合　このトランシットは「確立した基盤」を意味します。自己の使命感に基づき価値ある人生を模索してきた人にとっては、その努力が結実する時です。ただ、未来に対してあまりにも過大な希望を持つことは避けなければなりません。この時期はより哲学的・宗教的な方向へと生き方の変化を求められる時でもあり、この新しい精神的基礎によって今後の人生を支えられることになります。

トランシットの冥王星と土星の合　生涯に重要な変化が起こるとすれば、この時期はその最初の徴候が現れる時と言えます。そのため、今後に遭遇する機会や人物、事件について警戒することによって破滅から身を守る必要があります。しかし、自身の責任を忘れてはならず、危機から退却するよりは前進し、重荷を肩に担う決意のもとに社会的責務を果たすことです。

トランシットの冥王星と天王星の合　この時期は自己の本来の姿を模索する時であり、そのため人生に対する懐疑が強まる傾向があります。その表現の一つが「反抗」であり、他が「独立」です。この反抗する立場は必ずしも危険な性質のものではありません。しかし、このトランシットは自身の生き方の根底的な変化を求めてくるため、十分な熟慮を経たのち今後の行動を決定することが望まれます。

トランシットの冥王星と海王星の合　この時期は自己の存在価値についての疑問が強まる時であり、そのため生涯の目標の根本的な見直しを迫られます。過去に抱いていた信念が崩壊する時でもあり、そのため精神的な混乱に陥る怖れがあります。しかし、自己評価への努力を基礎として建設的な将来設計を行うならば、疑問も解消し、新たに獲得した理想が今後の人生を導いてくれることになります。

トランシットの役割は、本人の行動を修正すること、言い換えれば人生の質を改善することにあります。トランシットが示す運の変化は、吉星が訪れたから幸運であるとか、凶星が近づいているから不運に向かっているといった、単純な吉凶論で断じることはできません。それは、ただ本人が人生でどのような経験を受け入れる段階に入っているかを示すにすぎません。そのためには、自分の人生に起こっていることに意識的に気付いていることが必要です。惑星は、決して私達に何かを強要するようなことはありません。人生の選択権は、あくまで私達白身にあるのです。

毎年の平均恒星時表

日	1月	2月	3月	4月	5月	6月	7月	8月	9月	10月	11月	12月
	時 分											
1	18 43	20 45	22 36	00 38	02 36	04 39	06 37	08 39	10 42	12 40	14 42	16 40
2	18 47	20 49	22 40	00 42	02 40	04 43	06 41	08 43	10 45	12 44	14 46	16 44
3	18 51	20 53	22 44	00 46	02 44	04 47	06 45	08 47	10 49	12 48	14 50	16 48
4	18 55	20 57	22 48	00 50	02 48	04 51	06 49	08 51	10 53	12 52	14 54	16 52
5	18 59	21 01	22 52	00 54	02 52	04 54	06 53	08 55	10 57	12 55	14 58	16 56
6	19 03	21 05	22 56	00 58	02 56	04 58	06 57	08 59	11 01	12 59	15 02	17 00
7	19 07	21 09	23 00	01 02	03 00	05 02	07 01	09 03	11 05	13 03	15 06	17 04
8	19 11	21 13	23 03	01 06	03 04	05 06	07 05	09 07	11 09	13 07	15 10	17 08
9	19 15	21 17	23 07	01 10	03 08	05 10	07 09	09 11	11 13	13 11	15 13	17 12
10	19 19	21 21	23 11	01 14	03 12	05 14	07 12	09 15	11 17	13 15	15 17	17 16
11	19 23	21 25	23 15	01 18	03 16	05 18	07 16	09 19	11 21	13 19	15 21	17 20
12	19 26	21 29	23 19	01 22	03 20	05 22	07 20	09 23	11 25	13 23	15 25	17 24
13	19 31	21 33	23 23	01 26	03 24	05 26	07 24	09 27	11 29	13 27	15 29	17 28
14	19 35	21 37	23 27	01 29	03 28	05 30	07 28	09 30	11 33	13 31	15 33	17 31
15	19 39	21 41	23 31	01 33	03 32	05 34	07 32	09 34	11 37	13 35	15 37	17 35
16	19 43	21 45	23 35	01 37	03 36	05 38	07 36	09 38	11 41	13 39	15 41	17 39
17	19 46	21 49	23 39	01 41	03 40	05 42	07 40	09 42	11 45	13 43	15 45	17 43
18	19 50	21 53	23 44	01 45	03 44	05 46	07 44	09 46	11 48	13 47	15 49	17 47
19	19 54	21 57	23 48	01 49	03 47	05 50	07 48	09 50	11 52	13 51	15 53	17 51
20	19 58	22 01	23 52	01 53	03 51	05 54	07 52	09 54	11 56	13 55	15 57	17 55
21	20 02	22 04	23 56	01 57	03 55	05 58	07 56	09 58	12 00	13 59	16 01	17 59
22	20 06	22 08	23 59	02 01	03 59	06 02	08 00	10 02	12 04	14 03	16 05	18 03
23	20 10	22 12	00 02	02 05	04 03	06 05	08 04	10 06	12 08	14 06	16 09	18 07
24	20 14	22 16	00 06	02 09	04 07	06 09	08 08	10 10	12 12	14 10	16 13	18 11
25	20 18	22 20	00 10	02 13	04 11	06 13	08 12	10 14	12 16	14 14	16 17	18 15
26	20 22	22 24	00 14	02 17	04 15	06 17	08 16	10 18	12 20	14 18	16 20	18 19
27	20 26	22 28	00 18	02 21	04 19	06 21	08 20	10 22	12 24	14 22	16 24	18 23
28	20 30	22 32	00 22	02 25	04 23	06 25	08 23	10 26	12 28	14 26	16 28	18 27
29	20 34		00 25	02 29	04 27	06 29	08 27	10 30	12 32	14 30	16 32	18 31
30	20 38		00 30	02 33	04 31	06 33	08 31	10 34	12 36	14 34	16 36	18 35
31	20 42		00 34		04 35		08 35	10 38		14 38		18 38

日本主要都市とグリニッジの時差表

都市名	東経		北緯		時差
	度	分	度	分	時分
札幌	141°	21′	43°	03′	9:25
函館	140°	43′	41°	45′	9:22
旭川	142°	22′	43°	46′	9:29
釧路	144°	23′	42°	58′	9:37
青森	140°	45′	40°	49′	9:23
八戸	141°	29′	40°	30′	9:25
盛岡	141°	09′	39°	42′	9:24
秋田	140°	07′	39°	43′	9:20
仙台	140°	53′	38°	15′	9:23
山形	140°	20′	38°	15′	9:21
米沢	140°	07′	37°	55′	9:20
福島	140°	28′	37°	45′	9:21
郡山	140°	23′	37°	24′	9:21
水戸	140°	28′	36°	32′	9:21
宇都宮	139°	52′	36°	33′	9:19
前橋	139°	04′	36°	23′	9:16
浦和	139°	39′	35°	51′	9:18
千葉	140°	07′	35°	36′	9:20
銚子	140°	50′	35°	44′	9:23
東京	139°	45′	35°	39′	9:19
八王子	139°	20′	35°	39′	9:17
横浜	139°	39′	35°	27′	9:18
横須賀	139°	40′	35°	18′	9:18
甲府	138°	35′	35°	39′	9:14
長野	138°	11′	36°	39′	9:12
松本	137°	58′	36°	14′	9:11
新潟	139°	03′	37°	55′	9:16
長岡	138°	51′	37°	27′	9:15
富山	137°	13′	36°	41′	9:08
金沢	136°	39′	36°	34′	9:06
福井	136°	13′	36°	04′	9:04
沼津	138°	52′	35°	06′	9:15
静岡	138°	23′	34°	58′	9:13
浜松	137°	44′	34°	42′	9:10
豊橋	137°	23′	34°	46′	9:09
名古屋	136°	55′	35°	10′	9:07
岐阜	136°	45′	35°	25′	9:07
津	136°	31′	34°	43′	9:06
和歌山	135°	11′	34°	13′	9:00
大津	135°	52′	35°	00′	9:03
京都	135°	45′	35°	00′	9:03
奈良	135°	50′	34°	41′	9:03
大阪	135°	30′	34°	40′	9:02
神戸	135°	10′	34°	41′	9:00
明石	135°	00′	34°	38′	9:00
姫路	134°	42′	34°	49′	8:58
岡山	133°	35′	34°	39′	8:55
福山	133°	22′	34°	29′	8:53
広島	132°	27′	34°	24′	8:49
鳥取	134°	14′	35°	30′	8:56
松江	133°	04′	35°	28′	8:52
山口	131°	29′	34°	10′	8:45
徳山	131°	49′	34°	03′	8:47
下関	130°	57′	33°	57′	8:43
高松	134°	03′	34°	20′	8:56
徳島	134°	34′	34°	04′	8:58
松山	132°	45′	33°	50′	8:51
高知	133°	33′	33°	33′	8:54
北九州	130°	50′	33°	53′	8:43
福岡	130°	24′	33°	35′	8:41
佐賀	130°	18′	33°	15′	8:41
熊本	130°	43′	32°	48′	8:42
長崎	129°	55′	32°	48′	8:39
佐世保	129°	43′	33°	10′	8:38
大分	131°	36′	33°	14′	8:46
宮崎	131°	26′	31°	54′	8:45
延岡	131°	40′	32°	35′	8:46
鹿児島	130°	33′	31°	36′	8:42
那覇	127°	40′	26°	13′	8:30

世界主要都市とグリニッジとの時差表及び標準時

都市名	経度	緯度	時差	標準時
	度　分	度　分	時　分	時
ロンドン	W 0° 10′	N51° 30′	0:00	0
パリ	E 2° 20′	N48° 52′	0:09	+1
ブリュッセル	E 4° 20′	N50° 50′	0:17	+1
ベルリン	E13° 21′	N52° 29′	0:53	+1
ローマ	E12° 29′	N41° 45′	0:49	+1
アテネ	E23° 43′	N37° 58′	1:34	+2
ウィーン	E16° 20′	N48° 13′	1:05	+1
プラハ	E14° 26′	N50° 05′	0:57	+1
ストックホルム	E18° 03′	N59° 20′	1:12	+1
コペンハーゲン	E12° 35′	N55° 40′	0:50	+1
モスクワ	E37° 35′	N55° 45′	2:30	+3
カイロ	E31° 15′	N30° 03′	2:05	+2
エレサレム	E35° 14′	N31° 46′	2:20	+2
オタワ	W75° 42′	N45° 25′	5:02	−5
ワシントン	W77° 01′	N38° 53′	5:08	−5
メキシコシティ	W99° 09′	N19° 24′	6:36	−6
リオデジャネイロ	W43° 14′	S22° 54′	2:52	−3
北京	E116° 25′	N39° 55′	7:45	+8
ソウル	E126° 58′	N37° 33′	8:27	+9
ピョンヤン	E125° 45′	N39° 01′	8:23	+9
台北	E121° 30′	N25° 03′	8:06	+8
マニラ	E121° 00′	N14° 35′	8:04	+8
バンコク	E100° 31′	N13° 45′	6:42	+7
シンガポール	E103° 51′	N 1° 17′	6:55	+8
キャンベラ	E149° 08′	S35° 17′	9:56	+10
ニューデリー	E77° 13′	N28° 40′	5:08	$+5\frac{1}{2}$

（注）各都市の緯度・経度は計測方法などの違いによりデータによっては多少の差があります。この表では“The International Atlas”（©ACS Publications Inc）に概ね準拠し、そのデータから時差を計算してあります（但し、秒の単位は切り捨て）。また、各国首都の標準時は94年現在のものです（ブルーガイド海外版出版部調べ）。

室 項 表　東京（北緯35度39分）

恒星時 時 分	10室 宮度	11室 宮度	12室 宮度	1 室 宮度分	2 室 宮度	3 室 宮度
00:00	♈ 0	♉ 6	♊13	♋15 56	♌ 7	♍ 1
00:03	1	7	14	16 42	8	2
00:07	2	8	15	17 29	8	2
00:11	3	9	16	18 15	9	3
00:14	4	10	17	19 02	10	4
00:18	5	11	17	19 48	11	5
00:22	6	12	18	20 34	12	6
00:25	7	13	19	21 20	12	7
00:29	8	14	20	22 06	13	8
00:33	9	15	21	22 52	14	9
00:36	10	16	22	23 38	15	10
00:40	11	17	23	24 24	16	10
00:44	12	18	24	25 09	16	11
00:47	13	19	24	25 55	17	12
00:51	14	20	25	26 41	18	13
00:55	15	21	26	27 27	19	14
00:58	16	22	27	28 13	20	15
01:02	17	23	28	28 59	21	16
01:06	18	24	29	29 44	22	17
01:10	19	25	♋ 0	♌ 0 30	22	18
01:13	20	26	0	1 16	23	19
01:17	21	27	1	2 02	24	20
01:21	22	28	2	2 48	25	20
01:25	23	29	3	3 34	25	21
01:28	24	♊ 0	4	4 21	26	22
01:32	25	0	5	5 07	27	23
01:36	26	1	6	5 53	28	24
01:40	27	2	6	6 39	29	25
01:44	28	3	7	7 25	♍ 0	26
01:47	29	4	8	8 11	0	27
02:51	♉ 0	5	9	8 58	1	28
01:55	1	6	10	9 45	2	29
01:59	2	7	11	10 32	3	♎ 0
02:03	3	8	12	11 19	4	1
02:06	4	9	12	12 06	5	2
02:10	5	10	13	12 53	6	3
02:14	6	11	14	13 40	6	4
02:18	7	12	15	14 27	7	5
02:22	8	13	16	15 15	8	6
02:26	9	14	17	16 03	9	6
02:30	10	15	17	16 51	10	7
02:34	11	16	18	17 39	11	8
02:38	12	17	19	18 27	12	9
02:42	13	18	20	19 15	12	10
02:46	14	18	21	20 03	13	11

恒星時 時 分	10室 宮度	11室 宮度	12室 宮度	1 室 宮度分	2 室 宮度	3 室 宮度
02:50	♉15	♊19	♋22	♌20 52	♍14	♎12
02:54	16	20	23	21 40	15	13
02:58	17	21	24	22 29	16	14
03:02	18	22	24	23 19	17	15
03:06	19	23	25	24 08	18	16
03:10	20	24	26	24 58	19	17
03:14	21	25	27	25 47	20	18
03:18	22	26	28	26 37	21	19
03:22	23	27	29	27 27	21	20
03:26	24	28	♌ 0	28 17	22	21
03:30	25	29	1	29 07	23	22
03:34	26	♋ 0	1	29 58	24	23
03:38	27	1	2	♍ 0 49	25	24
03:42	28	2	3	1 39	26	25
03:47	29	3	4	2 31	27	26
03:51	♊ 0	4	5	3 21	28	27
03:55	1	4	6	4 13	29	28
03:59	2	5	7	5 04	♎ 0	29
04:03	3	6	8	5 56	1	♏ 0
04:08	4	7	9	6 48	2	1
04:12	5	8	10	7 40	3	2
04:16	6	9	10	8 33	4	3
04:20	7	10	11	9 25	5	4
04:24	8	11	12	10 18	6	5
04:29	9	12	13	11 10	6	6
04:33	10	13	14	12 03	7	7
04:37	11	14	15	12 56	8	8
04:41	12	15	16	13 49	9	9
04:46	13	16	17	14 42	10	10
04:50	14	17	18	15 35	11	11
04:54	15	18	19	16 28	12	12
04:59	16	19	20	17 22	13	13
05:03	17	20	21	18 16	14	14
05:07	18	21	22	19 10	15	15
05:12	19	22	23	20 03	16	16
05:16	20	23	23	20 57	17	17
05:20	21	24	24	21 52	18	18
05:25	22	25	25	22 46	19	19
05:29	23	26	26	23 40	20	20
05:33	24	27	27	24 34	21	21
05:38	25	28	28	25 28	22	22
05:42	26	29	29	26 22	23	23
05:46	27	♌ 0	♍ 0	27 16	24	24
05:51	28	1	1	28 11	25	25
05:55	29	2	2	29 06	26	26

恒星時 時 分	10室 宮度	11室 宮度	12室 宮度	1 室 宮度分	2 室 宮度	3 室 宮度
09:09	♌15	♍18	♎16	♏ 9 08	♐ 8	♑11
09:13	16	19	17	9 57	9	12
09:17	17	20	18	10 45	9	12
09:21	18	21	18	11 33	10	13
09:25	19	22	19	12 21	11	14
09:29	20	23	20	13 09	12	15
09:33	21	24	21	13 57	13	16
09:37	22	24	22	14 45	14	17
09:41	23	25	23	15 33	15	18
09:45	24	26	24	16 20	16	19
09:49	25	27	24	17 07	17	20
09:53	26	28	25	17 54	18	21
09:56	27	29	26	18 41	18	22
10:00	28	♎ 0	27	19 28	19	23
10:04	29	1	28	20 15	20	24
10:08	♍ 0	2	29	21 02	21	25
10:12	1	3	♏ 0	21 49	22	26
10:16	2	4	0	22 35	23	27
10:19	3	5	1	23 21	24	28
10:23	4	6	2	24 07	24	29
10:27	5	7	3	24 53	25	♒ 0
10:31	6	8	4	25 39	26	0
10:34	7	9	5	26 26	27	1
10:38	8	10	5	27 12	28	2
10:42	9	10	6	27 58	29	3
10:46	10	11	7	28 44	♑ 0	4
10:49	11	12	8	29 30	0	5
10:53	12	13	9	♐ 0 16	1	6
10:57	13	14	9	1 01	2	7
11:01	14	15	10	1 47	3	8
11:04	15	16	11	2 33	4	9
11:08	16	17	12	3 19	5	10
11:12	17	18	13	4 05	6	11
11:15	18	19	14	4 51	6	12
11:19	19	20	14	5 36	7	13
11:23	20	20	15	6 22	8	14
11:26	21	21	16	7 08	9	15
11:30	22	22	17	7 54	10	16
11:34	23	23	18	8 40	11	17
11:37	24	24	19	9 26	12	18
11:41	25	25	20	10 12	13	19
11:45	26	26	20	10 58	13	20
11:49	27	27	21	11 45	14	21
11:52	28	28	22	12 31	15	22
11:56	29	28	22	13 18	16	23

恒星時 時 分	10室 宮度	11室 宮度	12室 宮度	1 室 宮度分	2 室 宮度	3 室 宮度
06:00	♋ 0	♌ 3	♍ 3	♎ 0 00	♎27	♏27
06:04	1	4	4	0 54	28	28
06:08	2	5	5	1 49	29	29
06:13	3	6	6	2 44	♏ 0	♐ 0
06:17	4	7	7	3 38	1	1
06:21	5	8	8	4 32	2	2
06:26	6	9	9	5 26	3	3
06:30	7	10	10	6 20	4	4
06:34	8	11	11	7 14	5	5
06:39	9	12	12	8 08	6	6
06:43	10	13	13	9 03	7	7
06:47	11	14	14	9 57	7	8
06:52	12	15	15	10 50	8	9
06:56	13	16	16	11 44	9	10
07:00	14	17	17	12 38	10	11
07:05	15	18	18	14 32	11	12
07:09	16	19	19	13 25	12	13
07:13	17	20	20	15 18	13	14
07:18	18	21	21	16 11	14	15
07:22	19	22	22	17 04	15	16
07:26	20	23	23	17 57	16	17
07:30	21	24	24	18 50	17	18
07:35	22	25	24	19 42	18	19
07:39	23	26	25	20 35	19	20
07:43	24	27	26	21 27	20	21
07:47	25	28	27	22 20	20	22
07:52	26	29	28	23 12	21	23
07:56	27	♍ 0	29	24 04	22	24
08:00	28	1	♎ 0	24 56	23	25
08:04	29	2	1	25 47	24	26
08:08	♌ 0	3	2	26 39	25	26
08:12	1	4	3	27 29	26	27
08:17	2	5	4	28 21	27	28
08:21	3	6	5	29 11	28	29
08:25	4	7	6	♏ 0 02	29	♑ 0
08:29	5	8	7	0 53	29	1
08:33	6	9	8	1 43	♐ 0	2
08:37	7	10	9	2 33	1	3
08:41	8	11	9	3 23	2	4
08:45	9	12	10	4 13	3	5
08:49	10	13	11	5 02	4	6
08:53	11	14	12	5 52	5	7
08:57	12	15	13	6 41	6	8
09:01	13	16	14	7 31	6	9
09:05	14	17	15	8 20	7	10

室項表　東京（北緯35度39分）

恒星時 時 分	10室 宮度	11室 宮度	12室 宮度	1 室 宮度分	2室 宮度	3室 宮度
14:50	♏15	♐ 9	♑ 0	♑24 25	♓ 6	♈15
14:54	16	10	1	25 32	8	16
14:58	17	10	2	26 39	9	18
15:02	18	11	3	27 48	10	19
15:06	19	12	4	28 56	12	20
15:10	20	13	5	♒ 0 07	13	21
15:14	21	14	6	1 18	14	22
15:18	22	15	7	2 30	16	24
15:22	23	16	8	3 43	17	25
15:26	24	17	9	4 57	19	26
15:30	25	18	10	6 11	20	27
15:34	26	19	11	7 27	21	28
15:38	27	20	12	8 44	23	♉ 0
15:42	28	21	13	10 01	24	1
15:47	29	22	14	11 20	26	2
15:51	♐ 0	22	15	12 40	27	3
15:55	1	23	16	14 01	28	4
15:59	2	24	17	15 23	♈ 0	5
16:03	3	25	18	16 46	1	7
16:08	4	26	19	18 10	3	8
16:12	5	27	20	19 36	4	9
16:16	6	28	21	21 02	6	10
16:20	7	29	22	22 29	7	11
16:24	8	♑ 0	23	23 58	9	13
16:29	9	1	25	25 28	10	14
16:33	10	2	26	26 58	11	15
16:37	11	3	27	28 30	13	16
16:41	12	4	28	♓ 0 03	14	17
16:46	13	5	29	1 36	16	18
16:50	14	6	♒ 0	3 11	17	20
16:54	15	7	1	4 46	19	21
16:59	16	8	3	6 23	20	22
17:03	17	9	4	8 00	22	23
17:07	18	10	5	9 39	23	24
17:12	19	11	6	11 37	24	25
17:16	20	12	7	12 57	26	26
17:20	21	13	9	14 37	27	27
17:25	22	14	10	16 19	29	29
17:29	23	15	11	18 00	♉ 0	♊ 0
17:33	24	16	12	19 42	2	1
17:38	25	17	14	21 24	3	2
17:42	26	18	15	23 06	4	3
17:46	27	19	16	24 50	6	4
17:51	28	21	18	26 33	7	5
17:55	29	22	19	28 17	8	6

恒星時 時 分	10室 宮度	11室 宮度	12室 宮度	1 室 宮度分	2室 宮度	3室 宮度
12:00	♎ 0	♎29	♏23	♐14 04	♑17	♒24
12:03	1	♏ 0	24	14 51	18	25
12:07	2	1	25	15 38	19	26
12:11	3	2	25	16 25	20	28
12:14	4	3	26	17 12	21	29
12:18	5	4	27	17 59	22	♓ 0
12:22	6	5	28	18 47	23	1
12:25	7	5	29	19 34	24	2
12:29	8	6	♐ 0	20 22	25	3
12:33	9	7	0	21 10	26	4
12:36	10	8	1	21 59	27	5
12:40	11	9	2	22 48	28	6
12:44	12	10	3	23 37	29	7
12:47	13	11	3	24 26	♒ 0	8
12:51	14	12	4	25 15	1	9
12:55	15	12	5	26 04	2	10
12:58	16	13	6	26 54	3	12
13:02	17	14	7	27 45	4	13
13:06	18	15	7	28 35	5	14
13:10	19	16	8	29 26	6	15
13:13	20	17	9	♑ 0 18	7	16
13:17	21	18	10	1 10	8	17
13:21	22	18	11	2 02	9	18
13:25	23	19	11	2 55	10	19
13:28	24	20	12	3 48	11	21
13:32	25	21	13	4 41	12	22
13:36	26	22	14	5 35	13	23
13:40	27	23	15	6 30	14	24
13:44	28	24	16	7 24	15	25
13:47	29	25	16	8 19	17	26
13:51	♏ 0	25	17	9 15	18	27
13:55	1	26	18	10 11	19	29
13:59	2	27	19	11 08	20	♈ 0
14:03	3	28	20	12 06	21	1
14:06	4	29	21	13 04	22	2
14:10	5	♐ 0	22	14 02	24	3
14:14	6	1	22	15 01	25	4
14:18	7	2	23	16 01	26	6
14:22	8	2	24	17 01	27	7
14:26	9	3	25	18 03	29	8
14:30	10	4	26	19 04	♓ 0	9
14:34	11	5	27	20 07	1	10
14:38	12	6	28	21 10	2	12
14:42	13	7	29	22 15	4	13
14:46	14	8	♑ 0	23 19	5	14

恒星時 時 分	10室 宮度	11室 宮度	12室 宮度	1 室 宮度分	2 室 宮度	3 室 宮度
21:09	♒15	♓15	♈24	♊ 5 35	♋ 0	♋21
21:13	16	16	25	6 41	0	22
21:17	17	17	26	7 45	1	23
21:21	18	18	28	8 50	2	24
21:25	19	20	29	9 53	3	25
21:29	20	21	♉ 0	10 56	4	26
21:33	21	22	1	11 57	5	27
21:37	22	23	3	12 59	6	28
21:41	23	24	4	13 59	7	28
21:45	24	26	5	14 59	8	29
21:49	25	27	6	15 58	8	♌ 0
21:53	26	28	8	16 56	9	1
21:56	27	29	9	17 54	10	2
22:00	28	♈ 0	10	18 52	11	3
22:04	29	1	11	19 49	12	4
22:08	♓ 0	3	12	20 45	13	5
22:12	1	4	13	21 41	14	5
22:16	2	5	15	22 36	14	6
22:19	3	6	16	23 30	15	7
22:23	4	7	17	24 25	16	8
22:27	5	8	18	25 19	17	9
22:31	6	9	19	26 12	18	10
22:34	7	11	20	27 05	19	11
22:38	8	12	21	27 58	19	12
22:42	9	13	22	28 50	20	12
22:46	10	14	23	29 42	21	13
22:49	11	15	24	♋ 0 34	22	14
22:53	12	16	25	1 25	23	15
22:57	13	17	26	2 15	23	16
23:01	14	18	27	3 06	24	17
23:04	15	20	28	3 56	25	18
23:08	16	21	29	4 45	26	18
23:12	17	22	♊ 0	5 34	27	19
23:15	18	23	1	6 23	27	20
23:19	19	24	2	7 12	28	21
23:23	20	25	3	8 01	29	22
23:26	21	26	4	8 50	♌ 0	23
23:30	22	27	5	9 38	0	24
23:34	23	28	6	10 26	1	25
23:37	24	29	7	11 13	2	25
23:41	25	♉ 0	8	12 01	3	26
23:45	26	1	9	12 48	4	27
23:49	27	2	10	13 35	5	28
23:52	28	4	11	14 22	5	29
23:56	29	5	12	15 09	6	♍ 0

恒星時 時 分	10室 宮度	11室 宮度	12室 宮度	1 室 宮度分	2 室 宮度	3 室 宮度
18:00	♑ 0	♑23	♒20	♈ 0 00	♉10	♊ 7
18:04	1	24	22	1 43	11	8
18:08	2	25	23	3 27	12	9
18:13	3	26	24	5 10	14	11
18:17	4	27	26	6 54	15	12
18:21	5	28	27	8 36	16	13
18:26	6	29	28	10 18	18	14
18:30	7	♒ 0	♓ 0	12 00	19	15
18:34	8	1	1	13 41	20	16
18:39	9	3	3	15 23	21	17
18:43	10	4	4	17 03	23	18
18:47	11	5	6	18 43	24	19
18:52	12	6	7	20 21	25	20
18:56	13	7	8	22 00	26	21
19:00	14	8	10	23 37	27	22
19:05	15	9	11	25 14	29	23
19:09	16	10	13	26 49	♊ 0	24
19:13	17	12	14	28 24	1	25
19:18	18	13	16	29 57	2	26
19:22	19	14	17	♉ 1 30	3	27
19:26	20	15	19	3 02	4	28
19:30	21	16	20	4 32	5	29
19:35	22	17	21	6 02	7	♋ 0
19:39	23	19	23	7 31	8	1
19:43	24	20	24	8 58	9	2
19:47	25	21	26	10 24	10	3
19:52	26	22	27	11 50	11	4
19:56	27	23	29	13 14	12	5
20:00	28	25	♈ 0	14 37	13	6
20:04	29	26	1	15 59	14	7
20:08	♒ 0	27	3	17 20	15	8
20:12	1	28	4	18 40	16	8
20:17	2	29	6	19 59	17	9
20:21	3	♓ 0	7	21 16	18	10
20:25	4	2	9	22 33	19	11
20:29	5	3	10	23 49	20	12
20:33	6	4	11	25 03	21	13
20:37	7	5	13	26 17	22	14
20:41	8	6	14	27 30	23	15
20:45	9	8	16	28 42	24	16
20:49	10	9	17	29 53	25	17
20:53	11	10	18	♊ 1 04	26	18
20:57	12	11	20	2 12	27	19
21:01	13	12	21	3 21	28	20
21:05	14	14	22	4 28	29	20

あとがき

この本の執筆は、実業之日本社・柴野国晃常務の熱心なお勧めによるものです。最初に「占星術の専門書、それも長く残るものを」という御依頼を頂きました時は、その任の重さを思い計り、かなりのためらいがありましたが、「〝あなたの〟占星術を」というお言葉を頂いて執筆を決意したものです。およそ一つの道を極めようとする者にとって、自分自身の言葉で自分の知り得た知識を語れることに勝る喜びはありません。そのために、この本の主眼は占星学の理論と技法の徹底的な解説にありますが、私自身の〝運命観〟と申しますか、人間の運命と天の法則に対する考えも随所に入れてあります。

占星学の学問的カテゴリーは非常にむずかしく、私自身も確かな答えを得ていません。ふつうはオカルティズム（隠秘思想）の範疇に入れることが多いようですが、むしろエソテリック（秘学）の一分野としたほうがより正確かも知れません。最近は、特に欧米において、C・G・ユングの深層心理学を拠りどころに個人の運命を心理学的に捉えようとする試みもさかんに行われています。しかし、占星学というものが「心理学的側面を持つ特異な運命学」であるにしても、占星学はそれ自体、完成した理論体系を持つ独立した学問であって、決して心理学の亜流というわけではありません。

私は占星学の真価は、個人の性格分析の確かさもさることながら、宇宙全体から人間存在を考える「宇宙哲学」としての面にあると考えています。占星学とは、人間の運命や天の摂理といった超人間的な力に、人間の知力をかけて挑もうとする試みなのです。占星学が対象とするものは、星であるように見えてそうではなく、人間存在そのものなのです。それ故に、占星学は「人は何のために存在しているのか」という人間の根源的な問いに答える資格があるのです。

本書は決して快適な環境のもとに書かれたとは申せません。本書の執筆を始めてまもなく、生涯において一度あるかないかというほどの大きな衝撃があり、その後も時を置かず襲いかかってくる現実の試練と戦いながらの執筆でした。それこそ、大きな喜びと耐えがたい悲嘆とを、どのような気まぐれでか、ふたつながらに与えてよこす神の真意というものを、神御自身に問うてみたいとさえ思ったものです。もし、天の摂理によって起こる出来事に、なにひとつ不条理なものはないのだという運命の力に対する静かな信頼がなければ、この本を書き上げることはできなかったでしょう。

しかし、星の語る言葉を人間の言葉に〝翻訳〟するという作業は思ったよりもむずかしく、観念ではわかっていても適切な表現が見つからなかったり、意を尽くせなかった部分がいたる箇所にあるように思われます。もしそのために誤謬を犯すようなことがあるとしましたら、どうか御容赦頂きたいと思います。また、本書にしても、広大な世界を持つ占星学の全貌を明かし得たわけではありません。できることなら、読者の皆様には本書を礎として、より深い研究を極めて頂きたいと思います。

最後に、私にすばらしいチャンスをくださった柴野国晃常務、知識の伝授を惜しむことなく御指導頂きました故・湖島郁幸先生、その他のすべての関係者の皆様、そして私を占星学の道に導き給うた神の見えざる御手に、心からの感謝を捧げます。

1994年10月
ルル・ラブア

解説

～『占星学 新装版』刊行に寄せて～

マドモアゼル・愛

ルル・ラブア先生の『占星学』が新装版となって発売される。

とても嬉しい気持ちです。ルル先生のこの本は、日本の占星術の歴史に欠かせないもので、この本に沿って占星術を学び、知識や占星術意識を深めた人は多いと思います。的確で無駄のない内容、説明する際にもっともふさわしい言葉を使われるのは、ルル・ラブア先生ならでは、という気がいたします。

内容は、初歩の占星術知識が網羅されているわけですが、基本が正確でしっかりしているため、このテキストは占星術を学ばれる方のバイブルになっていました。初めて学ばれる方はもちろん、プロの先生方も、ルル先生のこの本を高く評価し、お読みになられていることが多かったと記憶しています。

＊

私とルル・ラブア先生とは、不思議なご縁でつながれていると勝手に思っています。まず、港区の芝というご住所でお生まれになったルル先生ですが、私も芝の生まれで同郷です。ルル先生が習われた占星術の先生の中に、トービス星図先生がいらっしゃいますが、私が初めて占星術を学んだのも、トービス星図先生でした。昔、池尻にあったトービス先生のお宅にお邪魔すると、受付をされていたのがルル先生だったと記憶しています。

その後、ルル・ラブア先生は各方面で活躍され、若くして日本の占星術界の大御所的存在となりました。私も遅ればせながら占星術の世界で名前を出すようになったある日、占術協会という占い師の組合のような会合の帰り道でご一緒したのが、親しくお付き合いさせていただくきっかけとなりました。

ルル先生には何ひとつこちらから話したことなどないのに、先生は私がその頃悩んでいたことを、まるで知っているかのように話され、励ましてくださいました。今、考えても不思議でなりません。誰からも聞いてないはずの私の悩みを、まるでご存知のように話されるので、本当に驚いたわけです。

おそらくルル先生には、超能力と呼ばれるものがおありになり、私の心を見通されたのだと思います。当時は今とは違って、ホロスコープはいちいち計算をして作っていました。今はほとんどの場合、コンピュータで自動計算し、自動で図を作ってしまいますが、あの頃はそうではありませんでした。ルル先生は鑑定依頼者のホロスコープを正確にお作りになりますが、ホロスコープを作成しているうちに、相手のことが、人柄もその人の運命も含めてすべて見えてくる……とおっしゃっていました。ルル先生は超能力者だったと私は思っています。

お生まれの際に、袋子という特殊な状態でお生まれになった話を伺ったことがありますが、袋子をあとで調べてみると、やはり特別な才能のある子どもの誕生時に見られる、珍しい現象ということでした。ルル先生の場合は、大預言者の出生時に見られる袋子状態であったのです。お生まれからして通常とは異なる先生でしたが、何を伺っても正しい答え、鋭いお応えが戻ってきました。私はルル先生とお会いすると、決まって長時間にわたって話し合いました。この『占星学』の本を出版する際にも、実業之日本社の当時の柴野常務と出版会議旅行をした思い出があります。なぜ、私もついて行ったのかはよく覚えていませんが、古き良き時代の出版風景であり、夜通し皆で話し合ったものです。

そうした際にもっとも盛り上がる話題はやはり占星術でした。皆、ルル先生の占星術解釈を聞きたくて仕方ないのです。自分の性格や運気や運命、将来のことなど、ルル先生は尋ねられたことに決して嫌な顔ひとつせずに、誠実にお答えくださる。誰もがルル先生の話を聞きたがりました。私は幸いなことに、お会いした際に、またお電話などでも、数多くの話を聞くことができ、とくに将来について、未来社会について、これからの経済や世界について、詳しく尋ねたものです。

私のブログなどで書いてある内容を、「愛先生はおっしゃることがまったくブレませんね」と言われることがよくありますが、それは、おそらく、昔、ルル先生と話し合ったものが体の奥にしまわれ、血となり肉となっているからに違いないのです。

私は未来社会がどうなっていくかを、ルル先生と長く、時間をかけてお話しさせていただき、一定の考えを持つにいたりました。先生とお話ししたのは、１９８０年代から９０年代のことですので、もう20年以上も前になります。先生と話し合った未来が、今、現実の時代となっているわけです。

ルル先生の予測のすべては的中していると思います。まだまだ先のこともあって、これからどうなるかはわかりませんが、歴史の基本、歴史の流れに対する類まれな才能をお持ちでした。バブルの崩壊をいち早く予見し、私にも伝えてくださいましたので、私は当時の不動産にも株式投資にもまったく手を出しませんでした。「愛ちゃん、必ず崩れるわよ」と、狂乱のバブルの中で、極めて冷静に先を見ていらっしゃいました。

「私も愛ちゃんのように、本当は事業的なことが好きで、やってみたい気持ちもあるけど、そんなに安定している時間はもうないので、やらないでいるのよ」

ルル先生のおっしゃった、安定した時間がない……との意味は、おそらくその後の日本経済の落ち込みを意味してのものだったと思います。社会はバブル崩壊以降、工夫や誠実さとは別な、システム信仰や金融力によるビジネス構築にすすみ、生命力を失っていきました。政治にも大変な関心をお持ちで、よくおっしゃっていたのが、「小沢さんは脇が甘いから……期待しているけど、そこがどうなのかしら……」と、まるで20年後を見通すような言い方なので、不思議な気がしたものです。しかし今となってはその意味が正しかったとわかります。

＊

ルル・ラブア先生は一般的な意味では決してメジャーな先生ではありませんでした。連載もそれほど多くはなく、出版物も多い方ではありません。その意味でも『占星学』は貴重なのですが、気に染まぬ仕事はお断りする神経質な面がおありでした。自身の心に非常に潔癖なのです。お顔は柔和でも好き嫌いははっきりしていたように感じます。

自分を売り込むようなことは一切なさらないルル先生でしたが、その存在感は大きく、実は、今、世間で有名な宗教団体がいくつかありますが、多くの教祖様が、ルル先生の鑑定を受けていることを知っております。お名前は出せませんが、皆さま、どこで聞かれたのか、ルル先生を探して鑑定を所望されるのです。私が「100万円くらいとっちゃいましょうよ」と言うと、笑って「人は皆同じ。困っている人から、真剣に知ろうとしている人から、とれっこないでしょ」と、誰が来ても規定通りの金額で対応されていました。

何十万人という信者を持つ教祖様ですら、ルル先生の智恵を求めていらっしゃったのです。私はそんな先生からまったく無料で、色々なこと、占星術のこと、未来のこと、考え方について、本当に多くのものを学ばせていただきました。それは今に至っても私の宝物となっています。ルル先生がいらっしゃらなかったら、今の私はなかったと思います。出会いこそ人生の宝であり、不思議な縁こそが思いも知らぬ世界へ、私たちを運んでくれるものといえるでしょう。

ルル先生はお体はあまり丈夫でありませんでしたが、それでもご病気ひとつせず、お元気にお暮しでした。それは、ある日、夢を見たところから始まったのです。ルル先生が虚弱体質で困っている時代に、ある晩に夢を見たというのです。夢の中で、神様のような存在が出てきて、「お前を丈夫にしてあげよう」と、熱い火箸のようなものを背中に突き刺したというのです。

以来、お元気になられたと。私が思うに、それはクンダリニーの上昇であったと思います。背筋に沿って熱いものが上ってくる感覚とおっしゃいましたので、おそらくクンダリニーの上昇という神秘体験であったのでしょう。

目に見える世界のこと……目に見えぬ世界のこと……魂の奥底にうごめく人の心理と感情……

それをはっきり捕まえ、見つめる目をお持ちの先生から、私は本当に多くのことを教えていただき、その感性を学びました。

ルル・ラブア先生が亡くなられてから、もう20年近くの年月が経ちますが、先生の存在は私の中で、益々大きなものになっています。何かわからなくなったとき、「ルル先生ならどう考えるだろう」と、そう考えると、必ず適正な答えを得られるのです。

私はラジオの人生相談を長いこと回答者としてやっていますが、私自身が人に悩みを相談したことは、これまでにたった一回しかありません。それがルル先生です。誰に相談しても絶対に納得できる答えなどありようがない……と思われる私の質問に、まさに正確な受け答えで返され、それ以上はない、素晴らしい答えをいただいたことがあります。私は心底そのお答えに納得しました。

したが、今度はルル先生の方がそわそわと落ち着かなくなり、しきりに「おかしいわ」と繰り返します。「何がおかしいのですか」と尋ねる私に、「愛ちゃんのいちばん弱いところを突いてきている……目に見えぬ大きな意図が悪魔を動かしているのよ」そうおっしゃって、この世の霊的な仕組みについて、お話しされました。なんだか怖くなってきた私でしたが、そんな私の様子を見て、「大丈夫よ。愛ちゃんは守られているから」と、励まされ、私の悩みに対する具体的な対応を示されました。そして私はその通りに実行し、問題の解決をはかれたのです。

＊

このように私はルル・ラブア先生に本当にお世話になったのです。生前、私が先生にしてあげられたことは何もありません。一方的にいただいたお陰ばかりが残されています。

ルル先生の『占星学』が新装版となって再び出版されることとなり、偉大なルル先生について、皆さまに多少なりともご紹介させていただけることは、私にとっての喜びであり、感謝以外にありません。またかつてこの本の出版の企画をお考えになった実業之日本社の元常務である柴野さんも今は世にいませんが、ルル先生の本が再び世に出ることを、心から喜ばれていることでしょう。新装版での出版にあたり、実業之日本社の岡田大和様から、ぜひとも紹介文を書いていただきたい、とのご依頼を受け、このような形となりました。岡田様に深く感謝申し上げる次第です。

ルル・ラブア先生著『占星学』は、西洋占星術を学ぶ方にとっての、バイブルであり、これからもきっとその存在を増していくと信じております。とくに最初が肝心です。これから西洋占星術を学びたいとお思いの方は、ルル先生の『占星学』によって、正しい西洋占星術を学び、その深さ、面白さを体験なさってみてください。

占星術を知ることは、人生の物差しを新たに持ったことを意味します。深い文化に裏打ちされた占星術という物差しは、混迷する現代人が生きる際の、必ず力になってくれるでしょう。

そんな皆さまに、自信をもって、私はルル・ラブア著『占星学』をすすめたいと思います。

２０１７年３月３日　マドモアゼル・愛

占星学《せんせいがく》 新装版《しんそうばん》

2017年4月11日　初版第1刷発行
2024年2月 1 日　初版第5刷発行

※本書は1995年に小社より刊行された『占星学』を一部加筆・修正のうえ新たに刊行するものです。すべての内容は基本的に原本のものを生かしています。ご了承ください。

著　者　ルル・ラブア
発行者　岩野裕一
発行所　株式会社 実業之日本社
〒107-0062
東京都港区南青山6-6-22
emergence 2
電話(編集) 03-6809-0452
　　(販売) 03-6809-0495
https://www.j-n.co.jp/

ブックデザイン　清水佳子
DTP　株式会社アル・ヒラヤマ
図版　野田正子
　　　株式会社アル・ヒラヤマ
カバー図版　株式会社アマナ
©SCIENCE PHOTO LIBRARY/
amanaimages
印刷・製本　大日本印刷株式会社

ISBN 978-4-408-45636-2 (第一趣味)